Schriftenreihe zum deutschen, europäischen und internationalen Wirtschaftsstrafrecht

Herausgegeben von

Prof. Dr. Uwe Hellmann, Universität Potsdam
Jun.-Prof. Dr. Elisa Hoven, Universität zu Köln
Prof. Dr. Dr. h.c. Michael Kubiciel, Universität Augsburg
Prof. Dr. Christian Schröder,
      Martin-Luther-Universität Halle-Wittenberg

Tagungen und Kolloquien

Herausgegeben von

Jun.-Prof. Dr. Elisa Hoven
Prof. Dr. Dr. h.c. Michael Kubiciel

Band 35

Elisa Hoven/Michael Kubiciel (Hrsg.)

Korruption im Sport

– Tagungen und Kolloquien –

Nomos

Die Deutsche Nationalbibliothek verzeichnet diese Publikation in der Deutschen Nationalbibliografie; detaillierte bibliografische Daten sind im Internet über http://dnb.d-nb.de abrufbar.

ISBN 978-3-8487-4598-2 (Print)
ISBN 978-3-8452-8943-4 (ePDF)

1. Auflage 2018

Vorwort

Der vorliegende Band versammelt die Referate des 3. Kolloquiums zur Wirtschaftskriminalität, das am 10. und 11. Februar 2017 auf Schloss Wahn an der Universität zu Köln stattfand. Mehr als 60 Wissenschaftler[1] und Praktiker aus Verbänden und Verteidigung diskutierten mit den Referenten über das Thema „Korruption im Sport". Ziel der Tagung war es, sowohl einer grundsätzlichen Verhältnisbestimmung von Sport und Recht näher zu kommen als auch Antworten auf die aktuellen Herausforderungen der Prävention und Ahndung von Manipulation, Bestechung und Doping im Sport zu finden (siehe die Tagungsberichte von *Streitner* ZIS 2017, 277 – 278 und *Wellerdick* Causa Sport, 2017, S. 80 – 82).

Es ist Referenten und Diskutanten gleichermaßen zu verdanken, dass sich in den eineinhalb Tagen auf Schloss Wahn eine produktive Arbeitsatmosphäre entfaltet hat. Ein besonderer Dank gilt allen Mitarbeitern der Lehrstühle, die mit der Organisation der Veranstaltung betraut waren. Insbesondere Frau *Anja Wellerdick* sei für ihre große Hilfe sehr herzlich gedankt. Das Redigat der Beiträge haben Frau *Melena Krause* (Köln) sowie Herr *Patrick Probst* (Augsburg) und Herr *Sam Fayad* (Köln) übernommen – auch ihnen danken wir für ihre wichtige Unterstützung.

Köln und Augsburg, im Oktober 2017   *Die Herausgeber*

---

1 Die Verwendung des generischen Maskulinums schließt Vertreterinnen der genannten Berufsgruppen selbstverständlich ein, nicht aus.

Inhalt

Rechtliche Fragen der Korruption im Sport –
Bestechung und Bestechlichkeit bei der Vergabe von
Sportgroßereignissen

Korruption bei der Vergabe von sportlichen Großereignissen. Zur Strafbarkeit des Stimmenkaufs am Beispiel der Vergabe der FIFA-Weltmeisterschaft

Thomas Rönnau[*]

I. Einleitung

Der Sport ist keine strafrechtsfreie Zone.[1] Schon seit langem werden verschiedene Berührungspunkte zwischen Sport und Strafrecht diskutiert. Diese Tagung ist nun den Schnittstellen zwischen Sport und Strafrecht gewidmet, die im weitesten Sinne mit Korruption zusammenhängen. In den nächsten fünfundzwanzig Minuten – ein überaus sportliches Format! – möchte ich über eine Facette dieses Generalthemas sprechen, dem die Presse immer wieder große Aufmerksamkeit widmet. Die Rede ist von der „Korruption bei der Vergabe von sportlichen Großereignissen". Ebenso wie im Spitzensport Wettkämpfe durch Absprachen und Doping manipuliert werden, versuchen potentielle Ausrichter von prestigeträchtigen Sportveranstaltung ihre Chancen zu erhöhen, indem sie die Stimmen der Funktionäre kaufen, die über die Vergabe entscheiden. Häufig wird dieses Phänomen als Veranstaltungskorruption bezeichnet.[2] Ob Grand-Slam-Turniere, Leichtathletik-Meetings, Olympische Spiele oder der FIFA World Cup: Glaubt man der Presseberichterstattung, ist die Organisation des Spitzensports fest im „Würgegriff der Korruption"[3].

---

[*] Geringfügig ergänzte und mit Fußnoten versehene Vortragsfassung. Meinem wiss. Mitarbeiter Herrn Moritz Begemeier danke ich für wertvolle Vorarbeiten ganz herzlich.

1 Statt Vieler *Hoven/Kubiciel/Waßmer* NZWiSt 2016, 121.
2 *W. Maenning* Vierteljahreshefte zur Wirtschaftsforschung 73 (2004), 263 (265). *Reinhart* (SpuRt 2011, 241 (242)) unterscheidet sportverbands*interne* und sportverbands*externe* Korruption. Beim hier interessierenden Stimmenkauf durch einen außenstehenden Dritten handelt es sich um eine Form der sportverbandsexternen Korruption, da Vorteilsgeber und Vorteilsnehmer nicht demselben Sportverband angehören.
3 So der Titel einer Nachricht in Newsdienst Compliance: Newsdienst Compliance 2/2016, 51003.

Seit langem fluten Nachrichtenportale das Internet mit einschlägigen Berichten. Wer mit Google nach Informationen zu Begriffen wie „Vergabe von sportlichen Großereignissen" und „Korruption" sucht, findet unzählige einschlägige Artikel. Zur Einstimmung möchte ich nur zwei Beispiele skizzieren, in denen Unregelmäßigkeiten bei der Vergabe internationaler Wettbewerbe behauptet werden:

Presseberichten vom 12.11.2016 zufolge soll der ehemalige Präsident des Leichtathletik-Weltverbands (IAAF), der Senegalese Lamine Diack, in korruptive Handlungen verstrickt gewesen sein. Es heißt, er habe von der Stadt Stuttgart Geld gefordert, um damit Ratsmitglieder des IAAF zu bestechen und der Stadt so bessere Chancen für die Austragung des IAAF World Cup 2006 zu sichern. Er habe auch einen Ort vorgeschlagen, an dem die Deutschen vor der Wahl Lobbyarbeit betreiben könnten ("Presence in Doha, Qatar for 12 nights, total budget 25.000 USD"). Für seine Dienste forderte er ein Honorar von 600.000 USD. Stuttgart verzichtete, die Veranstaltung ging nach Athen.[4]

Die in Deutschland wohl bekanntesten Fälle präsumtiver Veranstaltungskorruption handeln von der Fédération Internationale de Football Association – kurz: FIFA. Es scheint, als könne der Weltfußballverband nahezu keinen Austragungsort für die Endrunde der Fußball-WM bestimmen, ohne dabei in Korruptionsverdacht zu geraten. Das gilt etwa für die Vergabe der WM 2006 (Deutschland), 2010 (Südafrika), 2018 (Russland) und 2022 (Katar).[5] In allen Vergabeverfahren sollen Mitglieder des FIFA-Exekutivkomitees, das bisher für die Vergabe des Turniers zuständige Entscheidungsgremium, ihre Stimmen für Millionenbeträge verkauft haben.[6]

Wenn Sportfunktionäre durch Geldzahlungen Einfluss auf die Vergabe eines Sportevents ausüben, dann liegt es nahe, den Akteuren Korruption vorzuwerfen. Zu klären ist nun, ob der Vorwurf – gemessen am Strafgesetzbuch – auch tatsächlich zutrifft. Die deutsche Strafrechtswissenschaft hat der Veranstaltungskorruption bisher wenig Aufmerksamkeit gewid-

---

4 *Kistner/Knuth* SZ.de v. 12.2.2016, Nur Bestechungsgeld half in der Leichtathletik weiter, abrufbar unter http://bit.ly/2kakc4G (Stand: 15.1.2018).
5 S. zB Zeit Online v. 3.6.2015, Bestechung vor der WM-Vergabe an Frankreich und Südafrika, abrufbar unter http://bit.ly/2lzgUHF (Stand: 15.1.2018).
6 In Zukunft – erstmals bei der Vergabe der WM 2026 – trifft diese Entscheidung nicht mehr das FIFA-Exekutivkomitee. Die diversen Korruptionsvorwürfe haben die FIFA zu einem Demokratisierungsprozess veranlasst; über die Vergabe der WM-Endrunde entscheidet nun der aktuell 211-köpfige FIFA-Kongress, der aus Vertretern aller Landesverbände besteht.

met.[7] Das dürfte vor allem daran liegen, dass diese dogmatisch interessante Facette des Korruptionsstrafrechts für die Strafverfolgungspraxis lange ohne Bedeutung war. Da um die Austragung großer Sportereignisse zumeist Ausrichter aus verschiedenen Ländern streiten, der einschlägige Kerntatbestand des § 299 StGB aber erst seit dem 30.8.2002 auch den „ausländischen" Wettbewerb schützt,[8] kam die Prüfung derartiger Sachverhalte unter dem Gesichtspunkt der Wirtschaftskorruption zunächst nicht in Betracht. Zum anderen blieben die meisten Verdachtsfälle ohne deutsche Beteiligung und spielten allein im Ausland, so dass sie ohnehin nicht der deutschen Strafgewalt unterlagen.

Doch vor rund anderthalb Jahren hat die Thematik auch für die deutschen Strafverfolgungsbehörden praktische Bedeutung erlangt: Im November 2015 erklärte die Staatsanwaltschaft Frankfurt am Main in einer Pressemitteilung, sie ermittele im Zusammenhang mit der Vergabe der Fußball-WM 2006 und einer Zahlung von 6,7 Millionen Euro durch das lokale WM-Organisationskomitee des Deutschen Fußball-Bundes (DFB) an die FIFA wegen des Verdachts der Steuerhinterziehung in einem besonders schweren Fall. Die weiteren in Betracht kommenden Straftaten der Untreue sowie der Bestechung im internationalen Geschäftsverkehr seien dagegen bereits verjährt.[9]

Durch diese Ermittlungen wurde ein Schlaglicht auf die Veranstaltungskorruption geworfen. Inwieweit eine mögliche Einflussnahme von DFB-Verantwortlichen auf die Vergabe der FIFA-WM durch Geldzahlungen an die Mitglieder des FIFA-Exekutivkomitees auch eine strafrechtliche Haftung auslöst, ist seitdem in mehreren Aufsätzen untersucht worden.[10]

---

7 Die einschlägige strafrechtliche Literatur ist spärlich; s. aber Wabnitz/Janovsky/*Bannenberg* Handbuch Wirtschafts- und Steuerstrafrecht, 4. Aufl. 2014, Kap. 12 Rn. 109; Fritzweiler/Pfister/Summerer/*Reinhart* Praxishandbuch Sportrecht, 3. Aufl. 2014, Kap. 6 Rn. 202; *ders.* SpuRt 2011, 241 (243). In jüngerer Zeit sind anlässlich der Ermittlungen der Staatsanwaltschaft Frankfurt am Main gleich drei Beiträge zur Veranstaltungskorruption erschienen: *Hoven/Kubiciel/Waßmer* NZWiSt 2016, 121; *Rübenstahl* WiJ 2016, 54; *Pieth/Zerbes* ZIS 2016, 619.
8 Mit Wirkung v. 30.8.2002 wurde in § 299 StGB ein neuer dritter Absatz eingefügt (Gesetz v. 22.8.2002, BGBl. I S. 3387), der Handlungen im ausländischen Wettbewerb ausdrücklich erfasst.
9 Die Pressemitteilung der Staatsanwaltschaft Frankfurt am Main v. 3.11.2015 ist abrufbar unter http://bit.ly/2j5Ip7 q (Stand: 15.1.2018).
10 *Hoven/Kubiciel/Waßmer* NZWiSt 2016, 121; *Rübenstahl* WiJ 2016, 54; *Pieth/Zerbes* ZIS 2016, 619; zur Chronologie und Aufarbeitung der Affäre auch SZ v. 1.2.2017, S. 23.

Ein Vortrag zur Veranstaltungskorruption könnte nun drei Deliktsfelder adressieren: die Korruptionsdelikte, die Untreue und die Steuerhinterziehung.[11] Auf die beiden Begleittaten der Korruptionsdelikte werde ich angesichts des knappen Zeitfensters nicht weiter eingehen. Untreue durch die Einrichtung „Schwarzer Kassen", aus denen später die Schmiergelder gezahlt werden,[12] ist hier zumeist ebenso zu diskutieren wie eine Strafbarkeit gem. § 266 StGB durch Nichtgeltendmachung dem Treugeber zustehender Rückforderungsansprüche[13]. Regelmäßig werden die Empfänger von Bestechungsgeldern diese auch nicht versteuern und sich damit wegen Einkommensteuerhinterziehung durch Unterlassen strafbar machen, während der Vorteilsgeber geneigt ist zu versuchen, die Bestechungsgelder unter anderem Gewand steuermindernd in Abzug zu bringen.[14] In diesem Zusammenhang stellen sich aber keine Probleme, die typisch für den Stimmenkauf bei der Vergabe einer Sportgroßveranstaltung sind. Der Vortrag ist deshalb den Korruptionsdelikten – insbesondere den beiden Varianten des im November 2015 neu gestalteten § 299 StGB[15] – gewidmet.

II. Korruptionsdelikte und die Veranstaltungskorruption

Anhand der Einflussnahme auf die Vergabe der noch nicht vergebenen FIFA-WM 2026 werde ich daher nachfolgend untersuchen, ob die deutschen Korruptionstatbestände den Stimmenkauf bei der Vergabe eines solchen Sportereignisses erfassen. Zur Veranschaulichung der Problematik soll dabei das folgende fiktive Beispiel dienen:

Im Bewerbungsverfahren um die FIFA-WM 2026 werden der DFB und der französische Fußballverband als Favoriten für die Vergabe gehandelt. Um ein zweites „Sommermärchen" zu ermöglichen, zahlt ein hochrangiger Mitarbeiter des DFB in Berlin insgesamt fünf Millionen Euro an zehn nicht-deutsche Mitglieder des 211-köpfigen FIFA-Kongresses. Das Geld

---

11 Das legen die zitierte Pressemitteilung sowie die einschlägigen Veröffentlichungen nahe, s. etwa *Hoven/Kubiciel/Waßmer* NZWiSt 2016, 121 ff.
12 Dazu unter Untreueaspekten nur BGHSt 52, 323 (Siemens); 55, 266 (Trinekens); näher zur „Schwarze-Kassen"-Problematik *Rönnau* FS Tiedemann, 2008, 713 ff.; *ders.* StV 2009, 246 ff.
13 Zu dieser Facette *Hoven/Kubiciel/Waßmer* NZWiSt 2016, 121 (122 f.).
14 Zu Letzterem am Beispiel des FIFA-Skandals *Hoven/Kubiciel/Waßmer* NZWiSt 2016, 121 (124) und *Rübenstahl* WiJ 2016, 54 (61 f.).
15 Die Neufassung gilt seit dem 26.11.2015 (Gesetz v. 20.11.2015, BGBl. I S. 2025).

fließt als Gegenleistung dafür, dass diese bei der Wahl des WM-Gastgebers für den DFB stimmen.

1. Amtsträgerdelikte (§§ 334 Abs. 1, 335 a Abs. 1 Nr. 2 lit. b) StGB)

Zu prüfen ist hier zunächst, ob der (Grund-)Tatbestand der Bestechung gemäß den §§ 334 Abs. 1, 335 a Abs. 1 Nr. 2 lit. b) StGB die Zahlungen erfasst. Nach § 334 Abs. 1 S. 1 StGB ist es u.a. strafbar, einem Amtsträger dafür einen Vorteil zu gewähren, dass dieser künftig eine Diensthandlung vornehme und dadurch seine Dienstpflichten verletzen würde. Eine Gleichstellung der Mitglieder des FIFA-Kongresses mit einem Amtsträger kommt dabei gemäß § 335 a Abs. 1 Nr. 2 lit. b) StGB in Betracht. Entscheidend dafür ist, ob es sich bei der FIFA um eine „internationale Organisation" i.S. dieser Vorschrift handelt.

Bei unbefangener Lektüre des Wortlauts ließe sich das vielleicht annehmen. Der Weltfußballverband scheint eine „internationale Organisation" zu sein; immerhin handelt es sich um einen Zusammenschluss von aktuell insgesamt 211 Landesfußballverbänden, der weltweit verschiedene Fußballturniere organisiert und vermarktet.[16] Die Mitglieder des FIFA-Kongresses sind auch beauftragt, Aufgaben dieser Organisation – nämlich unter anderem die Wahl des Austragungsorts der WM-Endrunde – wahrzunehmen.

Die Normgenese spricht allerdings für ein anderes Ergebnis. Ausweislich der Gesetzgebungsmaterialien ist für die Auslegung des § 335 a Abs. 1 Nr. 2 lit. b) StGB die zur Vorgängervorschrift des IntBestG entwickelte Dogmatik maßgebend.[17] Diese Vorschrift wiederum wurde im Lichte von Art. 1 Abs. 4 des OECD-Übereinkommens gegen die Bestechung im internationalen geschäftlichen Verkehr interpretiert.[18] Dort werden „internationale Organisationen" als Organisationen definiert, die von „states, govern-

---

16 Die Anzahl der partizipierenden Landesfußballverbände steigt stetig. Aktuell gehören der FIFA 211 Landesfußballverbände an, s. dazu die Internetpräsenz der FIFA, abrufbar unter http://bit.ly/2meTgBQ (Stand: 15.1.2018).
17 BT-Drs. 18/4350, S. 25.
18 BGHSt 52, 323 (345 f.); MüKo-StGB/*Korte*, 2. Aufl. 2014, Bd. 5, § 334 Rn. 10; Leitner/Rosenau/*Gaede* Wirtschafts- und Steuerstrafrecht, 2017, § 335 a Rn. 13; *Hoven/Kubiciel/Waßmer* NZWiSt 2016, 121 (122); *Rübenstahl* WiJ 2016, 54 (57).

ments, or other public [!] international organizations" gegründet wurden.[19] Die FIFA wird derzeit von 211 nicht-staatlichen Landesverbänden getragen. Diese Fußballverbände unterliegen wiederum mehrheitlich keinem staatlichen Einfluss, so dass eine Anwendbarkeit der Vorschrift auch unter Rekurs auf eine faktische Betrachtung nicht in Betracht kommt. Eine Strafbarkeit wegen Amtsträgerkorruption durch Zahlungen an Mitglieder des FIFA-Kongresses unter Hinzuziehung des § 335 a StGB scheidet daher aus.[20]

2. Strafbarkeit nach § 299 Abs. 2 Nr. 1 StGB

Der Blick ist weiter auf die Wirtschaftskorruption zu richten, wie sie in § 299 StGB ihren Niederschlag gefunden hat. Dieser Tatbestand ist sicherlich in unserem Zusammenhang der Interessanteste, denn er provoziert mehrere Auslegungsfragen, die mit dem Phänomen der Veranstaltungskorruption verknüpft sind. Wenn ein DFB-Funktionär bei der Vergabe des FIFA World Cup Stimmen kauft, ist zunächst die Verwirklichung des § 299 Abs. 2 Nr. 1 StGB zu erwägen. Danach macht sich in der von uns hier zu prüfenden Variante strafbar, „wer im geschäftlichen Verkehr einem [...] Beauftragten eines Unternehmens einen Vorteil für diesen [...] als Gegenleistung dafür gewährt [...], dass er bei dem Bezug von [...] Dienstleistungen [...] einen anderen [...] im ausländischen Wettbewerb in unlauterer Weise bevorzuge." Bei der Anwendung des Tatbestands stellen sich Auslegungsfragen, die in den bisher veröffentlichten Stellungnahmen zur „Veranstaltungskorruption" am Beispiel der WM-Vergabe unterschiedlich

---

19 OECD, Commentaries on Convention on Combating Bribery of Foreign Public Officials in International Business Transactions, S. 16 (Anm. 17), abrufbar unter http://bit.ly/1gNj3Ek (Stand: 15.1.2018). Die häufig in diesem Kontext zitierte deutsche Übersetzung der Anmerkung zum OECD-Abkommen in BT-Drs. 13/10428, S. 24 ist an dieser entscheidenden Stelle zu ungenau, da hier „public international organizations" als „internationale Organisationen" übersetzt wird. Nach dieser Übersetzung wären vom Abkommen auch internationale Organisationen erfasst, die von privaten (!) internationalen Organisationen gegründet wurden.
20 MüKo-StGB/*Korte*, 2. Aufl. 2014, Bd. 5, § 334 Rn. 10; Leitner/Rosenau/*Gaede* Wirtschafts- und Steuerstrafrecht, 2017, § 335 a Rn. 13; LK-StGB/*Sowada*, 12. Aufl. 2009, Bd. 13, § 334 Rn. 4; weiterhin *Hoven/Kubiciel/Waßmer* NZWiSt 2016, 121 (122); *Rübenstahl* WiJ 2016, 54 (57).

beantwortet werden.[21] Vor einem Blick auf die Kontroversen um die Interpretation einzelner Tatbestandsmerkmale ist es unumgänglich, am Anfang auf das Rechtsgut des § 299 Abs. 2 Nr. 1 StGB einzugehen. Denn die einzelnen Auslegungsprobleme können nur mit Blick auf das Rechtsgut überzeugend gelöst werden.

a) Rechtsgut des § 299 Abs. 2 Nr. 1 StGB

Als Schutzgut der Wettbewerbsvarianten des § 299 StGB präsentiert die h.M. ein Rechtsgutbündel, das aus Haupt- und Nebenrechtsgütern besteht. Konsens herrscht noch darüber, dass die Wettbewerbstatbestände vorrangig den lauteren Wettbewerb als Allgemeininteresse schützen. Daneben erheben viele Diskutanten die (Vermögens-)Interessen der Mitbewerber oder des gutgläubigen Geschäftsherrn zum Rechtsgut.[22] Ich halte es dagegen mit einigen Stimmen aus dem Schrifttum für überzeugender, allein das Kollektivinteresse des lauteren Wettbewerbs als Rechtsgut des § 299 Abs. 2 Nr. 1 StGB anzusehen.[23] Mit den Detail-Argumenten in diesem schon lange geführten Streit will ich Sie hier nicht langweilen. Vielmehr möchte ich die folgende These begründen: Der erfolgreiche Stimmenkauf bei der Vergabe einer Fußball-WM verletzt den lauteren Wettbewerb und mithin das allgemein anerkannte Rechtsgut der Wettbewerbsvarianten des § 299 StGB. Dazu ist zunächst eine Präzisierung nötig.

---

21 Für die Anwendbarkeit des § 299 StGB in diesem Fall *Hoven/Kubiciel/Waßmer* NZWiSt 2016, 121 (122); Fritzweiler/Pfister/Summerer/*Reinhart* Praxishandbuch Sportrecht, 3. Aufl. 2014, Kap. 6 Rn. 202; zweifelnd *Rübenstahl* WiJ 2016, 54 (59); ablehnend *Pieth/Zerbes* ZIS 2016, 619 (624): Tatbestand der Privatbestechung scheitert wegen der Bindung an den „Bezug von Waren und Dienstleistungen"; ohne Begründung ablehnend Wabnitz/Janovsky/*Bannenberg,* Handbuch Wirtschafts- und Steuerstrafrecht, 4. Aufl. 2014, Kap. 12 Rn. 109.

22 Mit zahlreichen Nachw. zum Vorstehenden Achenbach/Ransiek/Rönnau/*Rönnau* Handbuch Wirtschaftsstrafrecht, 4. Aufl. 2015, III 2 Rn. 6 f.

23 Zur Argumentation s. Achenbach/Ransiek/Rönnau/*Rönnau* Handbuch Wirtschaftsstrafrecht, 4. Aufl. 2015, III 2 Rn. 7 mwN.

aa) Rechtsgut: Schutz des (subjektiven) Leistungsprinzips

Nach h.M. beeinträchtigt eine Bevorzugung den lauteren Wettbewerb, wenn diese geeignet ist, Mitbewerber durch die Umgehung der Regeln des Wettbewerbs und durch Ausschaltung der Konkurrenz zu schädigen.[24] Um diese Formeln operabel zu machen, muss man klären, was unter der Umgehung der Regeln des Wettbewerbs oder einer sachfremden Entscheidung zu verstehen ist.

Einen beachtlichen Vorschlag zur Konkretisierung des Rechtsguts hat Koepsel vorgelegt, die (vor der Einführung der Geschäftsherrenvarianten) ausführt, § 299 StGB schütze das im Institut des lauteren Wettbewerbs verankerte „Leistungsprinzip". Danach soll entscheidend dafür, ob eine bestimmte Ware oder Dienstleistung zu bevorzugen ist, die angebotene „Leistung" selbst sein. Der besten Leistung gebühre im Leistungswettbewerb der Vorzug.[25] Mit der Betonung des Leistungsbegriffs ist aber zunächst für die Konkretisierung des Rechtsguts noch nichts gewonnen. Denn was unter einer „Leistung" oder der „besten Leistung" zu verstehen ist, ist genauso unklar wie der Begriff des „lauteren Wettbewerbs".

Da es im Alltag häufig leicht ist, gewisse als objektiv anerkannte Leistungsparameter von Produkten und Dienstleistungen zu benennen – denken Sie nur an den Marktpreis –, könnte man versucht sein, die „beste Leistung" nach objektiven Kriterien zu bestimmen. Koepsel betont aber zu Recht, dass eine solche Konkretisierung Gefahr laufe, zu einem paternalistischen Leistungsverständnis zu führen. Wettbewerbshandlungen, die im Widerspruch zu einem tradierten Wettbewerbsverständnis stünden, drohten als unlauterer Nichtleistungswettbewerb gebrandmarkt zu werden.[26] Sie konkretisiert den Leistungsbegriff daher subjektiv. Erheblich sei, dass der Geschäftsherr als eigentlicher Nachfrager einer Ware oder Dienstleis-

---

24 NK-StGB/*Dannecker*, 5. Aufl. 2017, Bd. 3, Vor §§ 298 ff. Rn. 22; LK-StGB/
    Tiedemann, 12. Aufl. 2008, Bd. 10, § 299 Rn. 9; Schönke/Schröder/*Heine/Eisele*,
    29. Aufl. 2014, § 299 Rn. 2: „sichert vor unlauteren Einflussnahmen in den Wettbewerb, die geeignet sind, sachwidrige Marktentscheidungen zu begünstigen";
    Fischer StGB, 65. Aufl. 2018, § 299 Rn. 27; MüKo-StGB/*Krick*, 2. Aufl. 2014,
    Bd. 5, § 299 Rn. 28.
25 Zum Vorstehenden *Koepsel* Bestechlichkeit und Bestechung im geschäftlichen
    Verkehr (§ 299 StGB), S. 99 ff., 111; zust. Achenbach/Ransiek/Rönnau/*Rönnau*
    Handbuch Wirtschaftsstrafrecht, 4. Aufl. 2015, III 2 Rn. 7; *ders.* StV 2009, 302
    (304 f.).
26 *Koepsel* Bestechlichkeit, S. 103 mwN.

tung diese für vorzugswürdig befindet, auch wenn die Entscheidung aus unsachlichen Gründen getroffen wird. Erreiche der Bestechende durch die Gewährung des Vorteils, dass der Vorteilsempfänger nicht anhand der vom Geschäftsherrn vorgegebenen Leistungskriterien entscheide, sondern geleitet vom Vorteil, sei das vertypte Unrecht der Wirtschaftskorruption verwirklicht.[27] Um dieses Konzept auf den hier diskutierten Fall anwenden zu können, ist herauszuarbeiten, wie die FIFA den WM-Gastgeber bestimmt.

bb) FIFA World Cup: Ziel der Vergabe und das Verfahren

Wer noch Pieths provokante Kritik aus dem Januar 2016 im Ohr hat, die FIFA sei „ein Geldverteilapparat unter alten Männern"[28], könnte sich zu der These hinreißen lassen, das oberste Ziel der FIFA sei es, ihre Mitglieder zu bereichern. Bei dieser Prämisse hätte die FIFA als Geschäftsherrin der WM-Vergabe nur Interesse daran, das Turnier an den Verband zu vergeben, der am meisten Geld an die stimmberechtigten FIFA-Mitglieder zahlt. In diesem Fall droht kein Austausch des Leistungsprinzips durch eigennützige Erwägungen. Die Geschäftsherrin wäre mit der Geldverteilung an ihre Funktionäre einverstanden. Da nach der vorherrschenden Auslegung des § 299 StGB die Geschäftsinhaberbestechung straflos ist[29] und hier mit dem Willen der Geschäftsinhaberin gehandelt würde, wäre Straflosigkeit die Folge.

Trotz der Skandalwelle um mehrere Vergabeentscheidungen kann man der FIFA als Organisation ein solches Ziel bei der WM-Vergabe aber wohl nicht unterstellen. Jedenfalls deuten die seit April 2016 geltenden FIFA-Statuten in eine andere Richtung.[30] Nach deren Art. 69 soll der FIFA-Kongress mit der (Vergabe-)Entscheidung das Ziel verfolgen, bestmögliche

---

27 Treffend *Koepsel* Bestechlichkeit, S. 101 ff. Neben der Austauschvereinbarung wird hier noch eine Unrechtsvereinbarung (als Kern der Korruptionsdelikte) geschlossen.
28 Zeit Online v. 21.1.2016, Pieths neuer Rundumschlag: „FIFA ein Geldverteilapparat unter alten Männern"; abrufbar unter http://bit.ly/2ktBs50 (Stand 15.1.2018); vgl. auch *Pieth/Zerbes* ZIS 2016, 619.
29 Ausführlich dazu Achenbach/Ransiek/Rönnau/*Rönnau* Handbuch Wirtschaftsstrafrecht, 4. Aufl. 2015, III 2 Rn. 8 Fn 57 u. Rn. 106 – jeweils mwN.
30 FIFA-Statutes, S. 61. Die hier und im Folgenden zitierte Version ist abrufbar unter http://fifa.to/2j7yqn2 (Stand: 15.1.2018).

Bedingungen für die Ausrichtung der FIFA-WM zu schaffen.[31] Abgesichert wird das durch ein zuvor vom FIFA-Council und FIFA-General Secretariat festgelegtes Verfahren.[32] Hervorheben will ich hier nur, dass an diesem mehrstufigen Verfahren verschiedene Institutionen der FIFA mitwirken. Anders als bisher trifft das neu strukturierte FIFA-Exekutivkomitee – heute der 37-köpfige FIFA-Council – nur eine Vorauswahl von bis zu drei Bewerbern. Aus diesen wählt der heute 211-köpfige FIFA-Kongress dann den WM-Gastgeber.

Wie das diffuse Ziel, bestmögliche Bedingungen für die Ausrichtung der FIFA-WM zu sichern, zu konkretisieren ist, wird in den FIFA-Statuten nicht näher ausgeführt. Einen Eindruck davon, was die FIFA darunter versteht, vermittelt ein Bericht der „Inspektionsgruppe für die FIFA Fußball-Weltmeisterschaft 2010", der dem für die Vergabe zuständigen Komitee vorgelegt wurde.[33] Dieser nach einem Kontrollbesuch in den fünf Bewerberländern verfasste Bericht enthält Stellungnahmen zu den folgenden Kriterien: Politische Abstützung der Bewerbung im Land; WM-Tauglichkeit der Stadien und Trainingsanlagen; Fußballniveau des Landes; Interesse am Fußballsport im Land; Infrastruktur (also Transport, Telekommunikation, Hotelgewerbe, Sicherheit, medizinische Versorgung); Finanzen (Budget für Ausrichtung und Konzept für Ticketverkäufe). In ähnlicher Weise werden die Vergabekriterien in der spärlichen Literatur zu dieser Thematik konkretisiert.[34]

Vor diesem Hintergrund komme ich zu dem folgenden Schluss: Sofern die FIFA-Mitglieder den von der FIFA als Geschäftsherrin vorgegebenen (subjektiven) Bewertungsmaßstab für die Entscheidung über den WM-Ausrichter ignorieren und stattdessen ihre Stimme an den Meistbietenden verkaufen, ist das Rechtsgut der Wettbewerbsvarianten des § 299 StGB beeinträchtigt. Bei Anwendung der (Definitions-)Formeln der h.M. gelangt man zu demselben Ergebnis: Verkauft ein FIFA-Mitglied seine Stimme, erfolgt die Wahl des WM-Gastgebers aus sachfremden, insbesondere eigennützigen Erwägungen. Der Stimmenkauf schaltet die Regeln der

---

31 FIFA-Statutes, S. 61, Art. 69 Nr. 2 (freie Übersetzung; im Original: „securing the best possible hosting conditions in the host country").
32 FIFA-Statutes, S. 61, Art. 69 Nr. 2 lit. a) – d), Nr. 3, Nr. 4.
33 Abrufbar unter http://fifa.to/2kwzrBo (Stand: 15.1.2018).
34 Stopper/Lentze/*Lentze* Handbuch Fußball-Recht, 2012, Kap. 15 Teil 3 Rn. 12 f.

WM-Vergabe für den Bevorzugten aus und verhindert bei der Entscheidung eine Konkurrenz mit anderen Fußballverbänden.[35]

cc) Wettbewerb trotz Geltung eines Rotationsprinzips?

Rübenstahl hat nun im Zusammenhang mit der Vergabe der WM 2006 an den DFB „grundsätzliche Bedenken" gegen die Anwendung des § 299 Abs. 2 Nr. 1 StGB angedeutet: Der Ausrichter des FIFA World Cup werde nicht in einem „echten Wettbewerb"[36] bestimmt. Außerdem erfolge die Vergabe nicht nach „geschäftlichen" Kriterien, sondern trage auch dem Rotationsprinzip Rechnung.[37]

Den ersten Einwand kann ich – jedenfalls soweit es die Vergabe der hier in den Blick genommenen WM 2026 nach dem neuen Vergabeverfahren betrifft – nicht teilen. Die oben skizzierten Vergabekriterien und ihre Konkretisierung lassen sich durchaus als „geschäftliche" Gesichtspunkte qualifizieren. Denn die FIFA erzielt beträchtliche Einnahmen aus der Vermarktung des FIFA World Cups. In Stichworten: Fernsehrechte, Ticketing, Marketing, Merchandising. Insofern haben Auswahlkriterien, die nach der Qualität der Turnieranlagen, nach der Infrastruktur und der Vermarktung fragen, durchaus einen Bezug zu den geschäftlichen Interessen der FIFA.

Des Weiteren schließt die Anwendung eines Rotationsprinzips einen Leistungswettbewerb nicht aus. Es gibt zurzeit insgesamt 211 Landesverbände, die Mitglieder der FIFA sind. Selbst wenn die 55 Landesverbände des größten Kontinentalverbands, der UEFA, wegen des Rotationsprinzips als Gastgeber nicht in Betracht kommen, verbleiben 156 potentielle Konkurrenten um die Ausrichtung der WM. Das ist ausreichend Wettbewerb!

---

35 Der Umstand, dass allein die FIFA das Recht hat, die Fußball-WM zu vergeben (Monopol), ist unerheblich. Denn die Wettbewerbssituation zwischen den Landesfußballverbänden um die Rolle des Gastgebers berührt dieser Umstand nicht. Nach weit verbreiteter Ansicht kann eine Monopolstellung ein wirtschaftliches Konkurrenzverhältnis ausschließen, wenn sie auf Seiten des Vorteilsgebers, dem Anbieter einer Ware oder Dienstleistung, besteht, s. dazu Achenbach/Ransiek/Rönnau/ *Rönnau* Handbuch Wirtschaftsstrafrecht, 4. Aufl. 2015, III 2 Rn. 43 mwN.

36 *Rübenstahl* WiJ 2016, 54 (59).

37 *Rübenstahl* WiJ 2016, 54 (59).

dd) Ergebnis

Es spricht daher viel dafür, bei Stimmenkauf einen Wettbewerbsverstoß anzunehmen. Da der § 299 StGB heute auch den „ausländischen" Wettbewerb schützt, ist der Wettstreit verschiedener nationaler Fußballverbände darum, die WM „in ihr Land zu holen", rechtsgutsrelevant. Nach diesen Ausführungen ist leicht nachvollziehbar, dass der Tausch von „Geld gegen Auswahlentscheidung" bei der WM-Vergabe als Gewährung eines Vorteils zu qualifizieren ist, der eine unlautere Bevorzugung im ausländischen Wettbewerb bewirken soll, so dass eine Unrechtsvereinbarung vorläge. Zu prüfen bleibt allerdings, ob in dem skizzierten Beispiel die übrigen Merkmale des § 299 Abs. 2 Nr. 1 StGB erfüllt sind.

b) FIFA-Funktionäre als „Beauftragte eines Unternehmens"

Der Tatbestand des § 299 Abs. 2 Nr. 1 StGB setzt voraus, dass der Vorteil dem „Angestellten oder Beauftragten eines Unternehmens" gewährt wird. Ob FIFA-Funktionäre von dieser Formulierung erfasst sind, ist gerichtlich bisher nicht geklärt.[38] Versteht man unter dem Begriff „Unternehmen" eine auf erwerbswirtschaftlichen Gewinn ausgerichtete Institution, könnte man bei der FIFA prima vista daran zweifeln.[39] Denn sie ist als gemeinnütziger Verein nach Schweizer Recht verfasst und hat nicht die typische Organisationsform eines auf Gewinnerzielung ausgerichteten Unternehmens. Vielmehr hat sich die FIFA laut ihrer Statuten die Verbesserung des Fußballsports auf die Fahnen geschrieben.[40]

Aber auch hier legt die Historie eine andere Interpretation des Begriffs „Unternehmen" nahe. In der bis zum 26.11.2015 geltenden Fassung enthielt der Tatbestand den Begriff „geschäftlicher Betrieb". In den Gesetzgebungsmaterialen heißt es dazu, der Begriffswechsel solle keine inhaltliche

---

38 *Hoven/Kubiciel/Waßmer* NZWiSt 2016, 121 (122).

39 *Pieth/Zerbes* ZIS 2016, 619 (623) mit Kritik an der Ersetzung des Begriffs „geschäftlicher Betrieb" durch den Begriff „Unternehmen": Die Bindung des Tatbestands an den Begriff des Unternehmens sei „ungeschickt"; denn rein sprachlich sei eine inhaltliche Änderung wohl angelegt, jedenfalls wenn man unter dem Begriff „Unternehmen" eine auf erwerbswirtschaftlichen Gewinn ausgerichtete Institution verstehe.

40 S. dazu die Internetpräsenz der FIFA, abrufbar unter http://bit.ly/2meTgBQ (Stand: 15.1.2018).

Änderung der Reichweite des § 299 StGB bewirken.[41] Den Terminus „geschäftlicher Betrieb" bestimmte die h.M. nicht nach der juristischen Organisationsform oder der eigenen Zweckbestimmung der fraglichen Einrichtung; entscheidend waren vielmehr dessen tatsächliche Aktivitäten. Deshalb war anerkannt, dass etwa auch gemeinnützige Vereine als „geschäftlicher Betrieb" agieren, wenn sie wirtschaftlich tätig und damit wesensgemäß dem Wirtschaftsleben zuzuordnen sind.[42] Diese Kriterien erfüllt die FIFA: Sie erzielt durch Marketing-, Sponsoring- und Merchandisingpraktiken sowie durch die Vergabe von Übertragungsrechten erhebliche Umsatz. Der Weltfußballverband ist faktisch ein „multinationale[s] Unternehmen."[43] Die Alltags- und Fachsprache sperrt sich nicht gegen ein solches Verständnis des Begriffs „Unternehmen".

Die für die Vergabe des World Cup zuständigen Mitglieder des FIFA-Kongresses sind auch „Beauftragte" dieses Unternehmens.[44] Denn sie nehmen im FIFA-Kongress, der nach Art eines „Parlaments" die Geschicke der FIFA leitet, verschiedene Aufgaben wahr.[45]

c) Vergabeentscheidung „im geschäftlichen Verkehr"?

Der Stimmenkauf müsste weiter „im geschäftlichen Verkehr" erfolgen. Dieses Merkmal soll gewährleisten, dass zur Verwirklichung des Tatbestands nicht allein die Zugehörigkeit des Vorteilsnehmers zu einem Unternehmen genügt.[46] Es dient mit anderen Worten dazu, rein privates Handeln der Beauftragten herauszufiltern.[47] Deshalb wird ein Konnex zwischen geschäftlicher Tätigkeit des Beauftragten und Vorteilsgewährung

---

41 Begründung des Regierungsentwurfs eines Gesetzes zur Bekämpfung der Korruption, BT-Drs. 18/4350, S. 22.

42 BGHSt 2, 396 (402); Achenbach/Ransiek/Rönnau/*Rönnau* Handbuch Wirtschaftsstrafrecht, 4. Aufl. 2015, III 2 Rn. 9 mwN; *Hoven/Kubiciel/Waßmer* NZWiSt 2016, 121 (122).

43 *Pieth/Zerbes* ZIS 2016, 619; *Hoven/Kubiciel/Waßmer* NZWiSt 2016, 121 (122); *Rübenstahl* WiJ 2016, 54 (58).

44 *Hoven/Kubiciel/Waßmer* NZWiSt 2016, 121 (122); *Rübenstahl* WiJ 2016, 54 (58).

45 Näheres ist den Art. 28 u. 29 FIFA-Statutes zu entnehmen.

46 Leitner/Rosenau/*Gaede* Wirtschafts- und Steuerstrafrecht, 2017, § 299 Rn. 39 mwN.

47 *Fischer* StGB, 65. Aufl. 2018, § 299 Rn. 20.

gefordert.[48] Die h.M. versteht die Verknüpfung weit.[49] Es sollen alle Handlungen erfasst sein, die der *Förderung* eines beliebigen Geschäftszwecks dienen und in denen eine Teilnahme am Wettbewerb irgendwie zum Ausdruck kommt.[50]

Ausgehend von diesem großzügigen Maßstab erfolgt die Geldzahlung des DFB-Funktionärs an das FIFA-Mitglied „im geschäftlichen Verkehr". Der DFB-Funktionär bevorteilt das FIFA-Mitglied nur wegen dessen Stimmberechtigung. Es geht darum, eine Handlung des Vorteilsempfängers für das Unternehmen zu beeinflussen. Der Kontakt steht also im Zusammenhang mit der Position und den Aufgaben bei der FIFA.[51] Die Abstimmung, die Gegenstand des „Unrechtspakts" ist, lässt sich auch einer wirtschaftlichen Betätigung der FIFA zuordnen. Sie entscheidet darüber, welchen Landesfußballverband die FIFA beauftragt, ihr bei der Planung, Durchführung und Vermarktung der WM-Endrundenspiele zu helfen. Dabei ist die Verwertung der Rechte, welche sich die FIFA an dem Turnier gesichert hat, eine ihrer Haupteinnahmequellen.[52]

d) Stimmenkauf als Bevorzugung „bei dem Bezug von Waren oder Dienstleistungen"

Das DFB-Mitglied müsste den Millionenbetrag schließlich für eine unlautere Bevorzugung „bei dem Bezug von Waren oder Dienstleistungen" zahlen. Es ließe sich argumentieren, die FIFA beziehe unmittelbar durch die Wahl des WM-Gastgebers keine Leistungen, so dass die Zahlung nicht auf eine Bevorzugung „bei dem Bezug" von Leistungen zielt.[53] Die Entschei-

---

48 Leitner/Rosenau/*Gaede* Wirtschafts- und Steuerstrafrecht, 2017, § 299 Rn. 39.
49 Achenbach/Ransiek/Rönnau/*Rönnau* Handbuch Wirtschaftsstrafrecht, 4. Aufl. 2015, III 2 Rn. 23 mwN.
50 NK-StGB/*Dannecker*, 5. Aufl. 2017, Bd. 3, § 299 Rn. 47; Schönke/Schröder/*Heine/Eisele*, 29. Aufl. 2014 § 299 Rn. 9; Lackner/Kühl/*Heger*, 28. Aufl. 2014, § 299 Rn. 3.
51 Fritzweiler/Pfister/Summerer/*Reinhart* Praxishandbuch Sportrecht, 3. Aufl. 2014, Kap. 6 Rn. 202, der auf den mit der Vergabe einhergehenden „Erwerb verschiedenster Lizenzen und sonstiger Rechte" abstellt. Implizit bejahen dieses Merkmal auch *Hoven/Kubiciel/Waßmer* NZWiSt 2016, 121 (122).
52 Zur Vermarktung der FIFA-WM Stopper/Lentze/*Vollmüller* Handbuch Fußball-Recht, 2012, Kap. 9 Teil 2 Rn. 87 ff.
53 So *Rübenstahl* WiJ 2016, 54 (59); s. auch *Pieth/Zerbes* ZIS 2016, 619 (624): In Deutschland scheitere der Tatbestand der Privatbestechung an seiner Bindung an

dung führt indes dazu, dass die FIFA mit dem auserkorenen Mitgliedsverband einen Ausrichtervertrag schließt. Dieser Vertrag sichert (neben weiteren Verträgen mit anderen in die Abwicklung der WM involvierten Gesellschaften) die Vermarktungsrechte der FIFA an der WM.

Der Abschluss dieses Ausrichtervertrags lässt sich als „Bezug von Dienstleistungen" qualifizieren. Denn auch der Begriff „Dienstleistung" ist weit zu verstehen. Er umfasst jede geschäftlich erbrachte unkörperliche Leistung von wirtschaftlichem Wert.[54] Die FIFA nimmt die Hilfe des lokalen Fußballverbandes bei Planung, Organisation, Sicherung und Durchführung der Veranstaltung in Anspruch. Typische Aufgaben in der Vergangenheit waren die Bereitstellung und Betrieb der Veranstaltungsstätten und der logistischen und operativen Infrastruktur sowie die Durchführung von Rahmenveranstaltungen; hinzukommt die Abwicklung der Kartenverwaltung und der Kartenverkauf (sog. Ticketing).[55] Dabei handelt es sich um geldwerte, zumeist Organisations- und Planungsleistungen des geschäftlichen Lebens, mithin um eine „Dienstleistung" i.S. des § 299 StGB.

Damit bleibt nur noch zu klären, ob der Stimmenkauf bei der internen Vergabeentscheidung auf eine Bevorzugung „bei dem Bezug" dieser Dienstleistungen gerichtet ist. Die h.M. versteht unter der Wendung „bei dem Bezug" nicht nur die Annahme der Dienstleistungen, sondern den gesamten wirtschaftlichen Vorgang, zum Beispiel auch den Abschluss des Vertrags, mit dem der Anspruch auf die Leistungen begründet wird.[56] Ob eine verbandsinterne Entscheidung darüber, von wem eine Dienstleistung zu beziehen ist, zum „Bezug" der Leistung gehört, wird nicht diskutiert – wohl deshalb, weil die Antwort offensichtlich ist. Natürlich gehört die Wahl des Vertragspartners zum „Bezug" einer Leistung. Der Wortlaut erfasst eine verbandsinterne Willensbildung via Abstimmung. Wer fordert, bei der Wahl des Vertragspartners bevorzugt zu werden, der will „bei dem

---

den „Bezug von Waren oder Dienstleistungen". Die Wahl von Austragungsorten erfolge nicht im Waren- oder Dienstleistungsverkehr. Nicht erwähnt, aber implizit bejaht dagegen von *Hoven/Kubiciel/Waßmer* NZWiSt 2016, 121 (122).

54 S. nur Leitner/Rosenau/*Gaede* Wirtschafts- und Steuerstrafrecht, 2017, § 299 Rn. 65.

55 Ausführlich zu den Aufgaben des Gastgebers Stopper/Lentze/*Lentze* Handbuch Fußball-Recht, 2012, Kap. 15 Teil 3 Rn. 29 ff.

56 BGHSt 10, 269 (270); Achenbach/Ransiek/Rönnau/*Rönnau* Handbuch Wirtschaftsstrafrecht, 4. Aufl. 2015, III 2 Rn. 38; Leitner/Rosenau/*Gaede* Wirtschafts- und Steuerstrafrecht, 2017, § 299 Rn. 64; NK-StGB/*Dannecker*, 5. Aufl. 2017, Bd. 3, § 299 Rn. 87; *Koepsel* Bestechlichkeit, S. 148 mwN.

Bezug" einer Leistung bevorzugt werden. Auch ist die Wahl des Vertrags-partners Teil des wirtschaftlichen Bezugsvorgangs – wie es die übliche Definition verlangt. Bedenkt man, dass das Rechtsgut des § 299 Abs. 2 Nr. 1 StGB der freie Leistungswettbewerb ist, muss gerade die Auswahl-entscheidung vor Einflussnahme geschützt werden. Dass hier eine Ge-samtbetrachtung von Vertragsschluss und Auswahlentscheidung angezeigt ist, leuchtet ein, wenn man sich einen typischen Korruptionsfall vor Au-gen führt.

Darin schmiert ein Zulieferer den Prokuristen eines Unternehmens, da-mit dieser ihn bei der späteren Bestellung von Waren gegenüber anderen Zulieferern bevorzuge, obwohl er von allen potentiellen Vertragspartnern die schlechteste Ware liefert.

Es läge fern zu argumentieren, die Vorteilsgewährung ziele nur auf die innere Willensbildung des Prokuristen, nicht aber auf den Bezug von Wa-ren. Vielmehr werden Willensbildung, Vertragsschluss und Vertragsab-wicklung in diesen Fällen als einheitlicher Vorgang betrachtet. Dement-sprechend überzeugt eine künstliche Aufspaltung aber auch dann nicht, wenn die unternehmensinterne Willensbildung via Abstimmung erfolgt und der interne Beschluss nicht durch das willensbildende Organ selbst, sondern etwa durch die Rechtsabteilung des Verbands umgesetzt wird. Ich halte es deshalb für überzeugend, den Stimmenkauf als eine Bevorzugung „bei dem Bezug einer Dienstleistung" zu verstehen. Im Ergebnis ist daher die korruptive Einflussnahme auf die Vergabe des FIFA World Cup 2026 als gemäß § 299 Abs. 2 Nr. 1 StGB strafbar zu qualifizieren.

3. Strafbarkeit nach § 299 Abs. 2 Nr. 2 StGB

Zugleich könnte die Zahlung auch § 299 Abs. 2 Nr. 2 StGB verwirklichen. Danach wird in der hier zu prüfenden Variante bestraft, „wer im geschäft-lichen Verkehr einem [...] Beauftragten eines Unternehmens ohne Einwil-ligung des Unternehmens einen Vorteil für diesen als Gegenleistung dafür anbietet [...], dass er bei dem Bezug von [...] Dienstleistungen eine Hand-lung vornehme [...] und dadurch seine Pflichten gegenüber dem Unter-nehmen verletze". Soweit die Tatbestandsmerkmale mit der Wettbewerbs-variante gem. § 299 Abs. 2 Nr. 1 StGB übereinstimmen, erübrigt sich eine erneute Prüfung. Dass der DFB-Funktionär ohne vorherige Zustimmung der FIFA mittels Geldzahlung Einfluss auf die Wahl des WM-Gastgebers nimmt, sei unterstellt. Zu klären bleibt daher nur, ob ein Mitglied des FI-

FA-Kongresses seine Pflichten gegenüber der FIFA verletzt, wenn es seine Stimme bei der WM-Vergabe verkauft.

Gemäß Art. 8 Nr. 1 FIFA-Statuten sind die Mitglieder des FIFA-Kongresses bei der Ausübung ihres Amtes an Verhaltensregeln gebunden.[57] Enthalten sind diese Normen in dem im Jahr 2012 verfassten FIFA Code of Ethics. Art. 21 Nr. 1 S. 3 dieses Regelwerks verbietet unter anderem, irgendeinen persönlichen oder finanziellen Vorteil für die Vornahme oder das Unterlassen einer Diensthandlung anzunehmen.[58] Verkauft ein Mitglied des FIFA-Kongresses seine Stimme, verletzt er den FIFA Code of Ethics und verletzt damit eine ihm gegenüber der FIFA obliegende Unterlassungspflicht. Alle Tatbestandsmerkmale des § 299 Abs. 2 Nr. 2 StGB, die der Normtext enthält, wären also in meinem Leitbeispiel erfüllt.

Wegen ihrer bedenklich weiten Formulierung wurde die Geschäftsherrenvariante allerdings zu Recht kritisiert. Stellt man allein auf den Wortlaut des Tatbestands ab, erfasst der § 299 Abs. 2 Nr. 2 StGB jede Verletzung einer Pflicht, die das Unternehmen dem Normadressaten auferlegt. Sobald er diese „im geschäftlichen Verkehr" und „bei dem Bezug von Waren oder Dienstleistungen" verletzt, droht eine Bestrafung. Dass es unverhältnismäßig wäre, etwa die Angestellten eines Cateringservices dafür zu bestrafen, dass sie beim Service gegen den Willen des Chefs die mit Werbung bedruckten Schürzen ablegen, weil ihnen der Gastgeber der beschickten Veranstaltung in diesem Fall ein üppiges Trinkgeld in Aussicht gestellt hat, liegt auf der Hand. Verschiedene Stimmen plädieren deshalb mit mir zu Recht dafür, den Tatbestand einschränkend zu interpretieren.[59]

Der restriktivste Ansatz ist dabei, den Täterkreis auf Personen zu beschränken, die den Abschluss von Geschäften planmäßig beeinflussen können, und – zusätzlich – den Tatbestand auf die Verletzung einer Pflicht mit Wettbewerbsbezug zu reduzieren.[60] Das Verbot, die Stimme für die Wahl des WM-Gastgebers zu verkaufen, hat Bezug zu den Geschäften der FIFA und zum Wettbewerb um die Rolle des WM-Gastgebers. Weil die Mitglieder des FIFA-Kongresses den Partner für den Abschluss des Aus-

---

57 Die zitierte Version des FIFA Code of Ethics (2012 Edition) ist abrufbar unter http://fifa.to/2bzoajA (Stand: 15.1.2018).

58 FIFA Code of Ethics (2012 Edition), S. 19.

59 Zum Vorstehenden Achenbach/Ransiek/*Rönnau* Handbuch Wirtschaftsstrafrecht, 4. Aufl. 2015, III 2 Rn. 102 mwN.

60 Leitner/Rosenau/*Gaede* Wirtschafts- und Steuerstrafrecht, 2017, § 299 Rn. 83 mwN auch zu anderen Einschränkungsideen.

richtervertrages bestimmen, können sie zudem den Abschluss von Geschäften planmäßig beeinflussen.

III. Schlussbemerkung

Nach alledem komme ich zu folgendem Ergebnis: Der Stimmenkauf bei der Vergabe einer FIFA-WM durch ein Mitglied des DFB ist nach § 299 Abs. 2 Nr. 1 StGB und nach § 299 Abs. 2 Nr. 2 StGB strafbar. Wir sehen: Es ist schon nach geltender Rechtslage in Deutschland möglich, den Stimmenkauf im Zusammenhang mit der Vergabe von Sportgroßereignissen strafrechtlich zu erfassen. Allerdings bereitet es einige Mühe – die Subsumtion „quietscht"! Ob vor diesem Hintergrund ein geeigneterer Straftatbestand formuliert werden sollte, ist mit Blick auf die internationalen Sportdachverbände in letzter Zeit verschiedentlich diskutiert worden. Insbesondere Marc Pieth hat hier einen interessanten Vorschlag gemacht, indem er die Sportdachverbände den internationalen Organisationen gleichstellen möchte.[61] Ich vermute, er wird uns dazu gleich etwas sagen.

---

61 Mit eindringlichem Plädoyer für diese Lösung *Pieth/Zerbes* ZIS 2016, 619 ff. u. Pieth/*Pieth* Reforming FIFA, 2014, S. 23 (28).

Bestechung und Bestechlichkeit bei der Vergabe von Sportgrossanlässen

Mark Pieth

I. Einführung

Es ist meine Aufgabe, zwischen den Beiträgen zur FIFA Reform und der Strafbarkeit des Stimmenkaufs in Sportdachverbänden die Brücke zu schlagen.

Sport spielt in unserem Leben eine fundamentale Bedeutung, sei es die eigentliche sportliche Betätigung oder der Passivsport auf der Couch vor dem Fernseher. Für Jugendliche sind Sportler – zumal Fussballer – Idole. Da kann es uns nicht gleichgültig lassen, wie sich Sportler und Sportfunktionäre verhalten.[1]

Und wir haben in den letzten Jahren eine beispiellose Demontage des Images des Sports miterlebt. Die Rede ist von (auch staatlich organisierten) Dopingskandalen, von match-fixing, von Korruption und Steueroptimierung bis hin zum Steuerbetrug.[2]

II. Hintergrund der Anfälligkeit

Unser Thema in dieser Sequenz der Veranstaltung ist zwar die Bestechung bei der Vergabe von Sportgrossanlässen; beginnen wir aber mit dem weiteren Kontext: Wieso ist der Sport so anfällig auf Missbräuche?

Lange Zeit war mit Sport kein Geld zu machen. Sportdachverbände sind bei der Ausrichtung von Grossanlässen häufig hart am Konkurs vorbeigeschrammt. Gerade auch etwa die FIFA. Dann kamen die neuen Me-

---

1 *Pieth* Einleitung: Die Governance der FIFA, in: Pieth (Hrsg.), Die FIFA Reform, 2014, 7 ff.

2 Süddeutsche Zeitung v. 1.2.2017, Wettmanipulation – Zwei Monate Haft für Handball Weltmeister Karabatic; NZZ v. 18.7.2016, Dopingskandal in Russland – Staatlich gelenktes Doping bestätigt; NZZ v. 3.6.2016, Horrende Zahlungen an Blatter & Co.

dien, Marketingmethoden und das moderne Merchandising. Plötzlich, und in der Tendenz stetig steigend, fielen auf sämtlichen Ebenen der Sportpyramide riesige Summen an. Das gilt für den Weltverband, für die Kontinentalverbände, die Ligen und auch für die guten Clubs und die ganz guten Spieler.[3]

Allerdings waren die Verbände suboptimal organisiert. Die über 60 Sportdachverbände mit Sitz in der Schweiz (das sind etwa die Hälfte der Sportdachverbände der Welt) sind überwiegend als (nicht eintragungspflichtige) Vereine inkorporiert.[4] Bewusst wurde das weitgehend dispositive Recht dieser Rechtsform bis an die Grenzen ausgereizt. Eine Gruppe älterer Herren (die „old boys") lenkte den Geldsegen in ihre Privatkassen; ein bisschen floss auch an das Wahlvolk in der Dritten Welt. Insgesamt wurde die Sportorganisation als Privatsache betrachtet und die Funktionäre wähnten sich selbst über dem Recht.[5] Sie nahmen vermutlich die Autonomie des Sports etwas zu wörtlich.

Zumal bei der FIFA etablierte sich ein Patronagenetzwerk. Ämter und Pfründen wurden strategisch verteilt; ganz so, wie auch in manchen Entwicklungsländern öffentliche Ämter systematisch zur Bereicherung genutzt werden, sahen die Funktionäre kein Problem darin, Millionen von Dollar/Franken/Euro für die Zuweisung von Übertragungsrechten privat zu kassieren.[6] Aufschlussreich sind die beiden Anklageschriften des US Department of Justice.[7] Inzwischen sind praktisch alle nationalen Verbandschefs Lateinamerikas und die Präsidenten und Ex-Präsidenten der beiden amerikanischen Kontinentalverbände (CONMEBOL und CONCACAF) angeklagt oder bereits abgeurteilt.[8] Die Anklageschrift geht so weit,

---

3 Siehe UEFA Financial Report 2015/16, wonach alleine die Europameisterschaft 2016 rund 2 Milliarden Euro Einnahmen generierte; Der Spiegel v. 16.3.2017, 13-mal mehr als 100 Millionen Euro Umsatz, Die Bundesliga – ein Klub wachsender Mittelständler.

4 *Tanda* Liebling Schweiz – Liberales Vereinsrecht, nachsichtige Richter, niedrige Steuern, in: Weinreich (Hrsg.), Korruption im Sport: mafiose Dribblings, organisiertes Schweigen, 2006, S. 114 ff.

5 *Pieth* Zeit Online v. 18.1.2016, Blatter wie Sonnenkönig Ludwig XIV.

6 The Sunday Times, World Cup votes for sale; Siehe auch: *Pieth/Zerbes* ZIS 2016, 619 (624).

7 United States of America against Alfredo Hawit et al., Indictment, 25 November 2015, 15-252 (S-1)(RJD); United States of America against Jeffrey Webb et al., Indictment, 20 May 2015, 15 CR 0252 (RJD)(RML).

8 New York Times v. 18.12.2015, A Hemisphere of Soccer Corruption.

die Kontinentalverbände als kriminelle Organisationen nach RICO-Gesetzgebung zu bezeichnen.

III. *Verbandsreform*

Wir haben es miterlebt, es ist viel über Gouvernanzreform geredet worden und etwa bei der FIFA auch einiges konkret vorgekehrt worden: Eine unabhängige Verbandsjustiz ist geschaffen worden, die sich mit den Missbräuchen der Vergangenheit zu befassen hat, und eine Integritätsprüfung für Funktionäre der Zukunft soll verhindern, dass stetig weitere problematische Vertreter in die Gremien gewählt werden. Eine unabhängige Auditfunktion sollte dafür sorgen, dass Buchführung und Finanzkontrolle korrekt abgewickelt werden.[9] Vieles hat sich – gerade auch unter dem Druck der Strafverfolger – zumindest auf dem Papier, umsetzen lassen. Die Ethikkommission der FIFA hat sich zunächst dadurch bewährt, dass sie etliche fehlbare Funktionäre (inzwischen gegen 80) zeitweilig oder gar lebenslänglich in ihren Funktionen für den Verband eingestellt hat. Und – wie wir wissen – ist sie nicht davor zurückgeschreckt, die Präsidenten von FIFA und UEFA aus dem Amt zu entfernen.[10]

Es bestehen allerdings Zweifel, ob die so wichtigen unabhängigen Institutionen heute unter dem neuen Regime der FIFA noch über die gleiche Unabhängigkeit verfügen, da sie nach dem FIFA Kongress von Mexiko von der Verbandsexekutive jederzeit abgesetzt werden können.[11] Neueste Entwicklungen lassen sogar daran zweifeln, dass ihr Mandat erneuert wird.[12] Damit wäre der Reformprozess der FIFA allerdings gescheitert. Der Sportdachverband würde in den Zustand vor 2011 zurückfallen.

---

9 Die Bestimmungen zur Audit- und Compliance-Kommission befinden sich in Art. 51 FIFA Statuten.

10 Court of Arbitration for Sport, Media Release v. 9.5.2016, CAS lowers the suspension of Michel Platini to 4 years.

11 Vgl. ARD Sportschau v. 22.2.2017, Ein Jahr FIFA-Präsident Infantino – Warten auf Reformen; siehe auch SRF Rundschau v. 15.2.2017, Kampf um FIFA-Reform – Gianni Infantino bereits nach einem Jahr umstritten.

12 Süddeutsche Zeitung v. 16.3.2017, Fussball-Weltverband, Gegen die eigenen Regeln.

IV. Staatliche Justiz

Wenden wir den Blick kurz von der Verbandsjustiz hin zur staatlichen Strafverfolgung und zur Rolle des Strafrechts:

1. Privatbestechung

Wie in Deutschland[13] wird auch in der Schweiz[14] die Bestechung bei der Vergabe von Sportereignissen als Variante der Privatbestechung behandelt.

Die Schweiz hat zu diesem Zweck mit der sog. „Lex FIFA" gerade eben das Privatbestechungsrecht aus der Umklammerung durch das Wettbewerbsrecht gelöst, die Tatbestände ins StGB eingerückt und die Privatbestechung – bis auf Bagatellfälle – offizialisiert.[15]

2. Rechtsgutsüberlegungen

Als Strafrechtler fragt man sich allerdings, ob damit nicht das Kind mit dem Badewasser ausgeschüttet wurde:

Es beginnt damit, dass der Gesetzgeber Mühe hat, ein Rechtsgut der Privatbestechung überhaupt zu benennen.[16] Die Auswahlsendung der Schweizer Regierung in der Regierungsvorlage ist verräterisch:

> „Nebst den finanziellen Interessen des Arbeitgebers oder des Auftraggebers kann die Bestechung Privater auch finanzielle Interessen Dritter sowie öffentliche Rechtsgüter beeinträchtigen, z.B. der öffentlichen Gesundheit und Sicherheit schaden, wenn Geschäftstätigkeiten in diesem Bereich mit Korruption behaftet sind. Ganz allgemein schadet die Privatbestechung einer funktionierenden Wirtschaft und zerstört das Vertrauen der Wirtschaftsakteure in einen freuen und unverfälschten Mark".[17]

Das erinnert doch sehr an die Tiedemann'schen „Zwischenrechtsgüter".[18] Dass das Vertrauen in die Objektivität und Sachlichkeit amtlicher Tätig-

---

13 § 298 D-StGB.

14 Art. 322[octies] und [novies] CH-StGB.

15 Botschaft BBl 2014, 3591 ff.

16 Jung/Spitz/*Spitz* Handkommentar Bundesgesetz gegen den unlauteren Wettbewerb (UWG.), 2010, Art. 4 a, Nr. 2 ff.; kritisch: *Pieth/Zerbes* ZIS 2016, 619 (624).

17 Botschaft BBl 2014, 3598.

18 *Tiedemann* Wirtschaftsstrafrecht, 4. Auflage, 2014, 65 f.,79 f.

keit – das Parallelrechtsgut bei der Amtsträgerbestechung – ähnlich abstrakt daher kommt, tut nichts zur Sache, da es sehr viel fokussierter bleibt als der Gemischtwarenladen des eben wiedergegebenen Zitats. Der legitime Kern des Rechtsguts, die Vermögensgefährdung, hätte auch durch den alten Wettbewerbstatbestand erfasst werden können. Im Gesundheitswesen sodann bestehen bereits Spezialtatbestände.[19] Kurz: Des neuen Tatbestands hätte es jedenfalls in der Schweiz nicht bedurft.[20]

V. Die adäquate Lösung

Was wäre denn die adäquate Lösung gewesen, wenn man ein Strafbedürfnis im Rahmen der Sportbestechung prinzipiell anerkennt?

1. Sportdachverbände in öffentlicher Funktion

Was uns an den Sportdachverbänden mit ihrer Monopolstellung so irritiert, ist, dass sie Macht entfalten. Sie haben eine quasi öffentliche Rolle. Das mag man daran ermessen, dass Herr Putin Herrn Blatter oder Herrn Infantino empfängt oder dass Frau Merkel in offizieller Funktion dem Finale der Fussball WM beiwohnt.[21]

2. Konkreter Vorschlag

Von daher habe ich vorgeschlagen – für die Bedürfnisse des Korruptionsstrafrechts – die „internationale Sportdachverbände" (die 60+ Organisationen in der Schweiz) zu internationalen Organisationen i.e.S. zu erklären. Der Schritt wäre nicht gross gewesen, da den Sportdachverbänden eine „beschränkte Völkerrechtssubjektivität" wie etwa dem IKRK eingeräumt

---

19 Für die Schweiz: Art. 33 Heilmittelgesetz.
20 *Pieth/Zerbes* ZIS 2016, 619 (625).
21 NZZ v. 28.7.2015, Putin schlägt Blatter für den Nobelpreis vor; Fokus Online v. 14.7.2014, So erlebte Angela Merkel das WM-Finale.

werden könnte.[22] Technisch hätte man in der Schweiz bei der Auslandsbe-stechung lediglich einen kurzen Absatz anfügen müssen:

Art. 322[septies] Abs. 3 des Schweizerischen StGB hätte lauten können: „Internationale Sportdachverbände werden für die Belange dieser Norm den internationalen Organisationen gleichgestellt".[23]

Es sollte aber nicht sein.

---

22 *Pieth/Zerbes* ZIS 2016, 619 (625) uva Art. 5 (4) Zusatzprotokoll I Genfer Abkom-men von 1949.
23 *Pieth* ZSR 2015, 135 (146).

Sportwettbetrug, Wettkampfmanipulation, Sportwetten
und Steuerstrafrecht

Überflüssiges Strafrecht

Michael Tsambikakis[*]

I. Darstellung der neuen Gesetzeslage

1. Sportwettbetrug, § 265 c StGB

Nach § 265 c Abs. 1 StGB wird mit Freiheitsstrafe bis zu drei Jahren oder mit Geldstrafe bestraft, wer als Sportler oder Trainer einen Vorteil für sich oder einen Dritten als Gegenleistung dafür fordert, sich versprechen lässt oder annimmt, dass er den Verlauf oder das Ergebnis eines Wettbewerbs des organisierten Sports zugunsten des Wettbewerbsgegners beeinflusse und infolgedessen ein rechtswidriger Vermögensvorteil durch eine auf diesen Wettbewerb bezogene öffentliche Sportwette erlangt werde. In besonders schweren Fällen, die in der Regel vorliegen, wenn sich die Tat auf einen Vorteil großen Ausmaßes bezieht oder der Täter gewerbsmäßig oder als Mitglied einer Bande handelt, wird die Tat mit Freiheitsstrafe von drei Monaten bis zu fünf Jahren bestraft (§ 265 e StGB).

Kenner des Wirtschaftsstrafrechts erblicken sofort eine bislang einmalige Hybride aus Korruptions- und Vermögensstrafrecht, die eine korruptive Handlung mit einem intendierten Vermögensvorteil verknüpft. Praktiker des Wirtschaftsstrafrechts werden sich bereits bei erster oberflächlicher Lektüre fragen, ob die Fülle der komplexen Tatbestandsmerkmale tatsächlich geeignet sein könnte, die vom Gesetzgeber beschworenen „Anwendungs- und Nachweisschwierigkeiten" bei der Strafverfolgung einschlägiger Sachverhalte als Betrug signifikant zu reduzieren.

Während § 265 c Abs. 1 StGB die „Nehmer-Seite" des Sportwettbetrugs unter Strafe stellt, wird mit § 265 c Abs. 2 StGB die „Geber-Seite" erfasst – mithin derjenige, der den Sportler einen Vorteil anbietet, verspricht oder gewährt. Es handelt sich um eine typische Gesetzgebungstechnik bei Korruptionsdelikten. Gleiches gilt für die Ausgestaltung der Nehmer-Seite als echtes Sonderdelikt, in dem der Täter eine bestimmte Eigenschaft erfüllen

---

[*] Erstabdruck 2018 in der Zeitschrift „Der Strafverteidiger".

muss, um sich strafbar zu machen[1] (der Täter muss Sportler oder Trainer
sein). Die Geber-Seite ist dagegen als sog. Jedermann-Delikt ausgestaltet.
Hier kommt jeder Mann und jede Frau als Täter in Frage.[2]

2. *Manipulation von berufssportlichen Wettbewerben, § 265 d StGB*

§ 265 d StGB ist strukturell § 265 c StGB nachgebildet: Bestraft wird, wer
als Sportler oder Trainer einen Vorteil für sich oder einen Dritten als Gegenleistung dafür fordert, sich versprechen lässt oder annimmt, dass er den
Verlauf oder das Ergebnis eines berufssportlichen Wettbewerbs in wettbewerbswidriger Weise zugunsten des Wettbewerbsgegners beeinflusse. Die
beiden Straftatbestände unterscheiden sich also in drei Punkten: 1. Der
Charakter des in Mitleidenschaft gezogenen Wettbewerbs wird enger gefasst: Berufssportliche Wettbewerbe sind nur eine Teilmenge der Wettbewerbe des organisierten Sports. 2. Die Verlaufs- oder Ergebnisbeeinflussung ist bei der Manipulation berufssportlicher Wettbewerbe ebenfalls enger gefasst, weil sie in wettbewerbswidriger Weise erfolgen muss. 3. Dagegen erfordert § 265 d StGB keine Bereicherungsabsicht durch eine öffentliche Sportwette und ist insoweit weiter gefasst. Im Übrigen wird die
Struktur des § 265 c StGB beibehalten.

II. Kritik

Zusammengefasst kann man sagen, die beiden neuen Straftatbestände stellen Manipulationsabreden unter Strafe, soweit sie auf öffentliche Sportwetten (§ 265 c StGB) oder auf den Berufssport bezogen sind

---

1 *Krey/Esser* Deutsches Strafrecht Allgemeiner Teil, 6. Aufl. 2016, Rn. 227 f.
2 § 265 c Abs. 3 erweitert den Täterkreis auf der Nehmerseite wiederum in Form eines Sonderdelikts auf Schieds-, Wertungs- oder Kampfrichter. Als einschränkendes
Tatbestandsmerkmal kommt hinzu, dass der Verlauf oder das Ergebnis in regelwid-
riger Weise beeinflusst werden muss. Zugleich entfällt rollenspezifisch für den
Schiedsrichter ein Tatbestandsmerkmal des Abs. 1 – der Verlauf oder das Ergebnis
des Wettbewerbs muss nicht mehr zugunsten des Gegners beeinflusst werden. Wiederum spiegelbildlich dazu gestaltet sich die Strafbarkeit des Bestechers als Jedermann-Delikt in § 265 c Abs. 4 StGB. Schließlich finden sich in den letzten Absätzen
noch Definitionen und Erläuterungen zu den Begriffen des Wettbewerbs des organisierten Sports (§ 265 c Abs. 5 StGB) und des Trainers (§ 265 c Abs. 6 StGB).

(§ 265 d StGB). Nähert man sich von diesem Standpunkt aus unbefangen der Frage, welches Rechtsgut geschützt werden soll, wird man zu dem Ergebnis kommen müssen, dass es sich um die Vermögensinteressen der Anbieter und Teilnehmer von Sportwetten (§ 265 c StGB) und die Vermögensinteressen der Veranstalter, Sponsoren etc. von berufssportlichen Wettkämpfen handeln muss. Denn offensichtlich wird der Sport nicht in seiner gesamten Breite, sondern nur ausschnitthaft, ja fragmentarisch geschützt; eben gerade soweit wirtschaftliche Interessen mit dem Sport verbunden sind.

Der Begründung des Regierungsentwurfs entnimmt man hingegen, dass es um den Schutz der „Integrität des Sports" und des Vermögens anderer vor Angriffen „in betrügerischer" Weise geht.[3]

1. Schutzzweck

a) Integrität des Sports

Die Integrität des Sports ist kein selbstverständliches, kein selbsterklärendes Schutzgut des Strafrechts. Integrität ist eine ethische Forderung. Auch die nähere Beschreibung in der Gesetzesbegründung des Regierungsentwurfs dessen, was die Integrität des Sports ausmache, zeichnet Wertvorstellungen nach („Leistungsbereitschaft, Fairness und Teamgeist").[4]

Bevor die Tauglichkeit dieser Werte als strafrechtliches und verhältnismäßiges Schutzgut näher untersucht wird, soll zumindest in Schlaglichtern angedeutet werden, dass es auch andere Wahrnehmungen des modernen Sports gibt, die das Phänomen insgesamt weniger schützenswert erscheinen lassen.

Kürzlich hat sich der dienstälteste Trainer der Fußballbundesliga Dieter Hecking in dem Fußballmagazin kicker[5] (fünf Tage nach In-Kraft-treten des Gesetzes) unter der Überschrift „Werte werden mit Füßen getreten" zu seiner Sicht auf den Profi-Fußball geäußert. Schon die Überschrift verdeutlicht eine vom Gesetzgeber abweichende Wahrnehmung des Sports

---

3 BT-Drucks. 18/8831, S. 10.
4 BT-Drucks. 18/8831, S. 10.
5 *Hecking* Werte werden mit Füßen getreten in kicker v. 24.4.2017, abrufbar unter http://www.kicker.de/news/fussball/bundesliga/startseite/676364/artikel_hecking_w erte-werden-mit-fuessen-getreten.html (letzter Abruf: 6.11.2017).

durch den intimen Kenner der Bundesliga. Er möchte dem Zeitgeist wiederum eigene Werte entgegenstellen: „Ich will die Spieler nicht zu Lämmern erziehen. Und ich erwarte nicht, dass Spieler zum Schiedsrichter rennen, wenn sie feststellen, dass sie bei ihrem Tor einen Meter im Abseits gestanden haben. Diese Dinge liegen in der Verantwortung des Schiedsrichters."

Warum eigentlich? Schadet es der Integrität des Sports weniger, wenn ich den Abstieg des Gegners besiegele und meinen Klassenerhalt sichere, indem ich mich mit einem Tor schmücke, dass nach den vorher vereinbarten Regeln nicht zählen darf, oder wenn ein Phantom-Tor über Sieg und Niederlage entscheidet. Warum gilt es als besonders clever, wenn ich meinen Gegenspieler, der gerade dabei ist ein Tor zu erzielen und den ich regelkonform nicht mehr daran hindern kann, einfach umtrete? Warum ist es ein Fall für das Strafrecht, wenn ich absprachegemäß gegen Geld schlecht spiele, aber nicht, wenn ich schlecht spiele, damit der ungeliebte Trainer entlassen wird?

Die Vorbildfunktion des Sports ist möglicherweise ebenfalls differenzierter zu sehen, als es die Gesetzesbegründung den Leser glauben lassen möchte: Ob Millionen von Kinder Fußball- oder Basketballstars usw werden wollen, weil sie dann Leistungsbereitschaft, Fairness und Teamgeist ausleben können oder weil sie den damit erhofften Reichtum und die als erstrebenswert angesehene Aufmerksamkeit und Prominenz anstreben, ist nicht gesagt. Christoph Ribbat berichtet in seiner Kulturgeschichte des Basketballs, wie der Journalist Rick Telander das letzte All-Star-Game des globalen Superstars Michael Jordan beschreibt:[6] „Er betrachtete die zur Schau gestellten Luxusautomobile. Er musterte Pelze und die mit Diamanten besetzte Sportkleidung der Athleten. Und er folgerte, dass die Profis auch gleich dazu übergehen könnten, Togen zu tragen."[7] Niemand liebt Cristiano Ronaldo und Zlatan Ibrahimović wegen ihres Teamgeists.

In der Süddeutschen Zeitung vom 1./2.4.2017 heißt es in einem Kommentar von Claudio Catuogno „Weite Teile des Publikums sind längst so weit, dass sie dem Spitzensport jede moralische Tiefe absprechen (‚eh alle

---

6 Das All-Star-Game ist ein Spektakel ohne wettbewerblichen Wert und dennoch das weltweit populärste Spiel der Saison.
7 *Ribbat* Basketball – Eine Kulturgeschichte, 2013, S. 121.

gedopt')".[8] Damit soll nicht in Zweifel gezogen werden, dass der Sport wunderbare gesellschaftliche Werte vermitteln, Menschen zusammenschweißen und sie insgesamt sozial verträglicher machen kann. Doch mit guten Gründen hat man sich lange Jahre dafür entschieden, das Erwecken, Pflegen und Vermitteln von Werten der Gesellschaft zu überlassen und das Recht fernzuhalten.

Im Übrigen erscheint es mir nicht wertkonsistent, die Ressourcen der Justiz mit zusätzlichen Aufgaben zu belasten, wenn sie bereits jetzt klagt, nicht wirksam alle schon derzeit strafbare Taten ahnden zu können.[9] Besser sollte man entkriminalisieren und Straftatbestände abschaffen oder zu Ordnungswidrigkeiten herabstufen, so dass sich vorhandene Kapazitäten auf den Schutz allgemein anerkannt sozial unerträglicher Verhaltensweisen wie Menschenhandel, Wohnungseinbruch etc. konzentrieren, bevor neue Aufgabenfelder eröffnet werden, die weniger drängend erscheinen. Solange in Deutschland strafprozessual mit guten Gründen das Legalitätsprinzip gilt, müsste folgerichtig bei fehlenden Kapazitäten eine Priorisierung im materiellen Strafrecht vorgenommen werden. Es sei denn, man weiß von vornherein, dass Gesetze wie der Sportwettbetrug und die Manipulation von berufssportlichen Wettbewerben nur Symbole sind, die ins Gesetzbuch geschrieben werden und keine weiteren praktischen Auswirkungen haben werden.

Strafrecht und Moral dürfen sich nicht widersprechen: Was strafrechtlich verboten ist, darf nicht ethisch geboten sein. Die durch das Strafrecht geschützten Werte sind eine Teilmenge ethischer Werte – aber eben nur eine Teilmenge. Da Strafrecht in letzter Konsequenz die Freiheit derjenigen beschränkt, die dagegen verstoßen und die Freiheit der Person selbst schützenswert ist, darf das Mittel des Strafrechts erst dann gewählt werden, wenn es gesellschaftlich unerträglich wäre, dass ein Verstoß ungeahndet bliebe. Soziale Kontrollen und mildere rechtliche Mittel müssen ausgeschöpft sein, bevor Kriminalstrafe eingesetzt wird. Damit stellt sich zugleich die Frage der Verfassungskonformität von Straftatbeständen, die die Integrität des Sports schützen. Diese Frage lässt sich aber nur beantwor-

---

8 *Catuogno*, Lebenslügen mit System in SZ v. 1./2.4.2017, auch abrufbar unter http://www.sueddeutsche.de/sport/kommentar-lebensluegen-mit-system-1.3445082 (letzter Abruf: 6.11.2017).

9 Vgl. etwa Pressemitteilung des Deutschen Richterbundes v. 3.8.2017, abrufbar unter http://www.drb.de/pressemeldungen/2017/personalmangel-drb-gdp.html (letzter Abruf: 30.10.2017).

ten, wenn wir auch den zweiten Zweck der §§ 265 c, 265 d StGB näher betrachten, den Vermögensschutz.

b) Vermögensschutz

Entsprechend der systematischen Verortung im 22. Abschnitt des Besonderen Teils des Strafgesetzbuchs bei Betrug und Untreue reihen sich die neuen Straftatbestände bei den vermögensschützenden Normen ein. Die Begründung des Regierungsentwurfs betont wiederholt die wirtschaftliche Bedeutung des Sports und stellt heraus, dass der Schutz der mit den dem Sport verbundenen legitimen Vermögensinteressen der Mittel des Strafrechts bedürfe.[10] Anders als die Integrität des Sports wurde das Vermögen schon im RStGB 1871[11] und zuvor geschützt.[12] Die Besonderheit des strafrechtlichen Vermögensschutzes liegt darin, dass er nicht umfassend gewährt wird, sondern das Vermögen lediglich gegen bestimmte Angriffsformen geschützt wird – vornehmlich bei Verletzungen und Gefährdungen durch Täuschung oder Pflichtverletzung im komplexen Zusammenspiel mit weiteren jeweils eigenständigen Tatbestandsmerkmalen.

2. Verfassungskonformität

Von einem Rechtsstaat erwartet der Bürger, dass er den sozialen Frieden sichert. Dabei überlässt er die Regeln des gesellschaftlichen Miteinanders in weiten Teilen außerrechtlichen Sozialnormen. Sie werden im Wesentlichen von der Ethik bestimmt. Der Rest wird durch Rechtsnormen erfasst, die als durchsetzbare Gebote und Verbote ausgestaltet sind. Das Strafrecht ist der harte Kern dieser rechtlichen Sozialkontrolle.[13] Ein Verstoß gegen diese Kernverbote wird mit Kriminalstrafe bedroht, dh der Staat beschränkt in der Folge die Freiheit des betroffenen Bürgers (in unterschiedlicher Intensität) und spricht ein Unwerturteil aus. Dieser massive Eingriff lässt sich nur rechtfertigen, wenn er dem Schutz anderer oder der Allge-

---

10 BT-Drucks. 18/8831, S. 10 f.
11 RGBl. 1871 S. 176.
12 Vgl. Esser/Saliger/Rübenstahl/Tsambikakis/*Saliger* Wirtschaftsstrafrecht, 2017, § 263 Rn. 3.
13 Vgl. *Krey/Esser* Deutsches Strafrecht Allgemeiner Teil, 5. Aufl. 2012, Rn. 4 mwN.

meinheit dient.[14] Der Gesetzgeber ist grundsätzlich frei zu entscheiden, ob er Verletzungen eines Rechtsguts, das ihm besonders schützenswert erscheint, unter Strafe stellt. Sein – weiter – Beurteilungsspielraum wird nur durch die Wertentscheidungen der Verfassung begrenzt;[15] dazu zählt in diesem Kontext vor allem der Verhältnismäßigkeitsgrundsatz.[16]

Von diesem Standpunkt des Bundesverfassungsgerichts aus betrachtet, ist eine exakte Definition des Rechtsgutsbegriffs nicht notwendig.[17] Es ist lediglich zu prüfen, ob eine Strafnorm geeignet und erforderlich ist, den selbst gesteckten Zweck zu erreichen,[18] und ob die Schwere des Eingriffs in die Freiheitsrechte des Bürgers im Verhältnis zur Dringlichkeit des angestrebten Rechtsgüterschutzes angemessen ist.[19]

a) Archimedischer Punkt dieser Verhältnismäßigkeitsprüfung ist der Zweck des Gesetzes. Was der Gesetzgeber wollte, lässt sich erahnen: Da der Bundestag den vorbereitenden Regierungsentwurf[20] ohne Änderungen angenommen hat, spricht vieles dafür, dass er sich dessen Vorstellungen,

---

14 *BVerfG* Beschl. v. 26.2.2008 – 2 BvR 392/07 Rz. 35 mwN, BVerfGE 120, 224 = NJW 2008, 1137 (1138).

15 *BVerfG* Beschl. v. 26.2.2008 – 2 BvR 392/07 Rz. 38 mwN, BVerfGE 120, 224 = NJW 2008, 1137 (1138).

16 Weitergehenden Konzepten einer strafrechtlichen Rechtsgutslehre, aus der sich weitergehende inhaltliche Anforderungen an das geschützte Rechtsgut definieren ließen (vgl. bspw. *Roxin* Strafrecht Allgemeiner Teil, 4. Aufl. 2006, § 2 Rn. 27, 86 ff.), hat das BVerfG eine Absage erteilt (*BVerfG* Beschl. v. 26.2.2008 – 2 BvR 392/07 Rz. 39, BVerfGE 120, 224 = NJW 2008, 1137 (1138).

17 Eine allgemein anerkannte Definition des Rechtsguts hat sich bislang nicht finden lassen; eine gängige Definition lautet (*Krey/Esser* Deutsches Strafrecht Allgemeiner Teil, 6. Aufl. 2016, Rn. 7): „Rechtsgüter sind von der Rechtsordnung vorgefundene oder von ihr erst geprägte Lebensgüter, Sozialwerte und rechtlich anerkannte Interessen, die für den Einzelnen oder die Allgemeinheit nützlich sind und daher Rechtsschutz genießen." Das Bundesverfassungsgericht hat sich in seiner Inzest-Entscheidung klar geäußert (*BVerfG* Beschl. v. 26.2.2008 – 2 BvR 392/07 Rz. 39, BVerfGE 120, 224 = NJW 2008, 1137 (1138): „Strafnormen unterliegen von Verfassungswegen keinen darüber hinausgehenden, strengeren Anforderungen hinsichtlich der mit ihnen verfolgten Zwecke. Insbesondere lassen sich solche nicht aus der strafrechtlichen Rechtsgutslehre ableiten.".

18 *BVerfG* Beschl. v. 26.2.2008 – 2 BvR 392/07 Rz. 36 mwN, BVerfGE 120, 224 = NJW 2008, 1137 (1138).

19 *BVerfG* Beschl. v. 26.2.2008 – 2 BvR 392/07 Rz. 37, BVerfGE 120, 224 = NJW 2008, 1137 (1138).

20 BT-Drucks. 18/8831.

zu eigen gemacht hat.[21] Als zentrale Schutzgüter werden die Integrität des Sports und das Vermögen benannt.[22] Während das Vermögen bereits vielfach durch Strafgesetze geschützt wird, ist das Schutzgut der Integrität des Sports neu in den Kanon der durch das Strafgesetzbuch geschützten Rechtsgüter hinzugetreten.[23] Ob nun eine Verfassungsbeschwerde eines wegen § 265 c StGB oder § 265 d StGB verurteilten Sportlers Aussicht auf Erfolg hätte, wird davon abhängen, ob nach den Maßstäben des Bundesverfassungsgerichts eine verhältnismäßige Entscheidung des Gesetzgebers vorliegt.

b) Für die Geeignetheit genügt es, wenn mit Hilfe des Strafgesetzes „der gewünschte Erfolg gefördert werden kann".[24] Der Zweck muss nicht erreicht werden, die bloße Möglichkeit genügt.[25] Diese (sehr niedrige) Hürde passieren die neuen Straftatbestände nicht ohne weiteres. Zwar besteht die Möglichkeit, dass das Verbot, Täter davon abhält, einen Sportwettbetrug zu begehen oder berufssportliche Wettkämpfe zu manipulieren.

Was das Schutzgut der Integrität des Sports betrifft, bleiben jedoch Zweifel bestehen, weil das Gesetz nur einen kleinen Teilausschnitt des Sports erfasst – und zwar genau den Teil, in dem die moralischen Werte von „Leistungsbereitschaft, Fairness und Teamgeist" eine untergeordnete Rolle spielen. Denn die beiden Paragraphen beschränken sich darauf, den Sport ausschließlich dort zu schützen, wo wirtschaftliche Interessen den Sport dominieren. Geschützt werden allein berufssportliche Wettbewerbe oder Wettbewerbe, für die eine öffentliche Sportwette angeboten wird – in der Regel wird es sich dabei ebenfalls um berufssportliche Wettbewerbe

---

21 Die Bedenken von *Puppe* (Kleine Schule des juristischen Denkens, 3. Aufl. 2014), wonach nicht immer und ohne weiteres davon ausgegangen werden kann, dass die Parlamentsmehrheit sich stets vollständig mit den Entwurfsbegründungen identifizieren muss, teile ich.

22 BT-Drucks. 18/8831, S. 10.

23 Wenn auch nicht völlig neu: Die Strafnorm des § 4 Anti-Doping-Gesetz (BGBl. 2015 I S. 2210), das durch Artikel 1 der Verordnung vom 8.7.2016 (BGBl. I S. 1624) geändert worden ist, schützt ebenfalls die Integrität des Sports, s. § 1 AntiDopG: „Dieses Gesetz dient der Bekämpfung des Einsatzes von Dopingmitteln und Dopingmethoden im Sport, um die Gesundheit der Sportlerinnen und Sportler zu schützen, die Fairness und Chancengleichheit bei Sportwettbewerben zu sichern und damit zur Erhaltung der Integrität des Sports beizutragen.".

24 *BVerfG* Beschl. v. 26.2.2008 – 2 BvR 392/07 Rz. 36, BVerfGE 120, 224 = NJW 2008, 1137 (1138).

25 *BVerfG* Beschl. v. 26.2.2008 – 2 BvR 392/07 Rz. 36 mwN, BVerfGE 120, 224 = NJW 2008, 1137 (1138).

handeln. Der Breitensport wird aus dem Schutzbereich der neuen Straftatbestände herausgehalten, obwohl gerade dieser Teil des Sports die beschriebenen positiven Werte wenigstens gleichermaßen, wenn nicht noch mehr fördert.[26]

Weshalb die Integrität des Sports weniger verletzt sein sollte, wenn ein Jugendspieler des älteren Jahrgangs für zehn Euro heimlich unter falschem Spielerpass regelwidrig bei dem Wettbewerb des jüngeren Jahrgangs eingesetzt wird, als wenn ein Zweitliga-Schiedsrichter einen Fernseher dafür erhält, dass er einen falschen Elfmeter pfeift, lässt sich nur mit übergeordneten wirtschaftlichen Interessen erklären. Und so erscheint das Konzept des Integritätsschutzes wie ein rechtfertigendes Feigenblatt, damit nicht offen ausgesprochen werden muss, dass es im Ergebnis allein um den Vermögensschutz der Sportunterhaltungsindustrie geht. Der Gesetzgeber nimmt beim vorgeblichen Schutz der Integrität des Sports weniger den Blickwinkel der Sportler ein als den der Zuschauer und vor allem der sonst wirtschaftlich Beteiligten.

Die Logik der Gesetzesbegründung lautet: Durch Manipulationen leidet die Attraktivität des Sports und dadurch werden erhebliche wirtschaftliche Interessen gefährdet.[27] Deshalb erscheint die Integrität des Sports in der Begründung stets in Begleitung des Vermögensschutzes. Deren Kernaussage unterstreicht dies: „Die herausragende gesellschaftliche Rolle des Sports sowie seine große wirtschaftliche Bedeutung machen es erforderlich, den Gefahren, die von Sportwettbetrug und Manipulationen berufssportlicher Wettbewerbe für die Integrität des Sports und das Vermögen anderer ausgehen, auch mit den Mitteln des Strafrechts entgegenzutreten."[28] Ist aber der Vermögensschutz der Motor des Gesetzgebungsprojekts, stellt sich jedenfalls für § 265 c StGB die zusätzliche Frage, ob sich ausgerechnet der Sportwettmarkt einen Sondervermögensschutz verdient hat, der über den Betrugstatbestand hinausgeht.[29]

---

26 *Reinhart* SpuRt 2016, 235 (238).
27 BT-Drucks. 18/8831, S. 10.
28 BT-Drucks. 18/8831, S. 10.
29 Abgesehen davon, dass Deutschland im Übrigen bei der Regulierung des Sportwettenmarkts wenig überzeugt – s. zuletzt ua *EuGH* v. 4.2.2016 – C-336/14, ZfWG 2016, 115 m. Anm. *Streinz* JuS 2016, 568 oder *VG Wiesbaden* v. 10.6.2015 – 5 L 1438/14.WI, ZfWG 2016, 169. Vgl. zu den strafrechtlichen Auswirkungen *Saliger/Tsambikakis* Neutralisiertes Strafrecht, 2017.

c) Gleichfalls fragwürdig ist die Erforderlichkeit der neuen Paragraphen. Ein Strafgesetz ist nur dann erforderlich, wenn „der Gesetzgeber nicht ein anderes, gleich wirksames, aber das Grundrecht nicht oder weniger stark einschränkendes Mittel hätte wählen können."[30] Selbst unter Berücksichtigung des Beurteilungsspielraums, den das Bundesverfassungsgericht dem Gesetzgeber zugesteht, stellt sich die Frage, ob gesellschaftliche, privatrechtliche, verbandsinterne und bereits greifende strafrechtliche Sanktionen nicht ausreichen, um die Integrität des Sports und die Vermögensinteressen der Sportwirtschaft zu schützen.

aa) Die Hauptsorge des Gesetzgebers besteht darin, dass sich der Zuschauer abwendet, wenn nicht mit den Mitteln des Strafrechts dagegengehalten wird: „Wird die Unvorhersehbarkeit des Ausgangs eines Wettkampfs durch Manipulationen konterkariert, verliert der Sport seine Glaubwürdigkeit."[31] Wettbewerbe, deren Authentizität in Frage steht, können die Faszination und Werte des Sports wie Leistungsbereitschaft, Fairness und Teamgeist nicht mehr vermitteln, so dass die Gefahr besteht, dass der Sport das Interesse einer breiten Öffentlichkeit verliert und damit seine gesellschaftliche und wirtschaftliche Bedeutung einbüßt." Der Ansatz überzeugt nicht.

Wenn es richtig wäre, dass sich der Zuschauer abwendet, sobald er Manipulationen fürchtet, würde dies unterstreichen, wie wirksam die soziale Kontrolle bereits funktioniert. Ein Einschreiten mit den Mitteln des Strafrechts wäre überflüssig. Es wäre eine gerechte und ausreichende gesellschaftliche Sanktion, wenn sich das öffentliche Interesse von Sportarten abwendet, denen es nicht aus der eigenen Organisation heraus gelingt, Manipulationen abzuwehren. Es läge ganz im Sinne der nunmehr geschützten Moralvorstellungen, wenn sich das Publikum Sportarten zuwendet, denen es gelingt, glaubwürdige Wettkämpfe zu veranstalten. Würde es wirklich um immaterielle Werte gehen, könnte es keinen Bestandsschutz für wirtschaftlich bedeutende Sportarten geben, die moralisch versagen. Ließe sich die Integrität des Sports bei bisherigen Randsportarten besser durchsetzen und wäre das tatsächlich ein Faktor bei der Zuschauergunst, müsste der Strafgesetzgeber nicht eingreifen, sondern könnte vielmehr einen Wettbewerb der Integrität entfachen. Und wenn der Sport insgesamt nicht die Kraft hätte, die Werte, für die er vermeintlich steht, zu leben und

---

30 *BVerfG* Beschl. v. 26.2.2008 – 2 BvR 392/07 Rz. 36 mwN, BVerfGE 120, 224 =
    NJW 2008, 1137 (1138).
31 *Hutz/Kaiser* NZWiSt 2013, 383.

zu schützen, wäre es keine moralische Einbuße, wenn sich die Gesellschaft anderen Feldern zuwendet. So kann beispielsweise das gemeinsame Musizieren Werte wie Leistungsbereitschaft, Fairness und Teamgeist vermitteln. Niemand wird behaupten, dass die deutsche Gesellschaft ethisch schlechter dastünde, wenn Sportfans in Zukunft nicht ins Stadion, sondern ins Theater, in Musikhallen oder ins Museum gehen. Leider gibt es genau so wenig Anhaltspunkte dafür, dass es dem Gesetzgeber darum ging, wie es sie dafür gibt, dass die Zuschauer dies alles besonders wichtig nehmen. Vielmehr scheint weniger die Tugendhaftigkeit der Sportler die Arenen zu füllen, als die Aussicht auf ein Spektakel und die Unterhaltung.

Die Sponsorengelder etc. folgen den ökonomischen Gesetzen der Masse – und zwar bestenfalls „wertneutral". Auch hier sollen nur einige willkürlich Schlaglichter jüngeren Datums als Beispiele aus dem wirtschaftlich relevantesten Sportmarkt Deutschlands genügen, um das zu illustrieren: Beim Fußball-Bundesligaspiel des 1. FC Köln gegen die TSG 1899 Hoffenheim am 22.4.2017 begrüßte die traditionell in fester Hand der Köln-Fans befindliche Südtribüne den Mehrteilseigner der Gäste mehrfach mit Sprechchören „Dietmar Hopp, Du Sohn einer Hure.". Dazu wurden verschiedene Plakate in die Höhe gehalten, die die Botschaft noch einmal unterstrichen. Am 11.4.2017 wurde ein Anschlag auf den Spielerbus der Fußballmannschaft Borussia Dortmund verübt. Hintergrund soll die Hoffnung auf fallende Aktien des börsennotierten Bundesligisten bei einem großen Schaden mit möglicherweise vielen Toten gewesen sein. Anschläge auf Spielerbusse von Fans, also von Zuschauern, deren Erwartungshaltung in die Integrität des Sports nunmehr mit den Mitteln des Strafrechts geschützt wird, sind ein regelmäßig im Fußball zu beobachtendes Phänomen (wie zB im April 2014 als Fans von Dynamo Dresden den Bus der Spieler des FC St. Pauli mit Steinen und Flaschen bewarfen bis die Scheiben zu Bruch gingen und die Spieler einen Ersatzbus nehmen mussten).[32] Verbale Angriffe gegen die Spieler der Mannschaft, zu der man hält, gehören ohnehin zum Tribünenalltag. Wie hoch dabei die Integrität der eigenen Spieler eingeschätzt wird, lassen Rufe, wie die vom 17.4.2017 der Schalker Fans an die eigene Mannschaft, erahnen („Scheiss Millionäre").[33]

---

32 Wem das zu lange her ist: Im April 2017 bewarfen Fans von Werder Bremen den Mannschaftsbus des Hamburger Sport Vereins mit harten Gegenständen und Farbbeuteln.

33 Abrufbar unter https://www.bluewin.ch/de/sport/2017/4/17/erst-ajax--jetzt-darmstadt--schalke-wieder-in-der-.html (letzter Abruf: 5.11.2017).

Dass die Sportwette rechtlich als Glücksspiel angesehen wird,[34] rundet dieses Bild nur ab. Hängt nämlich der Gewinn eines Spiels ganz oder überwiegend vom Zufall ab, unterstreicht dies den Unterhaltungswert dieses Derivats der Sportunterhaltungsindustrie.

Soweit es bei den Straftatbeständen um die Werte von Leistungsbereitschaft, Fairness und Teamgeist geht, braucht dem sozialen Kontrollmechanismus des Abwendens von einzelnen Sportarten oder des Sports insgesamt keine Kriminalstrafe ergänzend zur Seite gestellt werden. Abgesehen davon, dass es nicht gesichert erscheint, dass die Motivation der geschützten Zuschauer über bloße Unterhaltung hinausgeht, hat jeder einzelne Zuschauer die Freiheit, sich keine Sportwettbewerbe mehr anzuschauen, deren Authentizität er bezweifelt. Ein strafrechtlicher Bestandsschutz scheint mir bei dieser Ausgangslage schwer begründbar. Wer diese wenig konturierten Werte ins Strafrecht transformiert, bricht mit dem Grundsatz der strikten Trennung von Strafrecht und Moral und wendet sich von einem am Bestimmtheitsgrundsatz ausgerichteten Strafrecht ab.[35] Vor allem der Straftatbestand der Manipulation von berufssportlichen Wettbewerben gemäß § 265 d StGB ist daher nicht erforderlich.

bb) Sollte das Leitmotiv des Integritätsschutzes sich aber in dem Vermögensschutz der Sportunterhaltungsindustrie erschöpfen[36] – und dafür spricht die Begrenzung der Tatbestände auf Wettbewerbe mit wirtschaftlicher Bedeutung –, dann sind die neuen Strafgesetze nicht erforderlich, weil ein ausreichender Schutz durch das klassische Vermögensstrafrecht existiert.

Das gilt vor allem für den Sportwettbetrug gemäß § 265 c StGB. Es liegt nahe, dass bei diesem Delikt ohnehin die Integrität des Sports wenig Bedeutung hat, weil ihre Verletzung ja nur strafbar ist, wenn es zugleich einen Bezug zu einer öffentlichen Sportwette gibt. Für den großen Rest der Sportwettkämpfe ist der Gesetzgeber selbst der Ansicht, dass der strafrechtliche Schutz dieser Vorschrift soweit nicht reichen brauche. Damit ist die Integrität des Sports nur schützenswert, solange auf das Ereignis gewettet werden kann. Im Kreis der etablierten Rechtsgüter wird die Integri-

---

34 Esser/Rübenstahl/Saliger/Tsambikakis/*Leimenstoll* Wirtschaftsstrafrecht, 2017, § 284 StGB Rn. 15 mwN.

35 BRAK Stellungnahme Nr. 8/2016, S. 4; vgl. auch *Reinhart* SpuRt 2016, 235 (237); *Swoboda/Bohn* JuS 2016, 686 (688 f.).

36 S. auch *Swoboda/Bohn* JuS 2016, 686 (689).

tät damit von Ihren Erschaffern als die kleine Schwester des Vermögens vorgestellt.

Weil das Vermögen durch die Vermögensdelikte des StGB ohnehin strafrechtlich geschützt wird, muss Ausgangspunkt der weiteren Überlegungen zunächst die Rechtslage ohne Geltung des § 265 c StGB sein: Für die Praxis ist die Strafbarkeit des Sportwettbetrugs durch eine Reihe von BGH-Entscheidungen geklärt.[37] Wer bei einem Sportwettanbieter einen Wettvertrag abschließt, obwohl er zuvor eine Abrede mit einem Sportler oder Trainer getroffen hat, dass dieser manipulativ auf den Sportwettkampf einwirken wird, begeht nach der Rechtsprechung einen vollendeten Betrug gem. § 263 Abs. 1 StGB und kann mit Freiheitsstrafe bis zu fünf Jahren oder mit Geldstrafe bestraft werden. Etwas anderes gilt nur dann, wenn die Manipulation nicht erfolgreich war und deshalb kein Gewinn ausgeschüttet wurde. Dann liegt nur ein Versuch vor, soweit sich die Vorstellung des Täters auf die tatsächlichen Umstände richtet, die einen Betrug begründen.[38] In besonders schweren Fällen (also v.a. bei Gewerbsmäßigkeit, Handeln als Mitglied einer Bande, Herbeiführen eines Vermögensverlustes großen Ausmaßes) ist die Strafe nach § 263 Abs. 3 StGB Freiheitsstrafe von sechs Monaten bis zu zehn Jahren. Der beteiligte Sportler oder Trainer wird meist nicht Mittäter, sondern Gehilfe oder Anstifter sein. Mithin ist eine Bestrafung der Täter, die das Vermögen der Wettanbieter schädigen, bereits ohne die gesetzliche Neuerung gesichert. Die Einführung ergänzender Straftatbestände wäre also nur dann erforderlich, wenn es überzeugende Argumente dafür gibt, dass der bisherige Schutz durch das Strafrecht nicht ausreicht.

Die Begründung der Bundesregierung stützt sich auf drei Argumente:

(1) „Der Unrechtsgehalt von Manipulationsabsprachen bei Sportwettbewerben geht mit der Beeinträchtigung der Integrität des Sports aber über die vom Betrugstatbestand abgebildete Verletzung fremder Vermögensinteressen hinaus.“[39]

---

37 *BGH* Urt. v. 15.12.2006 – 5 StR 181/06, BGHSt 51, 165; *BGH* Urt. v. 20.12.2012 – 4 StR 55/12, BGHSt 58, 102; *BGH* Beschl. v. 11.3.2014 – 4 StR 479/13, NStZ 2014, 317. Freilich sind die Ergebnisse in der Wissenschaft nicht unbestritten; ein Überblick findet sich bei Esser/Rübenstahl/Saliger/Tsambikakis/*Saliger* Wirtschaftsstrafrecht, 2017, § 263 StGB Rn. 222 ff.
38 Vgl. *Jäger* JA 2013, 868 (871).
39 BT-Drucks. 18/8831, S. 11.

Nach dem hier vertretenen Standpunkt ist die Integrität des Sports kein geeignetes Schutzgut für das Strafrecht. In dem vorliegenden Kontext dient es allein dazu, den Vermögensschutz moralisch zu überhöhen, was keine zusätzliche Kriminalisierung rechtfertigt. So ist beispielsweise der Spendenbetrug, bei dem der Spender darüber getäuscht wird, dass seine Spende für einen wohltätigen Zweck eingesetzt wird, obwohl sie tatsächlich für Luxusgüter des Täters verbraucht wird, geeignet, das Vertrauen in die Integrität des karitativen Spendensammelns zu schwächen. Dennoch reicht die Kriminalisierung durch die vorhandenen Tatbestände aus, um ein solches Täuschen zu ächten. Es liegt im Wesen des Betrugs, dass er Vertrauen in die Integrität des Täters und in die Integrität des Marktes, in dem er agiert, schwächt.

(2) „Darüber hinaus hat der Straftatbestand des Betrugs insbesondere wegen der erforderlichen Feststellung einer auf den manipulierten Wettbewerb bezogenen Wettsetzung und wegen des Nachweises eines konkreten Vermögensschadens zu Anwendungsschwierigkeiten geführt. Eine wirksame Strafverfolgung ist dadurch beeinträchtigt."[40]

Dieses Argument erscheint besonders schwach. Zunächst wird beklagt, dass die erforderliche Feststellung einer auf den manipulierten Wettbewerb bezogene Wettsetzung zu Anwendungsschwierigkeiten geführt habe. Dem wird nunmehr durch eine Vorverlagerung Rechnung getragen, die eine Unrechtsvereinbarung zwischen Sportler oder Trainer und einem Dritten bestraft, sofern sie eine Vorteilsgewährung für eine Verlaufs- oder Ergebnisbeeinflussung eines organisierten Sportwettbewerbs zum Gegenstand hat und einen rechtswidrigen Vermögensvorteil durch eine auf diesen Wettbewerb bezogene öffentliche Sportwette anstrebt. Warum sollte dies leichter zu ermitteln sein? Der Bezug der Abrede zur öffentlichen Wette wird sich in der Regel durch eine entsprechende Wettsetzung offenbaren. Die Einlassung, die Abrede hätte nicht auf eine öffentliche Sportwette gezielt, lässt sich sonst kaum widerlegen. Anwendungsschwierigkeiten werden so nicht behoben.

Der Begriff Anwendungsschwierigkeit lässt im Gesetzgebungsverfahren aufhorchen. Er erinnert an die Nachweisschwierigkeiten, die von den Strafverfolgungsbehörden gelegentlich beklagt werden. Wenn eine Straftat „nicht nachgewiesen werden konnte", schwingt häufig mit, dass da aber schon etwas dran war und man den Täter nur nicht überführen konnte.

---

40 BT-Drucks. 18/8831, S. 11.

Nachweisschwierigkeiten können aber auch eine Folge davon sein, dass die Ermittlungshypothese falsch ist, oder dass es das, was gesucht wurde, nicht gibt. Der Hinweis auf Anwendungsschwierigkeiten beim Nachweis eines konkreten Vermögensschadens ist möglicherweise ein Beleg für die Funktionsfähigkeit des bisherigen Vermögensstrafrechts. Denn wo ein konkreter Vermögensschaden nicht beweisbar ist, bedarf es eher keines strafrechtlichen Sondervermögensschutzes.[41] Das gilt jedenfalls, solange Störungen nicht tiefgreifend in die Funktionsfähigkeit der modernen Gesellschaft eingreifen[42] – denn gänzlich unbekannt ist die Regelungstechnik dem Strafgesetzbuch nicht. Aber die §§ 264, 264 a und 265 b StGB (also der Subventionsbetrug, der Kapitalanlagebetrug und der Kreditbetrug) schützen u.a. das Vermögen der öffentlichen Hand, die Funktionsfähigkeit des Kapitalmarkts bzw. der Kredit- und Volkswirtschaft. Sie sind von gewichtiger gesamtgesellschaftlicher Relevanz, die einen Sonderschutz rechtfertigen vermag.[43]

(3) „Zudem erscheint es nicht ausreichend, wenn nach derzeitiger Rechtslage das Verhalten der zur Manipulation bereiten Sportler allenfalls als Beihilfe zum Betrug erfasst werden kann."[44]

Dieses Argument ist nur stichhaltig, soweit man die Integrität des Sports als tragfähiges Rechtsgut anerkennt. Ansonsten ist die Einordnung aus Sicht des Vermögensstrafrechts konsequent: Der Wettende greift das Vermögen des Wettanbieters an – der Sportler fördert die Tat oder hat den Wettenden möglicherweise dazu bestimmt. Solange er keine Tatherrschaft innehält, ist es sachgerecht, ihn als Teilnehmer zu bestrafen.

cc) Darüber hinaus halten die veranstaltenden Verbände die wichtigsten Sanktionen bereits vor. Wer sich nicht an die vereinbarten Regeln hält, darf – ohne dass es einer Strafgewalt des Staates bedürfte – aus der eigenen Organisationshoheit heraus von weiteren Wettkämpfen ausgeschlossen werden. Die Veranstalter haben alle Sanktionsmöglichkeiten, die sie benötigen, um das Publikum von der Glaubwürdigkeit und der Authentizität ihrer Wettkämpfe zu überzeugen. Sponsoren, Sportwettanbieter etc.

---

41 BRAK Stellungnahme Nr. 8/16, S. 5.
42 BRAK Stellungnahme Nr. 8/16, S. 5.
43 Auch das ist nicht unbestritten, vgl. etwa zu § 264: *Großmann* Liberales Strafrecht, S. 124 ff. mwN; vgl. zu § 264 a: *Fischer* StGB, § 264 a Rn. 2; NK-StGB/*Hellmann* § 264 a Rn. 9 mwN; vgl. zu § 265 b: BGHSt 36, 131; *Schubarth* ZStW 92 (1980), 80, 91 ff.
44 BT-Drucks. 18/8831, S. 11.

können das privatrechtliche Instrumentarium der Vertragsfreiheit nutzen und Bedingungen formulieren, unter denen man Geschäfte im Sport machen möchte. Damit ist der Rahmen abgesteckt, wie er letztlich für alle Branchen gilt: Wer im Rechtsverkehr seinen Geschäftspartner vermögensschädigend täuscht, kann sich wegen Betruges strafbar machen. Ein Straftatbestand des Sportwettbetrugs ist nicht erforderlich.

dd) Die Notwendigkeit Manipulationen von berufssportlichen Wettbewerben zu bestrafen, wird damit begründet, dass Taten ohne Bezug zu einer Sportwette bislang straflos bleiben müssten, „obschon dadurch in ähnlicher Weise wie bei Manipulationen mit Bezug zu Sportwetten die Integrität des Sports und fremde Vermögensinteressen gefährdet werden".[45] Bezüglich der Integrität des Sports gilt das bereits Gesagte, wobei der Aspekt des nunmehr angestrebten Teilschutzes noch einmal herausgestellt werden soll. Die Integrität des Sports ist durch Manipulationen von Amateuren und Breitensportlern nicht geringer tangiert. Was sportliches Handeln im Sinne von ethischem Handeln angeht, haben der Jugendtrainer, die Spieler der ersten Mannschaft des Dorfvereins etc. eventuell eine wichtigere Vorbildfunktion als Profis, die in der kurzen Zeit ihrer größten Leistungsfähigkeit diese maximal materialisieren (müssen). Das allein kann die Existenzberechtigung von § 265 d StGB nicht begründen.

Die Behauptung, dass fremde Vermögensinteressen bei Manipulationen ohne Sportwettenbezug in ähnlicher Weise gefährdet werden wie bei Manipulationen mit Sportwettenbezug, kann nicht richtig sein – fehlt dieser Manipulation doch das wirtschaftliche Umfeld der Sportwette, die für § 265 c StGB konstitutiv ist („infolgedessen ein rechtswidriger Vermögensvorteil durch eine auf diesen Wettbewerb bezogene öffentliche Sportwette erlangt werde"). Wie auch immer sich Manipulationen ohne Sportwettenbezug auswirken – es muss jedenfalls anders sein als bei einem Sportwettenbezug. Ein Großteil der vermeintlichen Opfer fällt schließlich weg. Da aber schon bei dem Vorliegen einer Wette auf ein manipuliertes Sportereignis kaum ein Vermögensschaden nachweisbar oder bezifferbar war, wundert es nicht, dass in der Gesetzesbegründung überhaupt kein konkretisiertes Beispiel eines solchen Schadens bei Manipulationen ohne Wettbezug vorgestellt wird. Der Gesetzgeber bekämpft ein Phänomen, ohne ermittelt zu haben, ob es sich um ein aktuell existentes Problem des Berufssports handelt. Ein Gesetz, dass etwas bekämpft, was nur möglicher-

---

45 BT-Drucks. 18/8831, S. 11.

weise existiert, ist vielleicht noch geeignet im Sinne einer Verhältnismäßigkeitsprüfung; wahrscheinlich ist es nicht erforderlich, weil als mil-
deres Mittel zunächst untersucht werden könnte, ob es einen gesetzgeberischen Handlungsbedarf gibt. Jedenfalls stehen Zweck und Mittel in keinem angemessenen Verhältnis. Ein Verstoß gegen das Übermaßverbot
liegt nahe.

Resignierend muss man hinzufügen, dass in der Begründung des Regie-
rungsentwurfes fast schon selbstverständlich ein Verweis auf „Organisierte
Kriminalität" nicht fehlt – was aber fehlt, ist eine fundierte empirische Untersuchung hierzu. Es wird lediglich behauptet, der Wettmarkt könne (sic!)
zu einem Berührungspunkt von Sport und organisierter Kriminalität werden und damit wiederum – Sie ahnen es – die Integrität des Sports und die
mit dem Sport verbundenen legitimen Vermögensinteressen gefährden.[46]
So sorgt die Wahl der Sprache für das Lösungskonzept:[47] Organisierte Kriminalität kann nur mit Kriminalstrafen bekämpft werden. Wie es allerdings Organisierte Kriminalität bezogen auf Taten geben kann, die bislang
nicht strafbar waren, ist ein Geheimnis der Rechtspolitik. § 265 d StGB
muss die Kriminalität, die sie bekämpft, erst erschaffen. Ob es sie überhaupt gibt, wird sich erst im Anschluss zeigen.

Unter Berücksichtigung all dieser Gesichtspunkte, also der vorhandenen Strafbarkeit, der gesellschaftlichen, privatrechtlichen, verbandsrechtli-
chen und strafrechtlichen Sanktionsmöglichkeiten, des fehlenden Gewinns
an Anwendungssicherheit und der ungeklärten Frage, ob es sich überhaupt
um ein existierendes Problem handelt, soweit es am Bezug zur öffentlichen Sportwette fehlt, ist das Gesetz im Sinne der Verfassung nicht erforderlich.

d) Schließlich stellt sich noch die Frage der Angemessenheit, also der
Verhältnismäßigkeit im engeren Sinn. Sie wird durch Abwägen von der
Schwere des Eingriffs einerseits sowie des Gewichts und der Dringlichkeit
des Schutzzwecks andererseits geprüft. „Im Bereich staatlichen Strafens
folgt aus dem Schuldprinzip und aus dem Grundsatz der Verhältnismäßigkeit, dass die Schwere einer Straftat und das Verschulden des Täters zu der
Strafe in einem gerechten Verhältnis stehen müssen. Eine Strafandrohung
darf nach Art und Maß dem unter Strafe gestellten Verhalten nicht

---

46 BT-Drucks. 18/8831, S. 11.
47 Vgl. hierzu *Thibodeau/Boroditsky* Metaphors We Think With: The Role of
    Metaphor in Reasoning, PLoS One, February 2011, Volume 6, Issue 2.

schlechthin unangemessen sein. Tatbestand und Rechtsfolge müssen vielmehr sachgerecht aufeinander abgestimmt sein."[48]

Soweit bloß die Integrität des Sports verletzt ist, rechtfertigen diese Verstöße überhaupt keine Strafe. Ihnen kann typischerweise mit gesellschaftlicher Ächtung und Verbandsstrafen sowie privatrechtlichen Sanktionen begegnet werden. Das Strafrecht soll nur sozial unerträgliches Verhalten erfassen.[49]

[Die neuen Straftatbestände postulieren dem Zeitgeist entsprechend einen ständigen Zwang zur Optimierung der eigenen Leistung. Ich halte einen Konflikt mit der Menschenwürde nicht für völlig fernliegend: Selbst Berufssportler werden nicht zum Objekt der Zuschauer oder Sponsoren.]

Das Vermögen der wirtschaftlich am Sport beteiligten Unternehmen und Einzelpersonen wird durch die vorhandenen Vermögensdelikte ausreichend geschützt.[50] Vorverlagerungen der Strafbarkeit wegen nicht weiter belegten, sehr abstrakten Vermögensgefährdungen, bringen ein Ungleichgewicht in den bisherigen Schutz des Vermögens, dessen Notwendigkeit im Gesetzgebungsverfahren nicht belegt werden konnte.

Selbst wenn man meine Argumentation nicht teilt, sollte die rechtspolitische Überlegung, ob die Ressourcen der Strafverfolgungsbehörden nicht auf andere Sachverhalte konzentriert werden sollten, nicht undiskutiert bleiben. Es ist Zeit für eine Trendwende hin zur Entkriminalisierung, die den verbleibenden Rest zu ahndender Taten effektiv bekämpft. Wer auch diese Ansicht nicht teilt, wird aber gemeinsam mit mir ein Interesse daran haben, dass neue Straftatbestände möglichst so ausgestaltet sind, dass sie die selbstgesteckten Ziele erreichen. Es bleibt also zu prüfen, ob die neuen §§ 265 c und 265 d StGB überzeugend gestaltet wurden.

3. Ausgestaltung der §§ 265 c und 265 d StGB

Die Ausgestaltung der §§ 265 c und 265 d StGB soll anhand von zwei Beispielsfällen illustriert werden, die Prototypen des erfassten Unrechts abbilden.

---

48 *BVerfG* Beschl. v. 26.2.2008 – 2 BvR 392/07 Rz. 37 mwN, BVerfGE 120, 224 = NJW 2008, 1137 (1138).
49 *Frisch* NStZ 2016, 16 (24).
50 Ein internationaler Zwang zur Strafausweitung bestand nicht, vgl. BeckOK-StGB/ *Bittmann/Nuzinger/Rübenstahl*, 35. Ed., § 265 c Rn. 5.3.

Fall 1: Der Kioskbesitzer K. bietet dem Verbandsliga-Fußballspieler V. 100 EUR dafür, dass er den Ball bei seiner ersten Ballberührung ins Aus spielt. K. beabsichtigt, in China eine Wette darauf zu platzieren, dass der Gegner von V. im nächsten Meisterschaftsspiel den ersten Einwurf zugesprochen bekommt. V. lässt sich darauf ein. K. gelingt es nicht, die beabsichtigte Wette abzuschließen.

Fall 2: Kioskbesitzer K. bietet dem Verbandsliga-Fußballspieler, der von seinem Verein monatlich 1.500,- EUR Aufwandsentschädigung erhält und im Übrigen nebenbei studiert, 100 EUR dafür, dass er beim nächsten Spiel einen Elfmeter gegen seine eigene Mannschaft herbeiführt. V. weiß nicht, weshalb K. ein Interesse daran hat, lässt sich aber darauf ein. Noch vor Spielbeginn überlegt V. es sich anders und verursacht keinen Elfmeter im Spiel.

a) Die beiden neuen Straftatbestände wurden in den mit „Betrug und Untreue" überschriebenen 22. Abschnitt des Besonderen Teils des Strafgesetzbuches einsortiert. Dies ist wegen des Vermögensschutzes nicht völlig fernliegend. Erstmals wird jedoch ein nicht vermögensbezogenes Zweit-Rechtsgut an dieser Stelle des Gesetzes implementiert.[51] Ferner liegt das Kernunrecht in der konkreten Ausgestaltung der Tatbestände systemfremd nicht in dem betrügerischen Angriff auf das Vermögen, sondern vorgelagert in der Unrechtsvereinbarung über die Gewährung eines Vorteils im Gegenzug für eine Wettkampfmanipulation zugunsten des Gegners. Damit liegt eine systematische Einordnung bei den Korruptionsstraftatbeständen des geschäftlichen Verkehrs bei § 299 StGB näher.[52] Für § 265 d StGB gilt das uneingeschränkt.

§ 265 c StGB schafft eine bislang einzigartige Kombination aus den Elementen eines Korruptions- und eines Vermögensdelikts (Bereicherungsabsicht).[53] Neben den Fragen der Systematik stellt sich dem Praktiker die Frage, ob § 265 c StGB in dieser Form die erhofften Anwendungserleichterungen erzielen kann. Da Unrechtsvereinbarungen meist nicht oder bestenfalls verschleiert dokumentiert werden und kaum vor unbeteiligten Zeugen getroffen werden, gestaltet sich ihr Nachweis im Alltag des Wirtschaftsstrafrechts schwierig. Zudem müsste den Tätern Vorsatz nachgewiesen werden. Der Einwand des Vorteilsgebers, ihm sei noch nicht einmal in groben Umrissen bekannt, wie der Wettbewerb beeinflusst werden

51 BRAK Stellungnahme Nr. 8/16, S. 8.
52 BRAK Stellungnahme Nr. 8/16, S. 10.
53 BRAK Stellungnahme Nr. 8/16, S. 8.

sollte, oder die des Sportlers, er sei nicht davon ausgegangen, die Manipulationsabsprache einer Wettsetzung diene, werden nicht leicht zu widerlegen sein.[54] Auf das hochkomplexe ungeschriebene Tatbestandsmerkmal der Unrechtsvereinbarung sollte der Gesetzgeber also nur bauen, wenn es unausweichlich ist. Eine Beschränkung auf den reinen Vermögensschutz hätte dies überflüssig gemacht. Was der Gesetzgeber vermeintlich als Vereinfachung auf der Seite des nachzuweisenden Wetteinsatzes bei der Verfolgung als Betrug gewonnen hat, verliert er wieder durch den zusätzlich notwendigen Nachweis eines normativen Tatbestandsmerkmals, das zudem stark von inneren Motiven der Täter und deren Beweisbarkeit abhängt.

Zusätzlich zahlt man den Preis einer weitgehenden Vorverlagerung der Strafbarkeit, die mit dem bloßen Fordern oder Anbieten des Vorteils bereits vollendet ist. An den Beispielsfällen wird das deutlich. Obwohl es K. in Fall 1 nicht gelingt, die Wette abzuschließen, und obwohl es sich V. in Fall 2 anders überlegt und den Wettkampf nicht manipuliert, machen sich beide unausweichlich strafbar. Die goldene Brücke zurück in die Legalität, die das Strafgesetzbuch dem Mörder, dem Brandstifter und vielen anderen baut, verwehrt das neue Gesetz den Beteiligten, die eine Sportmanipulation verabreden. Wer unmittelbar ansetzt, einen Mord zu begehen, aber dann freiwillig die weitere Ausführung der Tat aufgibt oder deren Vollendung verhindert, wird nicht bestraft (§ 24 Abs. 1 S. 1 StGB). Löscht der Brandstifter den Brand, bevor erheblicher Schaden entsteht, kann das Gericht von Strafe absehen (§ 306 e Abs. 1 StGB). Diese Möglichkeit ist bei den §§ 265 c, 265 d StGB nicht vorgesehen. Die allgemeinen Rücktrittsregeln nach § 24 StGB greifen nicht, da die Tat beendet ist, wenn der Sportler den Vorteil gefordert hat, sich hat versprechen lassen oder angenommen hat. Leider hat es der Gesetzgeber versäumt, eine Vorschrift einzufügen, die tätige Reue belohnt. Der extremen Vorverlagerung durch ein abstraktes Vermögensgefährdungsdelikt[55] steht damit kein Korrektiv gegenüber, das zu einer Umkehr motivieren könnte. Bei den anderen Delikten

---

54 *Schneiderhan* Stellungnahme des Deutschen Richterbundes zum Gesetzentwurf zur Strafbarkeit von Sportwettbetrug und der Manipulation berufssportlicher Wettbewerbe, Deutscher Richterbund 2/16, S. 4; BRAK Stellungnahme Nr. 8/16, S. 8; *Löffelmann* Recht + Politik 2/2016, 2.
55 S. auch BRAK Stellungnahme Nr. 8/16, S. 9.

im Umfeld des Betruges[56] wie beim Subventionsbetrug, Kapitalanlagebetrug und Kreditbetrug wird tätige Reue gesetzlich honoriert.[57]

b) Bei der Kritik an der Ausgestaltung des § 265 d StGB stehen Bestimmtheitsprobleme im Vordergrund. Die Entscheidung des Gesetzgebers die Integrität nur des Profisports zu schützen, verlangt eine Trennung des Berufssports von den übrigen Sportwettkämpfen. § 265 d StGB definiert daher den berufssportlichen Wettbewerb als Sportveranstaltung im In- oder Ausland, die von einem Sportbundesverband oder einer internationalen Sportorganisation veranstaltet oder in deren Auftrag oder mit deren Anerkennung organisiert wird, bei der Regeln einzuhalten sind, die von einer nationalen oder internationalen Sportorganisation mit verpflichtender Wirkung für ihre Mitgliedsorganisationen verabschiedet wurden, und an der überwiegend Sportler teilnehmen, die durch ihre sportliche Betätigung unmittelbar oder mittelbar Einnahmen von erheblichem Umfang erzielen. Letztere Differenzierung scheint wenig überzeugend, um strafrechtlich schutzbedürftige Integrität von strafrechtlich nicht schützenswerter Integrität zu unterscheiden.[58]

Der Ermittlungsaufwand erscheint außer in den klaren Fällen des Profisports bzw. des Breitensports unverhältnismäßig. So müsste bei wenigstens der Hälfte der Teilnehmer eines Wettkampfs zzgl. eines weiteren Sportlers festgestellt werden, dass sie durch ihre sportliche Betätigung Einnahmen im erheblichen Umfang erzielen.[59] Die Bezugsgrößen sind unklar, dass gilt sowohl für die Erheblichkeit der Einnahmen als auch für die zu betrachtenden Zeiträume[60] – von den Feststellungen zum diesbezüglichen Vorsatz ganz zu schweigen. Das zweite Fallbeispiel mag das verdeutlichen.

Wann sind Einkünfte eines Sportlers auch nicht mehr mittelbar durch die sportliche Betätigung erzielt? Man denke zB an Sportsoldaten. Profi-Teilnehmer eines großen Stadtmarathons zB werden durch solch eine Regelung privilegiert, weil überwiegend Amateure an den großen Volksläufen teilnehmen. Allerdings sollten die gegen Bezahlung teilnehmenden „Hasen" dieser Veranstaltung, deren Aufgabe darin besteht, in bestimmten Teilabschnitten das Tempo hochzuhalten, froh darüber sein: Sie beeinflus-

---

56 Beim Betrug können die Rücktrittsregeln des § 24 StGB angewendet werden.
57 §§ 264 Abs. 5, 264 a Abs. 3, 265 b Abs. 2.
58 *Swoboda/Bohn* JuS 2016, 686 (689).
59 *Reinhart* SpuRt 2016, 235 (239).
60 Weitere Problemfelder finden sich bei *Reinhart* SpuRt 2016, 235 (239).

sen nämlich abredegemäß und vorsätzlich in wettbewerbswidriger Weise den Wettkampf zugunsten des Wettbewerbsgegners.

Damit wäre dann auch ein weiteres diffuses Tatbestandsmerkmal genannt: Die Intention der Beeinflussung in wettbewerbswidriger Weise soll zwar bei Handlungen zugunsten des Wettbewerbsgegners in aller Regel gegeben sein.[61] „Das Merkmal soll jedoch als Korrektiv Einflussnahmen auf den Wettbewerb vom Tatbestand ausnehmen, bei denen lediglich wettbewerbsimmanente Vorteile gewährt werden und die Manipulation zumindest dem mittelbaren Ziel eines eigenen sportlichen Erfolgs dient (vgl. Fritzweiler/Pfister/Summerer, Praxishandbuch Sportrecht, 3. Auflage 2014, Rn. 152)."[62] Man könnte von einer Lex Gijon[63] sprechen, denn wettbewerbsimmanent wäre eine Absprache für ein Ergebnis, dass bspw. in einer Fußball-WM-Vorrunde beide Mannschaften eine Runde weiterbringt. Überzeugend ist das nicht.[64]

Die ethische Prämisse des Gesetzgebers ist es doch, dass man aus Gründen der Leistungsbereitschaft, Fairness und des Teamgeistes dem Zuschauer (und der Gesellschaft) immer die Höchstleistung schuldet. Macht sich der Fußballtrainer strafbar, der gegen einen Vorteil (höhere Prämie beim Sieg in einem Europapokalspiel) im vorherigen Bundesligaspiel eine schwächere Mannschaft aufstellt, damit die stärkeren Spieler international ausgeruht antreten? Die durch das Merkmal der Wettbewerbswidrigkeit hergestellte Akzessorietät zu den Regelwerken des internationalen Sports wird die Rechtsfindung nicht vereinfachen. § 265 d StGB ist mehrfach stigmatisiert: Er schützt ethische Schutzgüter, die nicht durch das Strafrecht geschützt werden müssen. Diese schützt er aber nicht umfassend, sondern nach kommerziellen Gesichtspunkten. Ob es sich um ein existentes Phänomen handelt, wurde bislang nicht untersucht. Falls es existiert, wurde der Justiz ein Gesetz an die Hand gegeben, welches so kompliziert und teilweise unbestimmt ausgestaltet wurde, dass „Anwendungsschwie-

---

61 BT-Drucks. 18/3381, S. 21.
62 BT-Drucks. 18/3381, S. 21.
63 Bei der Fußballweltmeisterschaft 1982 traf Deutschland im letzten Gruppenspiel in Gijon/Spanien auf Österreich. Das Spiel ging als „Schande von Gijon" in die (Fußball-)Geschichtsbücher ein. Deutschland benötigte unbedingt einen Sieg um nach der Gruppenphase die Zwischenrunde zu erreichen. Österreich wiederum konnte sich eine Niederlage mit maximal zwei Toren Differenz leisten. Nach einer frühen 1:0-Führung durch Deutschland stellten beide Mannschaften ihre Angriffsbemühungen ein und kamen so beide eine Runde weiter.
64 *Swoboda/Bohn* JuS 2016, 686 (689).

rigkeiten" absehbar sind. Die Antwort der Praxis wird dann die strafpro-
zessuale Verständigung sein.

III. Fazit

Die neuen Straftatbestände sind überflüssig. Sie haben die Grenzen von
Recht und Moral verwässert und werden praktisch wirkungslos sein. Wir
sollten uns stattdessen auf ein klar konturiertes und wirksames Kernstraf-
recht besinnen.

Die Straftatbestände des Sportwettbetrugs und der Manipulation berufssportlicher Wettbewerbe. Legitimation, Interpretation und Folgen

*Michael Kubiciel**

I. Einleitung

Wer Sport treibt oder als Zuschauer ins Stadion geht, nimmt eine Auszeit vom Alltag. Neben die Echtzeit tritt die Spielzeit. Nicht nur in zeitlicher Hinsicht gelten besondere Regeln. Während der Dauer des Spiels beanspruchen auch Verhaltensregeln Achtung, die sich deutlich von den üblichen Normen des Alltags- und Soziallebens unterscheiden.[1] Diese können etwa den Einsatz der Hände oder Füße beim Spiel untersagen oder das Rempeln mit den Schultern, ja gar das Schlagen mit Fäusten gestatten – Handlungsweisen also, die außerhalb des Fußballfeldes oder Boxrings als bestenfalls merkwürdig, teils sogar als strafbar gelten. So betrachtet, steht die Sphäre des Sports neben anderen Sphären der Gesellschaft; so betrachtet ist der Innenraum des Sports eine autonome Zone, die in einem Rechtsstaat zwar nicht gänzlich justizfrei sein kann,[2] zumindest aber ein „strafrechtsarmer Raum"[3] sein soll.

Einer anderen Sichtweise zufolge ist ein sportlicher Wettkampf, namentlich ein Fußballspiel nichts Geringeres als das „Leben in 90 Minuten"[4]: Ein Spiel hat einen festbestimmten Anfang und ein unumstößliches Ende, dazwischen liegen Freude, Leid, Dramatik und am Ende – hoffent-

---

* Der Beitrag basiert auf früheren Untersuchungen (WiJ 2016, 256 ff.; SpuRt 2017, 188 ff.; KriPoZ 2018, 29 ff.) sowie auf Vorträgen, die der Verfasser auf Schloss Wahn und an der Universität Augsburg bzw. der Universität zu Köln im Jahr 2017 gehalten hat.

1 Zu diesen Verhaltensregeln Fritzweiler/Pfister/Summerer/*Pfister* Praxishandbuch Sportrecht, 3. Aufl. 2014, Einführung Rn. 6.

2 Isensee/Kirchhof/*Steiner* Handbuch des Staatsrechts, Bd. 4, 3. Aufl. 2006, § 87 Rn. 3.

3 Fritzweiler/Pfister/Summerer/*Reinhart* Praxishandbuch Sportrecht, 3. Aufl. 2014, 8. Teil Rn. 1.

4 *Gebauer* Das Leben in 90 Minuten, 2016.

lich – Erlösung. Das Spiel verdichtet also jene Spannung des Lebens, die aus der Zukunftsoffenheit, Ungewissheit und Schicksalsträchtigkeit resultiert. Um diesen Charakter des Sports zu garantieren, verlangt der sportliche Wettkampf nach Regeln, die Zukunftsoffenheit und Chancengleichheit garantieren.[5] Regeln und Chancengleichheit sind aber nicht nur die Basis des Sports, sondern auch das Fundament unserer Gesellschaft. Wer dem Spiel die Zukunftsoffenheit und Chancengleichheit nimmt, indem er den Verlauf oder das Ergebnis manipuliert, zerstört also nicht nur das Spiel; er greift zugleich eine Institution an,[6] die das Leben des Einzelnen und wichtige Werte der Gesellschaft spiegeln.

Es überrascht daher nicht, dass die Manipulation von Spielen – das sog. Matchfixing – seit jeher erhebliche gesellschaftliche Aufmerksamkeit erfährt. Das war bereits zu Zeiten des Bundesliga-Skandals der Jahre 1971/1972 so. Gleichwohl hat die Sensibilität der Gesellschaft für Korruption in den letzten zwanzig Jahren erheblich zugenommen.[7] Dies liegt nach meinem Eindruck vor allem daran, dass eine Gesellschaft, die seit den 1990er Jahren den von der Globalisierung ausgehenden Wettbewerbs- und Leistungsdruck spürt und darauf mit einer Ökonomisierung fast aller Lebensbereiche reagiert hat, alle Versuche, Vorteile durch die Regelumgehung zu erzielen, besonders kritisch sehen muss. Denn eine Verschärfung der Wettbewerbs-, Arbeits- und Lebensbedingungen ist für die Mehrheit der Bevölkerung eben nur dann akzeptabel, wenn konsequent gegen jene Personen vorgegangen wird, die mit Hilfe von Regelumgehungen ihr Leben, ihre Arbeit und die eigene Wettbewerbssituation verbessern wollen. Aus diesen sozialpsychologischen Gründen kann sich die Politik der Unterstützung sicher sein, wenn sie – wie in den letzten Jahren geschehen – eine Vielzahl von Gesetzen zur Verschärfung des Korruptionsstrafrechts verabschiedet.

Am 19.4.2017 sind zwei Straftatbestände in Kraft getreten, die – schlagwortartig gesprochen – der Korruption im Sport begegnen sollen: § 265 c (Sportwettbetrug) und § 265 d StGB (Manipulation berufssportlicher Wettbewerbe).[8] Diese Tatbestände sind die Antwort des von Steiner

---

5 Fritzweiler/Pfister/Summerer/*Pfister* Praxishandbuch Sportrecht, 3. Aufl. 2014, Einführung Rn. 2.

6 Zur Eigenschaft des Sports als Institution s. Winkler/*Weis* Soziologie des Sports, 1995, S. 127 (130 ff.); s. ferner *Kubiciel* KriPoZ 2018, 29 ff.

7 Dazu und zum Folgenden bereits *Kubiciel* ZStW 129 (2017), 473 (481).

8 BGBl. 2017, Teil I, Nr. 20, 18.4.2017, S. 815 f.

so genannten „Sportpflegestaats"[9] auf die vielfältigen Bedrohungen des Sports von außen, Stichwort: organisierter Sportwettbetrug, und innen: als diesbezügliches Beispiel sei die von zwei Spielern des VfL Osnabrücks unternommene Spielmanipulation genannt, über die der DFB rund eine Woche nach Inkrafttreten der Straftatbestände die Öffentlichkeit unterrichtete.

Der Staat fördert den Sport also nicht mehr nur finanziell und ideell,[10] sondern setzt nach der Einführung des Anti-Doping-Gesetzes ein weiteres Mal sein schärfstes Schwert – das Strafrecht – ein. Ob diese „Anreicherung" des Sports mit strafrechtlichen Normen gut oder schlecht ist, darüber ist im Vorfeld und während des Gesetzgebungsverfahrens gestritten worden. Im Folgenden sollen zunächst die Bedrohungen des Sports skizziert (II.) und sodann gezeigt werden, dass die anhaltende Kritik an den Straftatbeständen keine durchschlagenden verfassungsrechtlichen Zweifel begründet (III.). Daher sollte sich die Diskussion auf die Auslegung der Tatbestände (IV.) und – vor allem – auf die wichtige Folgefrage konzentrieren, wie Sportvereine und -verbände auf das Inkrafttreten reagieren sollten (V.).

II. Regelungshintergrund

1. Bedrohungen des Sports

Der Sport ist – wie jede gesellschaftliche Institution – auf Stabilität angelegt, wird aber in zunehmendem Maße bedroht. Zahlreiche Skandale der letzten Jahre zeigen zunächst, wie sehr Korruption die Integrität des Sports von innen heraus untergräbt.[11] Zudem wirkt die organisierte Kriminalität

---

9 Isensee/Kirchhof/*Steiner* Handbuch des Staatsrechts, Bd. 4, 3. Aufl. 2006, § 87 Rn. 12.

10 Umfassend zur (finanziellen) Sportförderung durch den Bund: 13. Sportbericht der Bundesregierung, BT-Drucks. 18/3523, passim (auf S. 21 wird für den Zeitraum 2010-2013 eine Gesamtförderung in Höhe von mehr als 6 Mrd. EUR ausgewiesen).

11 Übersicht bei *Maenning* Vierteljahreshefte zur Wirtschaftsforschung, 2004, 263 ff. Zur Strafbarkeit des Kaufs einer WM-Vergabe *Kubiciel/Hoven* Frankfurter Allgemeine Zeitung v. 28.10.2015; *Hoven/Kubiciel/Waßmer* NZWiSt 2016, 121 ff.

verstärkt von außen in den Sport hinein.[12] So waschen kriminelle Organisationen jährlich bis zu 100 Mrd. EUR mit Hilfe von Sportwetten und erzielen überdies hohe Gewinne durch Wetten auf verschobene Fußballspiele und andere Sportereignisse.[13] Welches Ausmaß der Wettbetrug inzwischen erreicht hat, zeigen Ermittlungen von Europol, die sich auf 380 Fußballpartien erstreckten, darunter Spiele in Deutschland, Spanien, den Niederlanden und der Türkei, Begegnungen der WM- und EM-Qualifikation sowie Spiele europäischer Top-Ligen.[14] Auch Begegnungen in unteren Ligen oder Freundschafts- und Vorbereitungsspiele werden immer häufiger manipuliert, um Wettgewinne einzustreichen.[15] Zuletzt ist berichtet worden, dass auch der Tennissport von Spielmanipulationen und Wettbetrug in einem bislang nicht erwarteten Umfang betroffen ist.[16]

Das bis April 2017 geltende Strafrecht trug dieser Bedrohungslage nicht Rechnung. So kann ein Matchfixing nicht unter § 299 StGB subsumiert werden, weil das Spielverhalten eines Spielers nicht als Bezug einer Dienstleistung durch den Spieler für sein Team anzusehen ist.[17] Auch § 263 StGB erfasst nicht das eigentliche Matchfixing durch Spieler, Schiedsrichter und andere „Wettbetrüger"; die tatbestandlich relevante Handlung ist vielmehr eine (konkludente) Täuschung durch den Erwerb eines Wettscheins. Letzteres geschieht zu einer späteren Zeit und an einem anderen Ort als das vorherige „Verschieben" des Spiels, insbesondere kann ein Wettschein im Internet, dh an einem beliebigen Platz der Erde erworben werden. Entsprechend groß sind die Ermittlungsschwierigkeiten.[18]

---

12 Höfling/Horst/Nolte/*Mutschke* Fußball – Motor des Sportrechts, 2014, S. 40 (41-43); s. ferner *Spapens/Olfers* European J. Crime, Criminal L. & Justice, 2015, 333 ff.
13 *BGH* Urt. v. 15.12.2006, 5 StR 181/06, BGHSt 51, 165; dazu *Kubiciel* HRRS 2007, 68.
14 Süddeutsche Zeitung v. 4.2.2013, abrufbar unter: http://www.sueddeutsche.de/sport/manipulation-im-fussball-europol-deckt-gewaltigen-wettbetrug-auf-1.1590936 (letzter Abruf: 18.9.2017).
15 *Adams/Rock* ZfWG 2010, 381 (385).
16 Spiegel Online v. 18.1.2016, abrufbar unter: http://www.spiegel.de/sport/sonst/tennis-16-profis-sollen-laut-bbc-und-buzzfeed-spiele-manipuliert-haben-a-1072485.html (letzter Abruf: 18.9.2017).
17 Im Erg. wie hier *Heilemann* Bestechlichkeit und Bestechung im sportlichen Wettbewerb, 2014, S. 137 f.; Adolphsen/Nolte/Lehner/Gerlinger/*Rössner* Sportrecht in der Praxis, 2012, Rn. 1727; LK-StGB/*Tiedemann*, 10. Bd., 12. Aufl. 2008, § 299 Rn. 32 a.
18 Höfling/Horst/Nolte/*Mutschke* Fußball – Motor des Sportrechts, 2014, S. 40 (43).

Denn die Ermittlungen sind nicht nur typischerweise grenzüberschreitend zu führen, sondern haben auch zwei Handlungskomplexe aufzuklären: Nachzuweisen sind zum einen die vorherige Verschiebung des Spiels und zum anderen die darauf aufbauende konkludente Täuschung sowie die übrigen Tatbestandsmerkmale des Betruges. Um zu einer Strafe zu gelangen sind also gerichtsfeste Beweise zu zwei Tatkomplexen – Verschiebung des Spieles einerseits, Täuschung und Vermögensschädigung andererseits – zu erbringen, die in unterschiedlichen Staaten begangen werden. Überdies ist der Nachweis eines Vermögensschadens oft nicht oder nicht mit einem zumutbaren Aufwand zu führen. In der „Hoyzer"-Entscheidung begnügte sich der BGH für die Annahme eines Vermögensschadens noch mit der Feststellung, dass die von dem in den Betrug eingebundenen Wettkunden erkaufte Chance auf den Wettgewinn wesentlich mehr wert sei, als er dafür in Ausnutzung seiner Täuschung bezahlt habe. Diese „Quotendifferenz" stelle bei jedem Vertragsschluss einen nicht unerheblichen Vermögensschaden dar. Ein solcher Quotenschaden müsse nicht beziffert werden, es reiche die Bewertung der relevanten Risikofaktoren.[19] Dem ist das BVerfG entgegengetreten. Es verlangt den Nachweis eines Vermögensschadens in seiner konkreten Höhe.[20] Der BGH hat daraufhin seine Rechtsprechung geändert. Zwar könne auch bei einer letztlich erfolglosen Manipulation ein Vermögensschaden angenommen werden, wenn das Vermögen anderer bereits durch den Abschluss des Wettvertrages auf ein „verschobenes" Spiel konkret gefährdet gewesen sei. Jedoch ist auch hier der Schaden der Höhe nach zu beziffern und nachvollziehbar darzulegen. Dies kann die Berechnung der Wahrscheinlichkeit des Wetterfolges und dessen Beeinflussung durch die Manipulation sowie des Wertes der mit dem Wettvertrag eingegangenen Verbindlichkeiten notwendig machen.[21] Dieser Nachweis ist, wie der Regierungsentwurf betont, in vielen Fällen kaum zu führen.[22] Infolgedessen können weder die (organisierten) Wettbetrüger als Täter eines (vollendeten) Betruges noch die für diese Betrugsmasche essentiellen Spieler, Trainer oder Schiedsrichter als Mittäter oder Gehilfen

---

19 *BGH* Urt. v. 15.12.2006, 5 StR 181/06, Rn. 32, BGHSt 51, 165; dazu *Gaede* HRRS 2007, 16 (18).

20 *BVerfG* Urt. v. 7.12.2011, 2 BvR 2500/09, 2 BvR 1857/10, Rn. 176, NStZ 2012, 496.

21 *BGH* Urt. v. 20.12.2012, 4 StR 55/12, Rn. 36 ff., BGHSt 58, 102.

22 BT-Drucks. 18/8831, S. 1, 8; s. auch *Lange,* Südwest Presse v. 7.10.2015. Zustimmend *Satzger* Jura 2016, 1142, (1144).

der (vollendeten) Tat bestraft werden. In Betracht kommt (nach allerdings umstrittener Auffassung) lediglich ein versuchter Betrug und die Teilnahme daran.[23] Erfolgt das Verschieben des Spiels nicht zum Zweck des Wettbetruges, sondern beispielsweise um einen Sieg zu ermöglichen oder einen Abstieg zu verhindern, greift § 263 StGB ohnehin nicht.

All dies zeigt: Den vielfältigen Bedrohungen des Sports von innen und außen hatte das Strafrecht bis April 2017 wenig entgegenzusetzen.

2. Zielsetzung der neuen Straftatbestände

Aus diesen Gründen hatte sich die bis 2017 amtierende Bundesregierung zum Ziel gesetzt, dem Wettbetrug und den Spielmanipulationen mit zwei neu(artig)en Straftatbeständen entgegenzutreten. Diese kombinieren Elemente von Betrugs- und Korruptionstatbeständen miteinander in neuartiger Weise, so dass Korruptionstatbestände „sui generis" entstanden sind.[24] Damit setzt sich die von den §§ 299 a, 299 b StGB eingeschlagene Tendenz zur Sektoralisierung des Korruptionsstrafrechts fort. Die Alternative hätte darin bestanden, die Amtsträgerbestechungsdelikte bzw. den § 299 StGB auf Sportler und/oder Funktionäre von Sportverbänden bzw. -vereinen zu erstrecken.[25] Vorzugswürdig wäre dies indes nicht gewesen, da Verbandsfunktionäre und Sportler weder einen Amtsträgern vergleichbaren, die persönliche Sphäre umfassenden Pflichtenkanon zu beachten haben, noch ihre Tätigkeit vollständig mit einer gewerblichen zu vergleichen ist. Die §§ 265 c, 265 d StGB ermöglichen demgegenüber einen präziseren Zugriff auf die Personen und ihre Tätigkeit.

Wortlaut und Struktur der Tatbestände sowie die Gesetzesmotive erhellen, dass die Straftatbestände eine doppelte Zweckrichtung verfolgen: Geschützt werden soll nicht nur, ja nicht einmal in erster Linie das Vermögen von Wettanbietern, Wettenden und Sportvereinen, sondern vor allem die Integrität des Sports als gesellschaftliche Institution.[26] Insofern ist der

---

23 *Krüger/Hilbert/Wengenroth* CaS 2013, 188 (195); *Satzger* Jura 2016, 1142 (1144); aA *Jäger* JA 2013, 870 (871); *Schlösser* NStZ 2013, 629 (631).

24 Zur hybriden Struktur bereits *Kubiciel* jurisPR-StrafR 3/2016; *Rübenstahl* JR 2017, 264 f.: „Sonderkorruptionstatbestände sui generis".

25 In diese Richtung *Pieth* ZSR 2015, 135 (138); *Pieth/Zerbes* ZIS 2016, 619.

26 BT-Drucks. 18/8831, S. 1 f., 8 f. – Zum Vorrang des Integritätsschutz *Kubiciel* jurisPR-StrafR 3/2016; *Pfister* StraFo 2016, 441; aA: BeckOK-StGB/*Bittmann/*

Standort der Tatbestände im Umfeld des § 263 StGB systematisch unbefriedigend, aber unschädlich, da die Legalordnung des StGB nicht durch-
gängig einem inneren, teleologischen System folgt. Für die systematische
Einordnung eines Tatbestandes ist daher der Standort im StGB nicht mehr
als ein widerlegliches Indiz. Im Fall der §§ 265 c, 265 d StGB spricht die
Mehrzahl der Gründe – Wortlaut, Struktur, subjektiver Wille des Gesetzgebers – gegen einen Vorrang des Vermögensschutzes und für eine zentrale Bedeutung der Integrität des Sports.

III. Legitimation

Diese Interpretation der Tatbestände hat Auswirkungen auf die Bedingungen ihrer Legitimation. Dass der Staat das Vermögen seiner Bürger gegen
Sport(wett)betrug strafrechtlich schützen darf, lässt sich nicht bezwei-
feln.[27] Umstritten ist hingegen, ob der Staat die Integrität des Sports mit
dem Mittel des Strafrechts schützen darf.[28]

1. Schutzwürdigkeit des institutionalisierten Sports

Kritiker wenden gegen die Einführung der Straftatbestände ein, dass der
organisierte (Spitzen-)Sport lediglich ein Freizeitvergnügen darstelle[29] und
bloßen Unterhaltungswert habe und deshalb weit weniger schutzwürdig
sei als „so essentielle" Schutzgüter wie die der §§ 264 ff. StGB.[30] Dies
verkennt sowohl die ökonomische als auch die soziale und integrative Bedeutung des Sports.

Nuzinger/Rübenstahl, 35. Ed. 2017, § 265 c Rn. 10: Vorrang des Vermögensschutzes; *Krack* wistra 2017, 289.

27 *Pfister* FS Lorenz, 1991, 171 (175); *Steiner* Gegenwartsfragen des Sportrechts,
2004, S. 242.

28 Krit. *Krack* ZIS 2016, 540 (544 ff.).; *Reinhart* SpuRt 2016, 235 (237 f.); *Rübenstahl* JR 2016, 264 (268); *Satzger* Jura 2016, 1142 (1153); *Swoboda/Bohn* JuS
2016, 686 (689). Affirmativ hingegen *Cherkeh/Momsen* NJW 2001, 1745
(1747 f.); *König* SpuRt 2010, 106 (107); *Kubiciel* WiJ 2016, 256 ff., 261 ff.; *Rössner* FS Mehle, 2009, S. 567 (573).

29 *Pfister* StraFo 2016, 441 (442); s. auch BeckOK-StGB/*Bittmann/Nuzinger/Rüben-
stahl*, 35. Ed. 2017, § 265 c Rn. 7, *Rübenstahl* JR 2017, 264 (267).

30 *Feltes/Kabuth* NK 2017, 91 (95 ff.).

a) Wirtschaftliche Bedeutung

In ökonomischer Hinsicht ist der Sport seit langem mit anderen großen Wirtschaftszweigen (Fahrzeugbau, Mineralölwirtschaft, Landwirtschaft) vergleichbar.[31] Einer auf das Jahr 2008 bezogenen wissenschaftlichen Studie zufolge erreicht die sportbezogene Bruttowertschöpfung eine Gesamthöhe von knapp 73,1 Mrd. EUR, was einem Anteil von 3,3% der gesamtwirtschaftlichen Bruttowertschöpfung entspricht.[32] Schon allein der in den letzten Jahren zu beobachtende Boom des Fußballs gibt Grund zu der Annahme, dass die sportbezogene Bruttowertschöpfung in den letzten zehn Jahren sowohl in absoluten Zahlen als auch relativ gestiegen sein dürfte.[33] Was für die großen Ligen und Vereine gilt, gilt erst recht für internationale Sportverbände wie FIFA, UEFA und IOC: Diese haben längst eine Bedeutung erlangt, die sie – in wirtschaftlicher Hinsicht – mit multinationalen Unternehmen und – in politischer Hinsicht – mit internationalen Organisationen vergleichbar macht.[34]

b) Soziale Bedeutung

Weitaus wichtiger als diese ökonomische Dimension ist die gesellschaftliche Relevanz des organisierten Sports. Der Sport bietet Spielern und Zuschauern die in modernen Gesellschaften seltene Möglichkeit einer Gemeinschaftsbildung durch geteilte Erlebnisse, Emotionen und Erinnerungen.[35] Er nivelliert dabei Standes- und Statusunterschiede, die in anderen gesellschaftlichen Bereichen relevant sind, und erfüllt auf diese Weise eine Integrationsaufgabe, die in einer individualisierten, pluralistischen Gesell-

31 Dazu und zum Folgenden *Heilemann* Bestechlichkeit und Bestechung im sportlichen Wettbewerb als eigenständiger Straftatbestand, 2014, S. 25 f., 59 f.; s. ferner *Hutz/Kaiser* NZWiSt 2013, 379 (382); *Pieth/Zerbes* ZIS 2016, 619; *Satzger* Jura 2016, 1142.
32 *Ahlert* Die wirtschaftliche Bedeutung des Sports in Deutschland, gws Research Report 2013/2, S. 27.
33 Der Umsatz der Vereine der 1. und 2. Bundesliga hat sich in wenigen Jahren mehr als verdoppelt; s. die Übersicht von Statista – Das Statistik-Portal, abrufbar unter: https://de.statista.com/statistik/daten/studie/4867/umfrage/entwicklung-der-erloese-in-der-ersten-und-zweiten-fussballbundesliga (letzter Abruf: 18.9.2017).
34 *Pieth* ZSR 2015, 135 (138).
35 *Schild* Jura 1982, 464 (470 f.).

schaft von nicht zu überschätzendem Wert ist.[36] Es dürfte jedenfalls in den (säkularen) Ländern der westlichen Welt kaum ein anderes Thema geben, das von Woche zu Woche, Turnier zu Turnier eine derart hohe und breite Gesellschaftskreise erfassende Aufmerksamkeit erfährt wie der Spitzensport. Mit der Einführung und Ausweitung der UEFA Champions League und der UEFA Europa League eröffnet der Profifußball sogar einen paneuropäischen Diskursraum, dessen Bedeutung und Integrationskraft von anderen europäischen Institutionen nicht einmal im Ansatz erreicht wird. Darüber hinaus übt der Sport eine Repräsentations- bzw. Vorbildfunktion aus, indem er die tragenden Prinzipien unserer Gesellschaft – Gleichheit, Freiheit, Wettbewerb, Fairness – in einer Weise abbildet, die für breite Bevölkerungskreise nachvollziehbar und anschlussfähig ist.[37] Schließlich erbringt der Sport eine Sozialisationsleistung, weil er Kinder, Jugendliche, aber auch Sport treibende Erwachsene in einen regelgeleiteten und wertebasierten Leistungswettbewerb einübt.[38]

Der organisierte Sport ist mithin eine Institution, die für die Gesellschaft ausgesprochen wichtig ist und die in ihrer Bedeutung nicht hinter den von den §§ 264 ff. StGB garantierten Institutionen wie dem Versicherungswesen oder dem grauen Kapitalmarkt zurückbleibt.[39] Nicht „vage"[40], sondern handfeste Interessen der Gesellschaft am Erhalt dieser wichtigen Institution stehen also in Rede. Dies zeigt sich auch daran, dass die Förderung des Sports gerade wegen seiner gesellschaftsfunktionalen Bedeutung

---

36 *Schild* Jura 1982, 464 (468).
37 BT-Drucks. 18/8831, S. 8. Umfassend dazu *Schild* Jura 1982, 464 (468, 471); *Steiner* Gegenwartsfragen des Sportrechts, 2004, S. 241 f.
38 Adolphsen/Nolte/Lehner/Gerlinger/*Rössner*/*Adolphsen* Sportrecht in der Praxis, 2012, Rn. 1.
39 Fehl geht daher auch der polemische Einwand, mit der Argumentation des Gesetzgebers ließe sich auch die Integrität des Trauerwesens strafrechtlich schützen (so *Krack* ZIS 2016, 540 (545)). Denn zum einen wird dieses bereits durch die §§ 167 a, 168 StGB geschützt; zum anderen nimmt die Bedeutung der Sepulkralkultur in der heutigen Gesellschaft nicht *zu*, sondern *ab*, so dass der Gesetzgeber – anders als beim strafrechtlich bislang überhaupt nicht geschützten Sport – keinerlei Veranlassung zur Ausweitung der §§ 167 a, 168 StGB hat.
40 *Krack* ZIS 2016, 540 (545).

unbestrittenermaßen eine Staatsaufgabe ist,[41] für die der Staat beträchtliche Steuermittel aufwendet.[42]

Eine solche Institution gegen Angriffe von innen und außen zu schützen, ist ohne Zweifel ein „wichtiger Gemeinschaftsbelang" bzw. ein „wichtiges Anliegen der Gemeinschaft" im Sinne der Rechtsprechung des BVerfG.[43] Dies trifft auch aus einem weiteren Grund zu: Breiten sich korruptive Regelumgehungen in einem für die Gesellschaft so wichtigen Bereich wie dem Sport aus, unterminiert das nicht nur die Institution Sport. Vielmehr können solche Tendenzen aufgrund der Repräsentations- bzw. Vorbildfunktion des Sports auch zu Normerosionen in anderen gesellschaftlich Bereichen führen.[44] Verfestigt sich nämlich der Eindruck, dass Wettbewerbe im Spitzensport käuflich sind, kann dies durchaus die – bei nicht wenigen vorhandene – Neigung zur Vorteilsuche qua Regelumgehung fördern. Auf lange Sicht könnte dies dazu führen, dass der Virus der Korruption von einem gesellschaftlichen Teilbereich auf andere gleichsam überspringt. Insgesamt stellt der Schutz des organisierten Sports als gesellschaftlich wichtige und staatlich geförderte Institution damit ein verfassungsrechtlich zulässiges Ziel dar.[45]

c) Konkretisierung des Begriffs „Integrität des Sports"

Gegen die Straftatbestände bzw. die Schutzwürdigkeit des Sports lässt sich auch nicht einwenden, dass die Integrität des Sports ein (zu) vages Gut

---

41 Isensee/Kirchhof/*Steiner* Handbuch des Staatsrechts, Bd. 4, 3. Aufl. 2006, § 87 Rn. 3.

42 Umfassend zur (finanziellen) Sportförderung durch den Bund: 13. Sportbericht der Bundesregierung, BT-Drucks. 18/3523, passim (auf S. 21 wird für den Zeitraum 2010-2013 eine Gesamtförderung in Höhe von mehr als 6 Mrd. EUR ausgewiesen).

43 Vgl. BerfGE 90, 145 (172 f., 184); aA: *Jansen* GA 2017, 600 (607 f.): Die Gesellschaft könne auf den Sport ohne weiteres verzichten, da seine sozialen Funktionen auch von „Gesellschaftsspielen" oder Brauchtumspflege wie dem rheinischen Karneval erfüllt werden könnten.

44 Dazu bereits *Kubiciel* jurisPR-StrafR 3/2016. Plastisch *Maas* AnwBl 2016, 546 (547): „Wie können wir von den Menschen die Einhaltung von Gesetzen erwarten, wenn sie erleben, dass im Sport der Weg zu Ruhm und Erfolg über Lüge, Betrug und Manipulation führt? Ein Staat, der das tatenlos hinnimmt, wird über kurz oder lang die Rechtstreue seiner Bürgerinnen und Bürger verspielen!".

45 *Hutz/Kaiser* NZWiSt 2013, 379 (383 f.).

sei.[46] Dies verkennt nämlich, dass die §§ 265 c, 265 d StGB – ebenso wenig wie alle anderen Straftatbestände – keinen absoluten, umfassenden Integritätsschutz anstreben, sondern die für den Sport grundlegenden Spiel-, genauer: Wettbewerbsregeln gegen eine korruptive Umgehung absichern. Diese Regeln sind auch nicht vage, sondern im Gegenteil häufig präziser als die nicht nur in Randbereichen fließenden und zudem nicht kodifizierten Verhaltensnormen, auf welche anerkannte Tatbestände wie §§ 223, 222 StGB Bezug nehmen. Solche Wettbewerbsregeln haben keinen bloß „moralischen Anspruch",[47] sondern sind für die Sportler konkret handlungsleitend und für die Sportart als Institution schlechterdings konstitutiv. Wer diese Wettbewerbsregeln im Wege der Korruption aushebelt, benachteiligt nicht nur andere Spieler, sondern unterminiert die regelbasierte Sportart als Institution, da es eine Sportart wie Fußball oder Boxen ohne Regeln nicht geben kann: Aus einem Fußballspiel würde bloßes „Gekicke", aus einem Kampfsport eine Schlägerei. Zugleich greift die korruptive Regelumgehung die im Sport symbolisierten und durch ihn vermittelten Werte (Leistungswettbewerb, Fairness etc.) an und unterminiert seine Integrationskraft.

Insgesamt verfolgen die §§ 265 c, 265 d StGB damit ein verfassungsrechtlich zulässiges und rechtspolitisch nachvollziehbares Ziel: den wegen seiner gesellschaftlichen Bedeutung schutzwürdigen institutionalisierten Sport vor einer korruptiven Beeinflussung der für die in Rede stehende Sportart konstitutiven Wettbewerbsbedingungen und -regeln zu bewahren. Der Schutz der Vermögensinteressen von Wettanbietern und anderen Wettenden (§ 265 c StGB) bzw. von anderen Sportlern, Mannschaften und Vereinen (§ 265 d StGB) ist demgegenüber von untergeordneter Bedeutung.

2. Erforderlichkeit strafrechtlicher Regelungen

Angesichts der für eine Sportart schlechthin konstitutiven Bedeutung ihrer Wettkampfregeln und vor dem Hintergrund der gesellschaftlichen Bedeutung des Sports ist es schlechthin unvertretbar, die Integrität (der Regeln) des Sports generell für nicht schutzwürdig zu erachten. Hielte man die In-

---

46 *Feltes/Kabuth* NK 2017, 91 (92); *Kudlich* SpuRt 2010, 108 f.; *Rübenstahl* JR 2016, 264 (268).
47 So *Feltes/Kabuth* NK 2017, 91 (92); wohl auch *Jansen* GA 2017, 600 (614).

tegrität des Sports für nicht schutzwürdig, müsste man konsequent auch die Ahndung von Regelverstößen durch Vereine oder Verbände für illegitim erachten. So weit geht – in sich inkonsequent – kein Kritiker des Integritätsschutzes. Stattdessen wird vorgetragen, es sei eine genuine Aufgabe der Sportvereine und -verbände, für die Integrität ihres Sportes zu sorgen.[48] Damit wird die Erforderlichkeit in Frage gestellt bzw. das sog. Ultima-ratio-Prinzip angerufen.[49] Ein zweiter Einwand macht geltend, dass die Integrität des Sports kein Interesse beschreibe, „das die für eine Strafnorm nötige Rechtsgutsqualität aufweist."[50] Beide Einwände verfangen nicht.

a) Vorrang von vereins- und verbandsinternen Maßnahmen?

Ob ein Vorrang sportinterner Maßnahmen besteht und damit die Implementierung von Straftatbeständen entbehrlich bzw. unzulässig ist, ist eine Frage, die eine normative und eine tatsächliche Dimension aufweist.

In normativer Hinsicht ist zu erörtern, ob etwa der Straftatbestand der Manipulation von berufssportlichen Wettbewerben in die von Sportverbänden reklamierte und auf Art. 9 Abs. 1 GG gestützte Autonomie eingreift. Wäre es primär oder gar exklusiv die Aufgabe der Sportverbände, gegen regelwidrige Beeinflussungen der von ihnen organisierten Wettbewerbe vorzugehen und die selbstgesetzten Sportregeln gegen Umgehung zu sichern, dürfte sich der Staat nicht einmischen, schon gar nicht mit seinem „schärfsten Schwert", dem Strafrecht. Folglich ist zu fragen, ob der Staat nicht dadurch unzulässig in die Autonomie des Sports eingreift, dass die Straftatbestände auf von Sportverbänden gesetzte Wettbewerbs- und Sportregeln Bezug nehmen und diese strafrechtlich garantieren. Richtig ist zunächst, dass solche Regeln keine Rechtsregeln sind.[51] Dies schließt aber

---

48 BeckOK-StGB/*Bittmann/Nuzinger/Rübenstahl*, 35. Ed. 2017 § 265 c Rn. 10. In diese Richtung *Deutscher Anwaltsverein* Stellungnahme Nr. 12/2016, S. 3.; s. ferner *Jansen* GA 2017, 600 (611); *Pfister* StraFo 2016, 441 (442).
49 Zu letzterem *Rübenstahl* JR 2017, 264 (267); zur fehlenden Praktikabilität und unzureichenden theoretischen Konzeptualisierung dieses Prinzips *Kubiciel* ZStW 129 (2017), 473 (487 ff.) mwN.
50 *Krack* wistra 2017, 289 (290).
51 *Kummer* Spielregel und Rechtsregel, 1973, passim; *Schild*, in: Württembergischer Fußballverband e.V., Fairness-Gebot, Sportregeln und Rechtsnormen, 2003, S. 19 ff.

nicht aus, dass ein Straftatbestand an Sportwettbewerbsregeln anknüpft und – unter zusätzlichen Voraussetzungen! – deren Verletzung kriminalisiert. Zulässig ist eine solche Verknüpfung einer Sportregelverletzung mit dem staatlichen Recht nicht nur, wenn diese zu Vermögensschäden bei Dritten führt.[52] Zulässig ist sie auch dann, wenn die Sportregelverletzung sportuntypisch ist und das Spiel nicht nur stört, sondern es zerstört. So verhält es sich etwa bei verschobenen Fußballspielen, die einem „Drehbuch" folgen und die mitunter in abstrusen Spielverläufen enden, in denen alle Tore per Elfmeter erzielt, verschossene Elfmeter wiederholt und die Spielzeit bis zur Erreichung des vereinbarten Endstandes verlängert wird.[53] Weil solche Verzerrungen das Spiel zerstören und die Integrität des Sportwettbewerbs untergraben, kann aus einer korruptiven Verletzung der das Spiel konstituierenden Regeln (straf-)rechtliches Unrecht werden, wenn die Gesellschaft eigene Interessen am Erhalt der Regeln und der durch sie konstituierten Sportarten hat.[54] Dies ist, wie oben gezeigt, der Fall.

Die Kriminalisierung einer solchen Manipulation verletzt die Autonomie des Sports daher nicht.[55] Es zeigt sich also, dass der „Sportpflegestaat" zwar die von Art. 9 Abs. 1 GG gewährleistete Vereinigungsfreiheit zu respektieren hat, der Sport aber keinen „justizfreien Raum"[56] bildet. Vielmehr kann es eine unbeschränkte Verbandsautonomie und einen strafrechtsfreien Raum schon deshalb nicht geben, weil und soweit Vereine und Verbände zu einer ökonomisch und gesellschaftlich relevanten Größe herangewachsen sind. Anders gewendet: Soweit das Handeln von Sportvereinen und -verbänden über ihren eigenen Organisationsbereich hinausstrahlt, für den sie Autonomie beanspruchen dürfen, kann es zum Gegenstand politischer Gestaltung und rechtlicher Regulierung werden.[57]

---

52 Vgl. BVerfGE 90, 145 (172 f., 184).
53 Zu diesen Beispielen Höfling/Horst/Nolte/*Mutschke* Fußball – Motor des Sportrechts, 2014, S. 40 (42 f.).
54 Vgl. *Schild* in: Württembergischer Fußballverband e.V., Fairness-Gebot, Sportregeln und Rechtsnormen, 2003, S. 47.
55 In diese Richtung auch *Pfister* FS Lorenz, 1991, S. 171 (191 f.).
56 Mit Verweis auf den Rechtsschutzauftrag des Grundgesetzes Isensee/Kirchhof/ *Steiner* Handbuch des Staatsrechts, Bd. 4, 3. Aufl. 2006, § 87 Rn. 12.
57 Adolphsen/Nolte/Lehner/Gerlinger/*Rössner*/*Adolphsen* Sportrecht in der Praxis, 2012, Rn. 5; Isensee/Kirchhof/*Horn* Handbuch des Staatsrechts, Bd. 3, 3. Aufl. 2005, § 41 Rn. 12.

In tatsächlicher Hinsicht kommt hinzu, dass der Berufssport seine Autonomie durch eigenverantwortliche Entscheidungen selbst zu großen Teilen aufgegeben hat, indem er sich – wie von Verbänden und Vereinen gewünscht – für den Einfluss von Wirtschaft und Medien geöffnet hat. Ökonomische Interessen wirken seither auf vielfältige Weise auf den Sport ein, verändern das Spiel, seine öffentliche Darbietung und nicht selten auch die Regeln.[58] In dem Maße aber, in dem sich der Sport nicht selbst schützen kann, ist der Staat berechtigt, den Sport und seine gesellschaftlichen Funktionen gleichsam komplementär vor schädigenden Eingriffen zu schützen.[59] Insofern ist zu berücksichtigen, dass Sportverbände und ihre Verbandsgerichtsbarkeit nur über ein begrenztes Arsenal an Aufklärungsmitteln verfügen und daher der staatlichen Strafverfolgung unterlegen sind.[60] Zudem endet jede verbandsinterne Aufklärungsmöglichkeit zu dem Zeitpunkt, in dem ein der Manipulation verdächtiger Spieler oder Trainer aus dem Verein oder Verband ausscheidet. All dies erklärt, weshalb die Sportverbände selbst um staatliche Hilfe, dh den Einsatz des Strafrechts gebeten haben.[61] Sie können sich der Bedrohungen, denen der Sport ausgesetzt ist (II.), nicht in ausreichendem Maße erwehren. Umgekehrt bedeutet das: Wer den Bereich des Sports unter Verweis auf seine Autonomie als „strafrechtsfreien" Raum ausgestalten will, verteidigt nicht den Sport, sondern dessen Bedrohungen.

b) Fehlende Rechtsgutsqualität als relevanter Einwand?

Auch mit der Gestaltung und der inneren Struktur des Strafrechts ist der Schutz des institutionalisierten Sports und seiner Integrität kompatibel. Denn das Strafrecht schützt seit langem gesellschaftliche Institutionen vor Angriffen von innen und außen.[62] Auch der von Teilen der Strafrechtswissenschaft vertretene Rechtsgutsbegriff schließt den Schutz der Integrität

---

58 Ausführlich *Steiner* Gegenwartsfragen des Sportrechts, 2004, S. 249 ff.
59 Vgl. dazu Isensee/Kirchhof/*Steiner* Handbuch des Staatsrechts, Bd. 4, 3. Aufl. 2006, § 87 Rn. 6.
60 *Rössner* FS Mehle, 2009, S. 567 (570).
61 So, für die FIFA sprechend, Höfling/Horst/Nolte/*Mutschke* Fußball – Motor des Sportrechts, 2014, S. 40 (49).
62 Dazu mit Beispielen Jahn/Kempf/Lüderssen/Prittwitz/Schmidt/Volk/*Kubiciel* Strafverfolgung in Wirtschaftsstrafsachen, 2015, S. 158 ff.

des Sports nicht aus.[63] Denn ganz abgesehen davon, dass sich kein verfassungsrechtlich bedeutsamer Geltungsgrund für einen dem Gesetzgeber vorgegebenen Rechtsgutsbegriff finden lässt,[64] ist es der Strafrechtswissenschaft auch nach einem halben Jahrhundert fortdauernder Diskussion nicht gelungen, Begriff und Grenzen eines Rechtsguts zu konturieren.[65] Zudem haben sich selbst Vertreter einer systemkritischen Rechtsgutskonzeption bei passender Gelegenheit über dessen Grenzen hinweggesetzt und damit implizit in Abrede gestellt, dass das Strafrecht nur – wie auch immer zu begreifende – Rechtsgüter schützen dürfe.[66] Vor diesem Hintergrund sprach Hassemer, der sich über Jahrzehnte für einen systemkritischen Rechtsgutsbegriff stark gemacht hat, auf der Strafrechtslehrertagung 2013 von einer sich seit längerem abzeichnenden „Verabschiedung des Rechtsguts".[67] Offiziell beglaubigt wurde der Abschied auf der Folgetagung in Augsburg 2015, auf welcher Kudlich den Rechtsgutsbegriff – „für diejenigen, die ihn akzeptieren" – auf die Rolle reduzierte, einen „space of reasons" aufzuspannen, „innerhalb dessen wir über die Legitimität von Strafnormen diskutieren müssen."[68] Das Wort Rechtsgut meint damit keinen vorpositiv geltenden, kritischen Begriff, sondern einen Platzhalter für kriminalpolitische Erörterungen.[69] Der Regierungsentwurf hat – wie oben gezeigt – die Notwendigkeit des Schutzes der Integrität des Sports durch die §§ 265 c, 265 d StGB dargelegt und damit den space of reasons mit nachvollziehbaren kriminalpolitischen Erörterungen aufgefüllt.

---

63 In diese Richtung aber *Deutscher Richterbund* Stellungnahme Nr. 2/16; *Krack* ZIS 2016, 540 (544 ff.); *Nuzinger/Rübenstahl/Bittmann* WiJ 2016, 34 (35); *Satzger* Jura 2016, 1142 (1153); *Swoboda/Bohn* JuS 2016, 686 (689); wie hier (am Bsp. des Dopings): *König* SpuRt 2010, 106 (107); *Cherkeh/Momsen* NJW 2010, 1745; s. ferner *Greco* GA 2010, 622 (630 ff.).

64 BVerfGE 120, 224 (241); umfassend dazu *Engländer* ZStW 127 (2015), 616 ff.

65 Mit weiteren Nachweisen *Kubiciel* Die Wissenschaft vom Besonderen Teil des Strafrechts, 2013, S. 57 ff.

66 Zu „Erweiterungen des strafrechtlichen Regelungsbereichs über den Rechtsgüterschutz hinaus" siehe *Roxin* Strafrecht AT I, 4. Aufl. 2006, § 2 Rn. 29 ff.

67 *Hassemer* bei *Youssef/Godenzi* ZStW 125 (2013), 659 (665).

68 *Kudlich* ZStW 127 (2015), 635 (651).

69 Näher dazu Duve/Ruppert/*Kubiciel* Rechtswissenschaft in der Berliner Republik, im Erscheinen.

III. Interpretation der Tatbestände

1. Sport – Welcher Sport?

a) Entwicklungsoffenheit des Sportbegriffs und Tatbestandsbestimmung

Den zentralen Begriff des Sports definieren die Tatbestände nicht.[70] Vielmehr geht der Regierungsentwurf (im ersten Zugriff) von einem weiten, dh entwicklungsoffenen Sportbegriff aus.[71] Dies ist sachgerecht, weil das, was die Gesellschaft als Spiel für sich entdeckt und mittels Regeln (und Organisation) zu einem Sportwettbewerb ausbaut, nicht festgelegt ist und auch nicht festgelegt werden sollte, da eben dieser genuine Bereich des Spieles dem grundrechtlich geschützten Bereich der Handlungsfreiheit der Einzelnen und der Vereinigungsfreiheit der Vereine bzw. Verbände unterfällt: Hier ist die Rede von der Autonomie des Sports berechtigt. Da das Gesetz den Begriff des Sportes nicht definiert, ist auf die Praxis der Gesellschaft abzustellen, in der – und *für die* der – Sport die oben gezeigten Funktionen ausübt. Wenn man dabei – was sachgerecht ist – zwischen Showveranstaltungen und Sportwettbewerben trennen will, kann es nicht auf das Selbstverständnis der an dem Spiel Beteiligten ankommen; vielmehr muss auf die herrschenden Anschauungen in der Bevölkerung abgestellt werden.[72] Eine weitere Konkretisierung kann der Begriff dadurch erfahren, dass sich Sportarten durch die Dominanz des Leistungswettbewerbs über die Mächte des Zufalls auszeichnen und – dem allgemeinen Sprachgebrauch und dem Begriffsverständnis des DOSB zufolge – einen nicht unerheblichen motorischen Einsatz des Körpers voraussetzen.[73] Legt man dies zugrunde und berücksichtigt die vom BVerfG in der Untreue-Entscheidung vorgegebenen Grundsätze einer behutsamen Tatbestandsin-

---

70 Krit. *Pfister* StraFo 2016, 441 (443 f.).

71 BT-Drucks. 18/8831, S. 17. Krit. *Deutscher Richterbund* Stellungnahme 4/16.

72 BT-Drucks. 18/8831, S. 17. Anders *Nuzinger/Rübenstahl/Bittmann* WiJ 2016, 34 (35), die Sportverbänden und -vereinen die Möglichkeit eines Opt-ins in ein für den Anwendungsbereich der Straftatbestände verbindliches Register eröffnen wollen. Dies ist aber aus dem oben im Text genannten Grund nicht ratsam und überdies unverhältnismäßig aufwändig. Für die Einführung einer Legaldefinition *Satzger* Jura 2016, 1142 (1148).

73 S. zur Definition des DOSB https://www.dosb.de/de/organisation/was-ist-sport/ sportdefinition/ (letzter Abruf: 18.9.2017).

terpretation,[74] können weder Schach noch Poker eine Sportart im Sinne der §§ 265 c, 265 d StGB sein.[75] Gleichwohl bleiben Grenzfälle, etwa im Bereich des – durchaus wettbetrugsanfälligen – E-Sports. Ein Unikum der §§ 265 c, 265 d StGB stellen diese Auslegungsfragen indes nicht dar, wenn man berücksichtigt, dass selbst über die Grenzen eines klassischen Rechtsguts wie das Vermögen erhebliche Unklarheiten und Streit bestehen. Demgegenüber dürften die Grenzfälle der §§ 265 c, 265 d StGB von deutlich geringer Zahl sein. Lösen lassen sich Fälle, in denen dem Täter nicht klar war, dass er einen strafrechtlich geschützten Sportwettbewerb ausübt, mit Hilfe der allgemeinen strafrechtlichen Irrtumsregeln.

b) Tatbestandliche Konkretisierungen

Der Anwendungsbereich des § 265 c StGB – Wettbewerb des organisierten Sports – ist weit gezogen (vgl. Abs. 5). Er erfasst neben dem Profi- auch den Amateursport, der, wie oben dargelegt, häufig Anknüpfungspunkt für einen Sportwettbetrug ist.[76] Lediglich rein privat organisierte Sportwettbewerbe sind keine tauglichen Bezugspunkte. Dies ist angemessen. Denn Wetten auf Spiele des nicht organisierten, privaten Sports werden von Anbietern öffentlicher Sportwetten nicht oder jedenfalls nicht in nennenswerter Zahl angeboten und sind damit auch nicht Bezugspunkt eines Matchfixings zum Zwecke eines Wettbetruges. Eine Ausnahme könnte zwar die Einbindung von Sportwettkämpfen in Unterhaltungssendungen des Fernsehens sein, auf – wie in der ProSieben-Show „Schlag den Raab" – live während der Sendung auf den Ausgang eines Spieles gewettet werden konnte. Sollte es hier zu Absprachen und Wettbetrug kommen, berührte dies jedoch die Integrität des Sports nur in geringerem Ausmaß, da das Spiel in eine Fernsehshow eingebunden ist und daher von den Zuschauern anders wahrgenommen wird als ein Wettkampf des organisierten Sports.

Der Anwendungsbereich des § 265 d StGB ist hingegen enger gefasst. Die Unrechtsvereinbarung muss sich – wie bei § 265 c StGB – zunächst

74 BVerfGE 126, 170 (198).
75 AA: *Krack* wistra 2017, 289 (291) mit dem Argument, dass Bewegung und Leistungsgedanke lediglich widerlegliche Indizien für das Bestehen einer Sportart sind.
76 BT-Drucks. 18/8831, S. 17. – Die diesbezüglich geäußerte Kritik (*Swoboda/Bohn* JuS 2016, 686 (689)) ist daher unbegründet.

auf einen Wettbewerb des organisierten Sports beziehen, der von einem Sportbundesverband oder einer internationalen Sportorganisation veranstaltet wird (§ 265 d Abs. 5 Nr. 1 StGB). Zudem müssen in dem Wettbewerb Regeln einzuhalten sein, die von einer nationalen oder internationalen Sportorganisation mit verpflichtender Wirkung verabschiedet worden sind. Beides ist sachgerecht, da Korruption im unorganisierten Bereich – reinen Privatspielen oder Hobbyligen – kaum vorkommt und daher kein erhebliches Potenzial zur Schädigung des Sports und anderer Institutionen aufweist. Außerdem ist bei privat organisierten Spielen, die keinen oder ad-hoc gefundenen Regeln folgen, zu fragen, ob hier tatsächlich eine schützenswerte Erwartung in die Regelkonformität besteht. Meines Erachtens lässt sich dies mit guten Gründen verneinen.

Eine empfindliche und vielfach kritisierte Einschränkung erfährt § 265 d StGB aber dadurch, dass er im Unterschied zu § 265 c StGB lediglich berufssportliche Wettbewerbe erfasst. Dies sind Sportveranstaltungen, an denen überwiegend Spieler teilnehmen, die durch den Sport unmittelbar oder mittelbar erhebliche Einnahmen erzielen (§ 265 d Abs. 5 Nr. 3 StGB).[77] Der Regierungsentwurf begründet dies damit, dass der Profisport besondere Aufmerksamkeit von der Öffentlichkeit erfahre.[78] Jedoch können Korruption und Manipulation auch im Amateurbereich, man denke nur an Landesligen im Fußball, beachtliche Aufmerksamkeit auf sich ziehen; dementsprechend tangieren solche Fälle auch die Integrität des Sports. Zudem sind Amateurfußballspiele nicht selten Anknüpfungspunkt für einen Wettbetrug. Wer mit § 265 d StGB die Integrität des Sports schützen und die Vorschrift zugleich als Auffangtatbestand für § 265 c StGB einsetzen will, hätte folglich auch den organisierten Amateursport miteinbeziehen können.[79] Zuzugeben ist dem Regierungsentwurf jedoch, dass finanzielle Folgen einer Manipulation im Berufssport deutlich größer sind als im Amateursport. Zudem ist die Definition des § 265 d Abs. 5 Nr. 3 StGB so weit, dass auch Sponsorengelder sowie Einnahmen aus einer Arbeitsvergütung bzw. die Besoldung erfasst werden.[80] Hinzu kommt, dass die staatlichen Ressourcen zur Rechtsdurchsetzung qua Strafverfolgung begrenzt sind, so dass der Gesetzgeber klugerweise eine Linie

---

77 BT-Drucks. 18/8831, S. 20.
78 BT-Drucks. 18/8831, S. 9.
79 *Kubiciel* jurisPR-StrafR 3/2016. In diese Richtung auch *Krack* ZIS 2016, 540 (545 f.); *Deutscher Anwaltsverein* Stellungnahme, S. 9.
80 BT-Drucks. 18/8831, S. 20.

ziehen muss, bis zu welcher der Staat die Manipulationsfreiheit des Sports auch als eigene Angelegenheit betrachtet. Vor diesem Hintergrund ist die Regelung vertretbar.

Die Frage, wann an einem Wettkampf „überwiegend Sportler teilnehmen, die durch ihre sportliche Betätigung unmittelbar oder mittelbar Einnahmen von erheblichem Umfang erzielen", wirft keine größeren Auslegungsschwierigkeiten auf.[81] Bei gemischten Teams ist im Zweifel numerisch („überwiegend") zu entscheiden, nicht teleologisch.

2. Klassische Korruptionstatbestandsmerkmale

Die in den neuen Strafvorschriften enthaltenen Tatbestandsmerkmale sind überwiegend aus anderen Korruptionstatbeständen übernommen worden und daher bekannt. Dies gilt insbesondere für den weit zu verstehenden Vorteilsbegriff.[82] Vorteil ist danach jede Zuwendung, auf die der Täter keinen Rechtsanspruch hat und die seine wirtschaftliche, rechtliche oder persönliche Lage objektiv verbessert.[83] Dazu kann bereits das Inaussichtstellen eines Vertrages gehören, so dass bspw. das Angebot eines Vereinsvorstandes an den Spieler einer anderen Mannschaft strafbar sein kann, für die neue Saison einen Vertrag als Gegenleistung für manipulative Eingriffe zugunsten des (neuen) Vereins zu bekommen. Auch hinsichtlich der meisten Tathandlungsbeschreibungen kann auf die reichhaltige Rechtsprechung und Literatur verwiesen werden, die zu den §§ 299, 331 ff. StGB ergangen ist. Dessen ungeachtet lassen sich Besonderheiten feststellen.

---

81 S. aber *Fiedler* DRiZ 2016, 17; *Swoboda/Bohn* JuS 2016, 686 (689).
82 Zweifel an dessen Weite (*Swoboda/Bohn* JuS 2016, 686 (688)) sind – wie überhaupt im Korruptionsstrafrecht – unbegründet, zumal nicht der geringwertige, sondern der hochwertige Vorteil die Regel sein wird.
83 BT-Drucks. 18/8831, S. 15. Dazu und zum Folgenden BeckOK-StGB/*Bittmann/ Nuzinger/Rübenstahl*, 35. Ed. 2017, § 265 c Rn. 3.

3. Besonderheiten

a) Sportwettbetrug

Nach § 265 c StGB machen sich Sportler, Trainer sowie Schieds-, Wertungs- und Kampfrichter strafbar, wenn sie einen Vorteil für sich oder einen Dritten als Gegenleistung dafür fordern, sich versprechen lassen oder entgegennehmen, dass sie den Verlauf oder das Ergebnis eines Wettbewerbs des organisierten Sports beeinflussen und infolgedessen ein rechtswidriger Vermögensvorteil durch eine auf diesen Wettbewerb bezogene öffentliche Sportwette erlangt wird (§ 265 c Abs. 1, 3 StGB). Nach § 265 c Abs. 7 S. 2 StGB stehen Trainern solche Personen gleich, die „aufgrund ihrer sportlichen oder beruflichen Stellung wesentlichen Einfluss auf den Einsatz oder die Anleitung von Sportlern nehmen können." Der Auffassung der Gesetzesverfasser zufolge zählen darunter Vereinsangehörige, die gegenüber Trainern in sportlichen Fragen über ein „arbeitgeberähnliches" Weisungsrecht verfügen; dazu sollen Sportdirektoren ebenso gehören können wie Leitungspersonen eines Vereins (auch ohne formelles Weisungsrecht) oder Eigentümer des den Spielbetrieb veranstaltenden Unternehmens.[84] Spielerberater, Manager oder andere Personen aus dem berühmt-berüchtigten „Umfeld" eines Spielers werden – trotz ihres in tatsächlicher Hinsicht großen Einflusses – nicht erfasst, da sie nicht über den von der Vorschrift vorausgesetzten Status verfügen.[85] Spiegelbildlich zu der passiven Bestechlichkeit pönalisiert § 265 c Abs. 2, 4 StGB die aktive Seite der Bestechung, dh diejenigen, die Sportlern, Trainern, diesen gleichgestellten Personen oder Schiedsrichtern Vorteile zu Wettbetrugszwecken anbieten, versprechen oder gewähren.

Zentrales Merkmal des § 265 c StGB ist die zumindest intendierte Unrechtsvereinbarung.[86] Beide Seiten dieser Vereinbarung – Vorteilsgeber auf der einen, Sportler, Trainer auf der anderen – müssen übereinkommen oder es darauf anlegen, dass ein Vorteil dafür gewährt wird, dass (1.) der Verlauf oder das Ergebnis eines Wettbewerbs beeinflusst wird und (2.) ein Vermögensvorteil infolge einer auf diesen Wettbewerb bezogenen Wette erzielt werden soll. Damit beginnt die Strafbarkeitszone schon bei einem Handeln, das auf den Abschluss einer solchen Unrechtsvereinbarung ab-

---

84 BT-Drucks. 18/8831, S. 20.
85 *Rübenstahl* JR 2017, 264 (271).
86 BT-Drucks. 18/8831, S. 16 f.

zielt. Strafbar macht sich daher bereits ein Spieler oder ein Trainer, der einen Vorteil für die Beeinflussung eines Spieles zur Vorbereitung eines Wettbetruges fordert.

Spieler, Trainer oder letzteren gleichgestellte Personen müssen im Rahmen der Unrechtsvereinbarung zusagen, dass sie den Verlauf oder das Ergebnis des Wettbewerbs beeinflussen. Eine solche Beeinflussung kann grundsätzlich durch alle Verhaltensweisen vor oder während des Wettbewerbs erfolgen, die dazu geeignet sind, den Verlauf oder das Ergebnis zu beeinflussen und damit die Unvorhersehbarkeit des Spielgeschehens (partiell) aufzuheben. Ob das fragliche Handeln regelwidrig ist oder nicht, ist – auf den vom Wortlaut der Norm geleiteten ersten Blick – unerheblich. Daher kann sich ein Trainer zB durch das Versprechen strafbar machen, einen wichtigen Spieler nicht aufzustellen; ebenso kann es strafbarkeitsbegründend sein, wenn ein Spieler verspricht, gegen die Gewährung eines Vorteils deutlich unter seinem Leistungsvermögen zu bleiben und zB das Erzielen eines Gegentores durch eine schwache Verteidigung zu unterstützen. Kritiker sehen darin die Pönalisierung einer Verletzung ethischer Pflichten gegen sich selbst, die nicht strafwürdig sei.[87] Dem ist zu widersprechen. Denn eine bewusste Leistungsverweigerung wirkt sich nachteilig auf andere aus (zB Mannschaftsmitglieder), bleibt also nicht innerhalb der Autonomiesphäre einer Person, sondern tangiert die Sozialsphäre. Zudem ist das bewusste Manipulieren des Spielverlaufs durch ein Zurückbleiben hinter seinen Leistungsmöglichkeiten jedenfalls dann sportuntypisch, wenn die Leistungsverweigerung korruptiv erkauft worden ist. Dass die Beeinflussung des Verlaufs oder des Ergebnisses sportuntypisch ist, gibt diesem Tatbestandsmerkmal sein normatives Gepräge und deutet zugleich auf eine (schwache) Akzessorietät des § 265 c StGB hin.

Letztere wird auch an der ganz grundsätzlichen Auslegungsfrage deutlich, was unter einer „Beeinflussung" iSd § 265 c StGB zu verstehen ist. Nach Maßgabe der heute geltenden Zurechnungsregeln des Allgemeinen Teils des Strafrechts sollte klar sein, dass für die Feststellung einer Beeinflussung die bloße Kausalität des fraglichen Handelns nicht ausreichen kann. Vielmehr ist auch hier, den Grundsätzen der objektiven Zurechnung folgend, danach zu fragen, ob das Handeln eine rechtlich missbilligte Gefahr schafft. Folgt man dieser engen Auslegung wäre auch dieser Straftat-

---

87 *Deutscher Richterbund* Stellungnahme Nr. 2/16; ebenso: *Bundesrechtsanwaltskammer* Stellungnahme Nr. 8/2016, S. 6 f.

bestand stärker akzessorisch auszulegen, so dass es unter der Hand doch auf die Frage ankommt, ob ein wettbewerbsbeeinflussendes Verhalten mit Hilfe sportrechtlich zulässiger oder unzulässiger Mittel erfolgt ist.

b) Manipulation berufssportlicher Wettbewerbe

§ 265 d Abs. 1 StGB pönalisiert Sportler und Trainer, die einen Vorteil für sich oder einen Dritten als Gegenleistung dafür fordern, sich versprechen lassen oder annehmen, dass sie den Verlauf oder das Ergebnis eines berufssportlichen Wettbewerbs in wettbewerbswidriger Weise zugunsten des Wettbewerbsgegners beeinflussen. Spiegelbildlich dazu erfasst § 265 d Abs. 2 StGB diejenigen, die diesen Vorteil anbieten, versprechen oder gewähren.

Im Unterschied zum Sportwettbetrug verlangt der Tatbestand der Manipulation berufssportlicher Wettbewerbe keine Absicht, einen rechtswidrigen Vermögensvorteil durch eine Sportwette zu erzielen. Er pönalisiert somit das Matchfixing als solches. Dessen ungeachtet kann § 265 d StGB die Funktion eines Auffangtatbestandes erfüllen, wenn sich bei Ermittlungen wegen eines Sportwettbetruges im Sinne des § 265 c StGB die Absicht, einen rechtswidrigen Vermögensvorteil durch eine Sportwette zu erzielen, nicht nachweisen lässt, weil die beteiligten Sportler, Trainer oder Schiedsrichter in diese Hintergründe nicht eingeweiht waren.[88]

§ 265 d StGB ist stärker akzessorisch ausgestaltet als § 265 c StGB. Er nimmt auf die Regeln des Sportwettbewerbs Bezug, indem er eine „wettbewerbswidrige" Beeinflussung des Verlaufs oder des Ergebnisses verlangt. Der Regierungsentwurf hebt zu Recht hervor, dass damit das Erstreben „wettbewerbsimmanenter" – oder besser: sportwettbewerbstypischer – Vorteile ausgeschlossen ist. Die konkludente Vereinbarung zweier Mannschaften, auf ein für beide Mannschaften im Turnier vorteilhaftes Unentschieden zu spielen, ist damit straflos, da ein solcher Vorteil typisch für ein Turnier ist.[89] Ebenso wenig ist es tatbestandsmäßig, wenn ein Trainer zur Schonung seines Kaders mit einer „B-Mannschaft" spielen und damit dem Gegner des Spiels einen Vorteil zukommen lässt.[90] Denn auch diese Form der Wettbewerbsverzerrung ist – ebenso wie der vom Trainer mit

---

88 So schon *Kubiciel* jurisPR-StrafR 3/2016; *Reinhart* SpuRt 2016, 235 (240).
89 Krit. *Swoboda/Bohn* JuS 2016, 686 (688).
90 Dazu *Nuzinger/Rübenstahl/Bittmann* WiJ 2016, 34 (36).

seiner Entscheidung gesuchte Vorteil – wettbewerbsimmanent bzw. sporttypisch. Solche Begrenzungen der Straftatbestände sind sachgerecht, geht es dem Gesetzgeber doch um die Pönalisierung von Wettbewerbsverzerrungen, die das Spiel, bildlich gesprochen, zerstören bzw. dessen Sinn pervertieren.

Die Akzessorietät des Tatbestandes zu sportrechtlichen Regeln wirft die Frage nach dem Grad der Akzessorietät auf: Soll grundsätzlich jeder Verstoß gegen Wettbewerbsregeln kriminalisiert werden (strenge Akzessorietät) oder nur ein evidenter Verstoß (limitierte Akzessorietät)? Nach hiesiger Auffassung ist die zuletzt genannte Option vorzugswürdig. Dafür spricht nicht nur die verfassungsrechtliche Erwägung, dass offen formulierte Tatbestände konkretisierend-eng auszulegen sind, um die Vorhersehbarkeit der Rechtsanwendung zu gewährleisten, wie das BVerfG in seiner Untreue-Entscheidung betont hat.[91] Zudem sollte das Strafrecht auf die Garantie eines Mindeststandards zielen, zumal Normen in Bezug genommen werden, die Verbände und Vereine für einen Bereich festlegen, für welchen sie grundsätzlich Autonomie beanspruchen.

IV. Strafbarkeitsrisiken für natürliche Personen, Haftungsrisiken für juristische Personen

Die von den Straftatbeständen ausgehenden Strafbarkeits- und Haftungsrisiken sind ernst zu nehmen. So hat zunächst derjenige, der sich nach §§ 265 c, 265 d StGB strafbar macht, mit harschen Sanktionen zu rechnen. Neben den – schon mit einem Ermittlungsverfahren eintretenden – Reputationsschäden droht eine Freiheitsstrafe von drei Monaten bis zu fünf Jahren, wenn der Täter gewerbsmäßig handelt oder der (avisierte) Vorteil von großem Ausmaß ist. Solche „besonders schweren Fälle" werden jedenfalls bei § 265 c StGB die Regel sein.[92]

Vereine bzw. die den Profisport tragenden Kapitalgesellschaften oder Sportverbände können als juristische Personen zwar (bislang) nicht bestraft werden. Sehr wohl aber können sie gem. § 30 Abs. 2 OWiG mit einer Geldbuße von bis zu 10 Mio. EUR belegt werden. Dabei soll die Geldbuße den wirtschaftlichen Vorteil, den der Täter aus der Ordnungs-

---

91 BVerfGE 126, 170 (210).
92 Dazu und zum Folgenden *Kubiciel* SpuRt 2017, 188 (191).

widrigkeit gezogen hat, übersteigen (§ 17 Abs. 4 OWiG). Reicht das gesetzliche Höchstmaß von 10 Mio. EUR hierzu nicht aus, so kann es überschritten werden.[93] Überdies kann für das, was aus der mit einem Bußgeld belegten Handlung erlangt wurde, der Verfall angeordnet werden (§ 29a OWiG). Dies sind drastische Folgen, die zunächst durch eine Ordnungswidrigkeit oder Straftat einer Person mit einem zur Geschäftsleitung berechtigenden Rechtstatus (vgl. § 30 Abs. 1 Nr. 1-4 OWiG) ausgelöst werden können. Darüber hinaus können juristische Personen nach § 30 Abs. 1 Nr. 5 OWiG auch für das Verhalten von faktischen Geschäftsführern haften.[94] Diese Vorschrift schafft das Risiko, dass Vereine oder Verbände für das Handeln „starker Persönlichkeiten" haften, obgleich diese rechtlich betrachtet für eine umstrittene Entscheidung gar nicht zuständig waren.

Adressat eines Bußgeldbescheides können Sportvereine, die den Profisport veranstaltenden Kapitalgesellschaften und Sportverbände werden, wenn eine der oben genannten Leitungspersonen eine Straftat im Sinne der §§ 265c Abs. 2, 265d StGB begeht bzw. sich daran beteiligt (oder eine Aufsichtspflicht im Sinne der § 130 OWiG verletzt). Letzteres ist von besonderer Bedeutung, da diese Vorschrift eine Haftung immer dann auslöst, wenn eine Leitungsperson vorsätzlich oder fahrlässig Aufsichtsmaßnahmen unterlassen hat, die erforderlich gewesen wären, um Zuwiderhandlungen gegen betriebsbezogene Pflichten zu verhindern und die Zuwiderhandlung durch gehörige Aufsicht verhindert oder wesentlich erschwert worden wäre. Infolgedessen haften Sportvereine oder -verbände bzw. sportveranstaltende Kapitalgesellschaften schon für das fahrlässige Versäumnis, Compliance-Maßnahmen zu installieren, welche die Begehung einer Straftat nach den §§ 265c, 265d StGB erschwert hätte.

Um diese Haftung und etwaige Schadensersatzansprüche zu vermeiden, müssen sich die in einem Sportverein Verantwortlichen um die Anpassung ihrer Compliance-Maßnahmen an die neue (Straf-)Rechtslage bemühen. Wie solche Compliance-Strukturen aussehen, hängt von der Struktur des jeweiligen Vereins ab und lässt sich ohne Bezug auf einen konkreten Verein nur in vergleichsweise abstrakter Form beschreiben. Zu solchen Compliance-Maßnahmen gehören jedenfalls die Identifizierung der tatsächlich bestehenden Risiken, die Erarbeitung eines vereinsinternen Regelwerkes, das auf die Beachtung der strafrechtlichen Grenzen zielt, die Kommunika-

---

93 Hoven/Kubiciel/*Weith* Das Verbot der Auslandsbestechung, 2016, S. 183 ff.
94 Göhler/*Gürtler* OWiG, 16. Aufl. 2012, § 30 Rn. 14.

tion dieses Regelwerkes durch die Vereinsführung an Sportler (auch und vor allem die „Profis") sowie andere (leitende) Mitarbeiter des Vereins und schließlich die fortlaufende Beobachtung etwaiger Risikofaktoren. Schließlich muss bei festgestellten Regelverstößen eine spürbare und (nach außen) nachvollziehbare Reaktion des Vereins erfolgen, die bis hin zu einer Kündigung für den Fall einer schweren Straftat reichen kann. Letzteres stellt eine im Sportbereich äußerst heikle Konsequenz dar, wenn man an die potentiellen Verluste durch entgangene Transfer- und Marketinggeschäfte denkt, die mit der Kündigung eines Fußballprofis, Trainers oder Sportdirektors einhergehen können.

V. Ausblick

Die Diskussion um Compliance-Standards im Sport steht noch ganz am Anfang. Selten wird bislang über die Durchführung von *internal investigations* nachgedacht, wenn in einem Sportverein oder -verband Anhaltspunkte für ein strafbares Verhalten eines Spielers oder Verantwortlichen sichtbar geworden sind. Geradezu undenkbar scheint es, dass Vereine vor der Verpflichtung eines neuen Profis eine zumindest rudimentäre Prüfung seiner Geschäftsbeziehung und seines (Wett-)Verhaltens vornehmen. In anderen Branchen sind all diese Maßnahmen bei Verdachtsfällen und bedeutenden Transaktionen und *acquisitions* hingegen Standard. Auf Dauer wird sich der (Profi-)Sport diesen Compliance- und Verhaltensstandards annähern müssen. Ein wesentlicher Impuls für die Überprüfung der vereins- und verbandsinternen Compliance-Standarts geht von den §§ 265 c, 265 d StGB aus. In der Initiierung eines solchen Selbstreinigungsprozesses und weniger in der Ermöglichung von Ermittlungsverfahren liegt die wesentliche Bedeutung dieser Tatbestände.

Sportwetten und Steuerstrafrecht

Markus Rübenstahl

I. Einführung

Durch das Gesetz zur Besteuerung von Sportwetten ist mit Wirkung zum 1.7.2012 in den §§ 17 Abs. 2, 19 Abs. 2 RennwLottG ein eigenständiger Steuertatbestand für Sportwetten eingeführt worden.[1] Die Einbeziehung von Wetten aus Anlass eines Sportereignisses ist ein Novum, weil nach der alten Rechtslage Sportwetten lediglich als sog. Oddset-Wetten gem. § 17 Abs. 1 RennwLottG aF und bei Sitz des Veranstalters im Inland der Lotteriesteuerpflicht unterlagen.[2] Bemerkenswert ist dabei auch die nunmehr bestehende Erweiterung auf Veranstalter mit Sitz im Ausland, durch welche deren zuvor verbreitetes Geschäftsmodell unterbunden werden sollte, der Steuerpflicht durch Veranstaltung der Wette vom Ausland aus zu entgehen, dh durch Verwendung von Gesellschaftssitz und Betriebsstätte im Ausland, vgl. § 17 Abs. 2 RennwLottG.

Das für die Vergabe von Sportwettenkonzessionen zuständige hessische Innenministerium erteilt zurzeit zwar (noch?) keine Konzessionen, weil dies durch gerichtliche Anordnung im Wege des einstweiligen Rechtsschutzes durch den VGH Hessen untersagt wurde.[3] Für die Entstehung der Sportwettensteuer ist dies jedoch nach hM – insbesondere der Finanzverwaltung – ohne Belang, weil § 40 AO explizit regelt, dass es für die Besteuerung unerheblich ist, ob das steuererhebliche Verhalten gegen ein gesetzliches Verbot verstößt. Für die Steuerentstehung kommt es somit entscheidend auf das Vorliegen der Voraussetzungen des Steuertatbestands an.[4]

---

1 BGBl. 2012 Teil I Nr. 29, 1424 ff.
2 Siehe noch *BFH* Urt. v. 11.3.2005 – II B 14/04, BeckRS 2005, 25008059, wonach bei der Oddset-Wette der Kunde im Voraus und auf Grundlage fester Gewinnquoten auf ein von ihm vorausgesagtes Sportergebnis wettet.
3 *VGH Hessen* Beschl. v. 16.10.2015 – 8 B 1028/15.
4 Vgl. nur Klein/*Ratschow* AO, 13. Aufl. 2016, § 40 Rn. 4.

Mit der sich hieraus ergebenden (II.), ggf. – jedenfalls nach Zielsetzung des Gesetzgebers – auch für ausländische Veranstalter bestehenden Steuerpflicht (III.) eröffnet sich für diese ein steuerstrafrechtliches Problemfeld, nämlich das Risiko der Strafbarkeit wegen Steuerhinterziehung gem. § 370 Abs. 1 AO. Diese kann sich einerseits durch eine Verkürzung der Sportwettensteuer durch den (ausländischen) Veranstalter ergeben (IV.). Ein weiteres, zukünftig steuerstrafrechtlich relevantes Thema im Zusammenhang mit Sportwetten ist die Verletzung des steuerrechtlichen Abzugsverbots gemäß § 4 Abs. 5 Nr. 10 EStG, dh der gewinnmindernden Berücksichtigung von Vorteilen, die bei Begehung der korruptiven Straftatbestände zum Sportwettbetrug (insbesondere § 265 c StGB) gewährt werden (V.). Eine Nacherklärung gem. § 153 AO (VI.) sowie die Selbstanzeige gem. § 371 AO (VII.) können in beiden Konstellationen nachträglich das strafrechtliche Risiko beseitigen, doch ergeben sich insbesondere aus der besonderen Rechtsnatur und der gesetzlichen Ausgestaltung der Sportwettensteuer neue, zusätzliche Problemfelder der Selbstanzeigeberatung.

II. Voraussetzungen des Steuertatbestands in §§ 17 Abs. 2, 19 Abs. 2 RennwLottG

Wetten aus Anlass von Sportereignissen (Sportwetten) unterliegen gem. § 17 Abs. 2 RennwLottG der Sportwettensteuer, wenn sie im Inland veranstaltet werden (Nr. 1) oder wenn ein inländischer Spieler daran teilnimmt und seinen Wohnsitz oder gewöhnlichen Aufenthalt im Geltungsbereich des Gesetzes hat (Nr. 2) und die erforderlichen Handlungen auch im benannten Geltungsbereich vornimmt (Nr. 2 aE). Praktisch betrifft letzteres vor allem Spieler, die über das Internet an einer Sportwette teilnehmen.[5]

Der Begriff der Sportwette wird in § 17 RennwLottG in einem spezifisch steuerrechtlichen Sinn verstanden und umfasst jede Wette aus Anlass von Sportereignissen. Damit werden auch variable Wettquoten oder Ereigniswetten einbezogen, womit ein vergleichsweise breiter Anwendungsbereich eröffnet ist.[6] Das Sportereignis ist nicht gesetzlich definiert, jedoch liegt umfangreiche Rechtsprechung und Literatur zum Begriff des Sports

---

5 *Rübenstahl/Hinz*, in: Rübenstahl/Idler (Hrsg.), Tax Compliance, Kap. 22 Rn. 4 (im Erscheinen).
6 Letztere werden etwa nicht von § 3 Abs. 1 S. 4 GlüÄndStV erfasst, dem ein ordnungsrechtlicher Begriff zu Grunde liegt.

in (anderen) steuerlichen Zusammenhängen (vgl. etwa § 52 Abs. 2 Nr. 21 AO) vor. Erfasst wird jedenfalls eine körperliche, über das ansonsten übliche Maß hinausgehende Aktivität, die durch äußerlich zu beobachtende Anstrengungen oder durch die einem persönlichen Können zurechenbare Kunstbewegung gekennzeichnet ist.[7] Durch diesen eher auf motorische Aktivität zielenden Begriff werden Denksportarten wie Kartenspiele oder Schach, Wetten auf kulturelle, politische oder allgemein gesellschaftliche Ereignisse, schließlich aber auch der sog. E-Sport (Computerspiele) nicht erfasst.[8] Motorsport sowie zB auch Drehstangen-Tischfußball unterfallen hingegen der Definition aufgrund der – teilweise eher rudimentär erscheinenden – motorischen Aktivität bzw. körperlichen Ertüchtigung und die – eher erkennbaren – Geschicklichkeitsaspekte. [9]

Steuerschuldner ist der „Veranstalter" der Sportwette gem. § 19 Abs. 2 S. 1 RennwLottG, wovon Wettvermittler – die oft in Deutschland geschäftsansässig sind – und sonstige Helfer abzugrenzen sind. Laut Gesetzesbegründung zu § 17 RennwLottG ist Veranstalter, „wer die planmäßige Ausführung des gesamten Unternehmens selbst oder durch andere ins Werk setzt und dabei das Spiel- und Wettgeschehen maßgeblich gestaltet".[10] Ein ins Werk setzen erfolgt vor allem von demjenigen, der die erforderliche Genehmigung einholt bzw. zur Einholung verpflichtet ist, und das Spiel- oder Wettgeschehen in tatsächlicher oder rechtlicher Hinsicht maßgeblich gestaltet.[11] Weil aber auch Hilfspersonen wie Vermittler eine Genehmigung brauchen, kommt insbesondere dem Merkmal der Gestaltung des Wettgeschehens Unterscheidungskraft zu,[12] das anhand der Rechtsprechung des BFH zur Lotteriesteuerpflicht etwa hinsichtlich der

---

7 *BFH* Urt. v. 29.10.1997 – I R 13/97 Rn. 10, BFHE 184, 226; Dietlein/*Hecker/ Rüttig* Glücksspielrecht, 2. Aufl. 2013, § 21 RennwLottG Rn. 16; aA Streinz/Liesching/Hambach/*Englisch* Glücks- und Gewinnspielrecht in den Medien, 2014, Systematische Darstellungen, S. 848 Rn. 67 mit eigenständiger Definition.

8 *Rübenstahl/Hinz*, in: Rübenstahl/Idler (Hrsg.), Tax Compliance, Kap. 22 Rn. 7 (im Erscheinen) mwN zum E-Sport; bzgl. Schach kann dies bereits aus § 52 Abs. 2 Nr. 21 AO abgeleitet werden, da „Schach [...] als Sport" gilt.

9 Vgl. *BFH* Urt. v. 29.10.1997 – I R 13/97, BFHE 184, 226; vgl. AEAO zu § 52 Nr. 6.

10 BT-Drucks. 17/8494, 8.

11 *BFH* Urt. v. 2.4.2008 – II R 4/06 Rn. 34, BFHE 221, 256; *BFH* Urt. v. 10.12.1970 – V R 50/67, BFHE 101, 153.

12 *Brüggemann* Die Besteuerung von Sportwetten im Rennwett- und Lotteriegesetz, 2015, S. 184.

Festlegung von Wettquoten, der Vorgabe von AGBs oder der Auswahl der teilnahmeberechtigten Spieler zu konkretisieren sein dürfte.[13]

Die Steuer entsteht gem. § 19 Abs. 2 S. 2 RennwLottG, wenn die Wette verbindlich geworden ist. Eine Verbindlichkeit liegt gem. §§ 19 Abs. 2 S. 3, 4 RennwLottG vor, wenn der Wettschein ausgehändigt wird. Darunter fällt auch das Ausstellen eines online zugänglichen elektronischen Wettscheins,[14] was in der Praxis von größerer Bedeutung ist. Die Bemessungsgrundlage regeln § 17 Abs. 2 S. 2 RennwLottG iVm § 37 RennwLottGABest, wonach die Steuer 5 von Hundert des Nennwertes der Wettscheine bzw. des Wetteinsatzes beträgt, wobei auch eine gesondert in Rechnung gestellte Steuer zu berücksichtigen ist; der Sache nach handelt es sich mithin um eine spezielle Form der Umsatzbesteuerung. Auf die Erzielung von Gewinnen durch den Veranstalter kommt es nicht an. Regelungen zum Steuerverfahren (Zuständigkeit etc.) finden sich in §§ 29, 31 a Abs. 1, 2 RennwLottGABest.[15] Steuerentstehungszeitraum ist – anders als üblich – hier der Monat. Frist für Anmeldung und Entrichtung der Sportwettensteuer ist der 15. Tag des Folgemonats.

III. Einbeziehung grenzüberschreitender Konstellationen: Territorialer Anknüpfungspunkt in § 17 Abs. 2 RennwLottG

§ 17 Abs. 2 RennwLottG beschreibt den territorialen Anknüpfungspunkt der Steuerpflicht. § 17 Abs. 2 Nr. 1 RennwLottG erfasst Veranstalter mit Sitz im Inland. Das entspricht insoweit den nach Abs. 1 erfassten „im Inland veranstalteten öffentlichen Lotterien und Ausspielungen", mit einer Konkretisierung für den Sportwettenveranstalter. Hingegen regelt § 17 Abs. 2 Nr. 2 RennwLottG eine bedeutende Ausweitung, indem solche Sportwetteneinsätze steuerbar sind, bei denen der Spieler seinen Sitz, Wohnsitz (§ 8 AO) oder gewöhnlichen Aufenthalt (§ 9 AO) im Geltungsbereich des RennwLottG hat (S. 1) **und** sich dieser auch bei Abschluss des Wettvertrages im Bundesgebiet befand. Formuliert ist diese Tatbestands-

---

13 Vgl. *BFH* Beschl. v. 22.3.2005 – II B 14/04 Rn. 20 f., BeckRS 2005, 25008059; vgl. auch *BFH* Urt. v. 10.12.1970 – V R 50/67 Rn. 13, BFHE 101, 153.

14 *Brüggemann* Die Besteuerung von Sportwetten im Rennwett- und Lotteriegesetz, 2015, S. 238.

15 *Rübenstahl/Hinz*, in: Rübenstahl/Idler (Hrsg.), Tax Compliance, Kap. 22 Rn. 19 mwN (im Erscheinen).

voraussetzung in S. 2 negativ, aber das ändert nichts („Dies gilt nicht, wenn der Spieler sich bei Abschluss des Wettvertrages außerhalb des Geltungsbereiches dieses Gesetzes aufhält und die zur Entstehung des Wettvertrages erforderlichen Handlungen dort vorgenommen werden."). Unstrittig müssen beide Voraussetzungen nach dem klaren Wortlaut zwingend kumulativ vorliegen.

Seither besteht für einen Veranstalter nicht mehr die Möglichkeit, die Besteuerung von Sportwetten zu umgehen, indem er seinen Sitz ins Ausland verlegt und im Inland nur als „Wettvermittler" auftritt. Erfasst sind fortan auch Fälle, in denen ausländische Veranstalter in Deutschland über Strohmänner tätig werden, die nach außen als selbstständige Veranstalter auftreten, in Wahrheit aber die Provisionen an eine leitende Person ins Ausland abführen. Mangels eigener Steuerpflicht war solchen Leitungspersonen allenfalls über eine Teilnahmestrafbarkeit beizukommen, fortan sind sie tauglicher Täter einer Steuerhinterziehung, dazu sogleich. Vor allem aber ist der Sportwettenmarkt in Deutschland durch Anbieter dominiert, deren Sitz und Betriebsstätten tatsächlich nur im Ausland liegen, dh seit dem 1.7.2012 einer extraterritorial wirkenden Besteuerung gem. § 17 Abs. 2 Nr. 2 RennwLottG unterliegen sollen. Die deutsche Sportwettensteuer erlangt somit weltweit für – mitunter große, sogar börsennotierte – Unternehmen der Branche eine hohe praktische Bedeutung,[16] weil bei Vorliegen des Anknüpfungspunktes nach Nr. 2 alle ausländischen Veranstalter zur strafbewehrten Beachtung der deutschen Steuergesetze verpflichtet sind, unterstellt man deren – verfassungsrechts- und europarechtskonforme – Anwendbarkeit.

IV. Hinterziehung von Sportwettensteuer durch den Veranstalter, § 370 AO iVm §§ 17 Abs. 2, 19 Abs. 2 RennwLottG

1. Voraussetzung der Steuerhinterziehung: Vorliegen eines Steueranspruchs

Die Strafbarkeit der (Sportwetten-)Steuerhinterziehung setzt den allgemeinen Maßstäben entsprechend eine Steuerverkürzung nach § 370 Abs. 1,

---

16 Insbesondere seit 2015, als eine spezielle – länderübergreifende – Ermittlungsgruppe der Steuerfahndung zur Durchführung von proaktiven Ermittlungen (§ 208 Abs. 1 Nr. 3 AO) unter den Internetanbietern aktiviert wurde.

Abs. 4 AO voraus. Verkürzt werden kann grundsätzlich der in §§ 17 Abs. 2, 19 Abs. 2 RennwLottG geregelte Steueranspruch, wobei hinsichtlich der Anwendbarkeit der zugrunde liegenden Steuervorschriften wie auch – in der Konsequenz – des § 370 AO durchaus gewichtige Zweifel bestehen.

2. Unvereinbarkeit mit dem Bestimmtheitsgebot gem. Art. 103 Abs. 2 GG

Fraglich ist schon die hinreichende, verfassungsrechtliche Bestimmtheit einer Straftat gem. § 370 AO iVm §§ 17 Abs. 2, 19 Abs. 2 RennwLottG. Grund hierfür ist, dass die die Steuerpflicht begründende Anknüpfung nach §§ 17 Abs. 2, 19 Abs. 2 Nr. 2 RennwLottG von in der Lebenswirklichkeit unklaren und schwer zu ermittelnden Kriterien abhängt, die zudem auch in rechtlicher Hinsicht insbesondere aus der Sicht von Ausländern kaum nachvollziehbar sind. Der gewöhnliche Aufenthalt gem. § 9 AO richtet sich nach persönlichen Verhältnissen des Steuerpflichtigen und ist im Übrigen unter Heranziehung rechtlicher Fiktionen zu beurteilen. So ist es beispielsweise eine Wertungsfrage, ob die „Umstände erkennen lassen, dass der Aufenthalt andauernd und nicht nur vorübergehender Natur ist"[17], wie es die ständige Rspr. als maßgeblich ansieht. Dem ausländischen Wettveranstalter dürften weder eine ausreichende Informationsgrundlage, noch ausreichende Kenntnisse für eine solche Deutung zur Verfügung stehen. Anhaltspunkt ist eventuell der bei der Registrierung erfasste Wohnsitz als Anknüpfungspunkt, die Angabe des Wettkunden muss aber nicht der Wahrheit entsprechen und dies muss für den Veranstalter keinesfalls ersichtlich sein. Auch der tatsächliche Aufenthaltsort bei Wettabschluss ist schwer – um nicht zu sagen: nur selten und nie für alle potentiell zum Gesamteinsatz in Deutschland gehörenden Spieler sicher – zu ermitteln. Die IP-Adresse lässt zwar grds. eine annähernde geographische Zuordnung des Aufenthalts des Wettkunden zu, jedoch bestehen auch hier erhebliche Unsicherheiten und Umgehungsmöglichkeiten. So wetten nach Erfahrungen vieler Veranstalter viele osteuropäische Wettkunden im Hinblick auf die Rechtslage in ihren Heimatländern – teilweise Berufsspieler, die häufig und mit hohen Einsätzen spielen („Highroller") – unter Nutzung von Proxyservern, die eine deutsche IP anzeigen, von außerhalb des

---

17 Klein/*Gersch* AO, 13. Aufl. 2016, § 9 Rn. 3.

Bundesgebiets. Zudem ist bei Personen, die im Grenzgebiet wetten, sowie bei Reisenden, die sich in Deutschland auf der Website eines Veranstalters eingeloggt haben und die Wetttätigkeit in einem Nachbarland fortgesetzt haben, keine eindeutige Feststellung des Wettortes über die IP-Adresse möglich, in letztgenanntem Fall, weil dieselbe IP-Nummer auch bzgl. Vorgängen im Ausland weiter angezeigt werden würde. Es handelt sich hier auch durchaus auch nicht um irrelevant wenige und marginale Fälle, man denke etwa an Wettkunden in Fanbussen, die zu Auswärtsspielen unterwegs sind. Insgesamt liegt nicht fern, dass der ausländische Veranstalter, der Sportwetten nach Deutschland über das Internet anbietet, entgegen den zwingenden Vorgaben des BVerfG unüberwindliche Schwierigkeiten haben dürften, die Grenzen des steuer- und somit hier straffreien Raumes – auf der Basis der steuerrechtlichen Vorgaben des RennwLottG zur Bestimmung der in Deutschland zu erklärenden Bemessungsgrundlage – klar zu erkennen und vorherzusehen.[18] Ein Veranstalter, der strafrechtliche Risiken minimieren will, wäre stets gezwungen, eine deutlich überhöhte Bemessungsgrundlage anzugeben – etwa indem er sowohl alle Einsätze von Personen mit Registrierungsadresse in Deutschland als auch (zusätzlich, und nicht bei kumulativen Vorliegens beider Merkmale) aller Personen, die mit einer deutschen IP-Adresse registriert sind, gemäß §§ 17 Abs. 2 Nr. 2, 19 Abs. 2 RennwLottG steuerlich in Deutschland erklärt. In diesem Fall ist praktisch sicher, dass er zu viel versteuert.[19] Eine sichere Methode zur rechtskonformen Ermittlung der steuerlichen Bemessungsgrundlage gem. § 17 Abs. 2 Nr. 2 RennwLottG existiert nicht. Nicht einmal Vorgaben der Finanzverwaltung, an der sich der Steuerpflichtige orientieren könnte, existieren, auch keine Entscheidungen der Finanzgerichtsbarkeit. Dieser darf aber nicht zur systematischen, vorhersehbaren und erheblichen Übersteuerung gezwungen werden, um dem Strafbarkeitsrisiko – jedenfalls dem der Verwirklichung des objektiven Tatbestands des § 370 AO – zu entgehen. Zwar kann eine entsprechende Unkenntnis auf der subjektiven Tatseite berücksichtigt werden, dazu sogleich, doch ändert dies nichts an der aus diesseitiger Sicht bestehenden Unbestimmtheit des § 370 AO im Sinne des Art. 103 Abs. 2 GG hinsichtlich der Verkürzung von Sportwet-

---

18 *BVerfG* Beschl. v. 22.6.1988 – 2 BvR 234/87, BVerfGE 78, 374; Maunz/Dürig/ *Schmidt-Aßmann* GG, 78. Aufl. 2016, Art. 103 Rn. 184 f. mwN.

19 Aus den oben genannten und anderen Gründen wird es zahlreiche „false positives" geben, gerade solche mit hohen Einsätzen.

tensteuern, denn die Bestimmtheit muss sich anhand der im objektiven Tatbestand beschriebenen Merkmale erkennen lassen.[20]

3. Unvereinbarkeit mit europarechtlichen Vorgaben

Aus Sicht von Veranstaltern aus EU-Mitgliedsstaaten fehlt es zudem – aus den oben genannten tatsächlichen Gründen – auch an europarechtlich erforderlicher Klarheit, wie die grenzüberschreitende Ausübung von Sportwetten sanktionslos erfolgen kann. Das dürfte als Verstoß gegen die in Art. 56 ff. AEUV geregelte Dienstleistungsfreiheit zu werten sein.[21] Diese Grundfreiheit schützt die grenzüberschreitende Wirtschaftstätigkeit,[22] worunter nach der Rechtsprechung des EuGH auch das Anbieten von Glücksspielen fällt.[23] Der Anwendungsbereich ist eröffnet, wenn im konkreten Fall ein grenzüberschreitender Bezug vorliegt.[24] Dies ist der Fall, wenn der ausländische Sportwettenveranstalter in Deutschland ansässigen Empfängern über das Internet Glücksspielleistungen anbietet,[25] und in der Praxis sehr häufig gegeben, da zahlreiche Anbieter auf Malta oder in Großbritannien ansässig sind. Verboten ist eine mittelbare Schlechterstellung oder Ungleichbehandlung insbesondere zum Nachteil eines Steuerpflichtigen, der seinen Sitz in einem anderen Mitgliedstaat hat.[26] Hier ist

---

20 Maunz/Dürig/*Schmidt-Aßmann* GG, 78. Aufl. 2016, Art. 103 Rn. 178; BeckOK-GG/*Radtke/Hagemeier*, 26. Ed. 2015, Art. 103 Rn. 23.
21 Vgl. *Rübenstahl/Hinz*, in: Rübenstahl/Idler (Hrsg.), Tax Compliance, Kap. 22 Rn. 27 f. (im Erscheinen).
22 Grabitz/Hilf/Nettesheim/*Randelzhofer/Forsthoff* Das Recht der EU, 60. EL. 2016, AEUV, Art. 57 Rn. 7 mwN.
23 *EuGH* Urt. v. 22.10.2014 – C-344/13 u. C-367/13 Rn. 27; *EuGH* Urt. v. 19.7.2012 – C-470/11 Rn. 24; *EuGH* Urt. v. 8.9.2010 – C-46/08 Rn. 40 f.; *EuGH* Urt. v. 8.9.2010 – C-409/06 Rn. 43; *EuGH* Urt. 8.9.2010 – C-316/07, NVwZ 2010, 1409; *EuGH* Urt. v. 6.10.2009 – C 153/08, Slg. 2009, I-9735 Rn. 29; *EuGH* Urt. v. 21.10.1999 – C-76/98, Slg. 2001, I-3223 Rn. 24; *EuGH* Urt. v. 24.3.1994 – C-275/92, Slg. 1994, I-1039 Rn. 24.
24 Das Europarecht hat Anwendungs-, nicht jedoch Geltungsvorrang; vgl. auch *Gehm* NZWiSt 2013, 53 (59 f.).
25 *EuGH* Urt. v. 8.9.2010 – C-46/08 Rn. 41.
26 *EuGH* Urt. 5.2.2014 – C-385/12 Rn. 39; vgl. auch Streinz/*Müller-Graff* EUV/AEUV, 6. Aufl. 2017, Art. 56 Rn. 71; Calliess/Ruffert/*Kluth* EUV/AEUV, 5. Aufl. 2016, Art. 57 Rn. 54 ff.; *Rübenstahl/Hinz*, in: Rübenstahl/Idler (Hrsg.), Tax Compliance, Kap. 22 Rn. 33 (im Erscheinen).

festzustellen, dass der ausländische Sportwettenveranstalter, der nur über das Internet anbieten kann und dies regelmäßig tut, aufgrund der möglichen Steuerpflicht zu weiteren Ermittlungsmaßnahmen verpflichtet ist, um den Aufenthaltsort des Spielers zu klären, die er aus dem Ausland nur deutlich schwerer als in Deutschland durchführen kann. Der in Deutschland ansässige – insbesondere terrestrisch anbietende – Sportwettenveranstalter muss solchen Ermittlungspflichten hingegen nicht nachkommen, was das Vorliegen einer Diskriminierung begründen dürfte. Man mag grds. streiten, ob die Belastung des Steuerpflichtigen mit solchen Ermittlungslasten angesichts der Durchsetzung des nationalen Steuerrechts verhältnismäßig und somit gerechtfertigt sein könnte. Nach hier vertretener Auffassung liegt ein Verstoß vor, was die Unanwendbarkeit bzw. Unwirksamkeit der §§ 17 Abs. 2, 19 Abs. 2 RennwLottG insbesondere in grenzüberschreitenden Konstellationen zur Folge hat.[27]

Eine Absage hat der FG Hessen im Jahr 2014 hingegen der Auffassung erteilt, die der Steuerpflicht zu Grunde liegende Vorschrift des § 17 Abs. 2 Nr. 2 RennwLottG sei wegen unzureichender Notifizierung gegenüber der EU-Kommission als „technische Vorschrift" unanwendbar.[28] Zwar unterfielen die in § 17 Abs. 2 Nr. 2 RennwLottG geregelten Sportwettangebote als elektronisch im Fernabsatz sowie auf individuellen Abruf eines Empfängers erbrachte Dienstleistungen nach Auffassung des FG der entsprechenden Notifizierungspflicht, dieser war aber durch eine allgemeine Übermittlung des BMWi vom 27.6.2012 durch Zusendung des Entwurfs des Gesetzes über die Besteuerung von Sportwetten genüge getan.[29]

4. Vorliegen der subjektiven Tatbestandsvoraussetzungen von § 370 Abs. 1 AO?

Nach herrschender Rechtsprechung gilt die sog. Steueranspruchstheorie für den Vorsatz der Steuerhinterziehung gem. § 370 AO, das heißt der Täter muss den Steueranspruch dem Grunde und der Höhe nach kennen oder zumindest für möglich halten und ihn auch verkürzen wollen (dolus even-

---

27 *Gehm* NZWiSt 2013, 53 (60).
28 *FG Hessen* Beschl. v. 10.12.2014 – 5 V 1571/14, BeckRS 2015, 94333 = LSK 2015, 170402.
29 *FG Hessen* Beschl. v. 10.12.2014 – 5 V 1571/14, BeckRS 2015, 94333 = LSK 2015, 170402.

tualis).[30] Weil sich der staatliche Steueranspruch auf real existierende Sachverhalte stützt, wird eine Verkennung bzw. hierüber erfolgende mangelhafte Wertung durch den Bürger nach überwiegender, allerdings zunehmend kritisierter Auffassung als vorsatzausschließender Tatbestandsirrtum nach § 16 Abs. 1 StGB beurteilt.[31] In Bezug auf den Vorsatz eines Sportwettenveranstalters würde das erforderlich machen, dass dieser den Steueranspruch dem Grund und der Höhe nach kennt und ihn trotz dieser Kenntnis gegenüber der Steuerbehörde verkürzen will.

Hinsichtlich ausländischer – zumindest europäischer – Sportwettenveranstalter ist eine völlige Unkenntnis der Kodifizierung einer Steuerpflicht der Sportwettenveranstalter in §§ 17 Abs. 2, 19 Abs. 2 RennwLottG für Einsätze aus Deutschland zumindest aus Sicht der Strafverfolgungsbehörden in der Praxis kaum je zu begründen. Die deutsche Rechtslage wurde in der Branche auch im Ausland (etwa auf Malta) durch öffentliche – im Internet dokumentierte – Informationsveranstaltungen deutscher Rechtsanwaltskanzleien bekannt gemacht. Teilweise wurden Veranstalter im Ausland gem. § 208 Abs. 1 Nr. 3 AO auch angeschrieben. Da die Branche als gut vernetzt angesehen wird, auch hierzu gab es Ermittlungen, gehen deutsche Finanz- und Strafverfolgungsbehörden erfahrungsgemäß von einer Kenntnis der positivgesetzlich geregelten Vorgaben des RennwLottG aus.

Allerdings führt das Vertrauen auf die Unanwendbarkeit der §§ 17 Abs. 2, 19 Abs. 2 RennwLottG aufgrund eines Verstoßes gegen Art. 56 AEUV – dh gegen unmittelbar geltendes Europarecht – als Tatbestandsirrtum nach § 16 StGB zum Vorsatzausschluss:

In Bezug auf das Merkmal der Steuerverkürzung wird aber nach herrschender Auffassung in Rechtsprechung und Schrifttum von einem normativen Tatbestandsmerkmal ausgegangen und dementsprechend ein Steuerverkürzungsvorsatz für erforderlich gehalten, der die Kenntnis des außerstrafrechtlichen Steueranspruchs beinhaltet (sog. „Steueranspruchstheorie").[32] Neben der Tatsachenkenntnis ist für die normativ geprägten Elemente des § 370 AO erforderlich, dass der Täter nach den Grundsätzen

30 Esser/Rübenstahl/Saliger/Tsambikakis/*Gaede* Wirtschaftsstrafrecht, 2017, § 370 AO Rn. 259 ff.; Klein/*Jäger* AO, § 370 Rn. 172; Graf/Jäger/Wittig/*Rolletschke* AO, 2. Aufl. 2017, § 370 Rn. 111 ff.; krit. *Thomas* NStZ 1987, 260 ff.
31 Kohlmann/*Ransiek* AO, § 370 Rn. 658; BeckOK-STGB/*Heuchmer*, 34. Ed. 2017, § 17 Rn. 52; krit. *Bülte* NStZ 2013, 65 (68 ff.); Esser/Rübenstahl/Saliger/Tsambikakis/*Gaede* Wirtschaftsstrafrecht, 2017, § 370 AO Rn. 261.
32 Zusammenfassend *Kuhlen* FS Kargl, 2015, 301 mwN zur Rspr.

der sog. Parallelwertung der Laiensphäre das Ergebnis der steuerrechtlichen Vorschriften kennen muss, um vorsätzlich zu handeln.[33] Diese Steueranspruchstheorie führt dazu, dass derjenige, dem die (bedingt vorsätzliche) Kenntnis des staatlichen Steueranspruchs fehlt, aufgrund eines Tatbestandsirrtums gem. § 16 Abs. 1 S. 1 StGB unvorsätzlich handelt.[34] Umgekehrt setzt Vorsatz nach herrschender Rechtsprechung eine kognitive Erfassung der Steuerrechtslage voraus sowie die subjektive Erkenntnis, dass aus dem wissentlich und willentlich verwirklichten Sachverhalt ein Steueranspruch zugunsten des deutschen Staatsfiskus entstanden ist, der durch sein Erklärungsverhalten verletzt wird.[35] Auch der Irrtum über die Tatsachen, die das Bestehen oder den Umfang der steuerrechtlichen Erklärungs- und Handlungspflichten begründen, ist ein vorsatzausschließender Tatbestandsirrtum;[36] ein solcher Tatbestandsirrtum liegt auch dann vor, wenn er sich auf die Anwendbarkeit der außerstrafrechtlichen – hier steuerlichen – Norm bezieht.[37]

Da die Neutralisierung des Strafrechts durch das in der Anwendung vorrangige den Steuerpflichten entgegenstehende EU-Recht dazu führt, dass bereits objektiv kein tatbestandsmäßiges Verhalten gegeben ist, führt die (irrige) Überzeugung des Täters vom Anwendungsvorrang konkret entgegenstehenden EU-Rechts dazu, dass er in subjektiver Hinsicht einem Tatbestandsirrtum gem. § 16 Abs. 1 S. 1 StGB unterliegt.[38] Denn wenn die nationale Steuerpflicht infolge ihrer – wenn auch nur irrtümlich angenom-

---

33 MüKo-StGB/*Schmitz/Wulf*, 2. Aufl. 2015, § 370 AO Rn. 366 mwN.
34 *BGH* Beschl. v. 6.9.2012 – 1 StR 140/12, BGHSt 58, 1 = JR 2013, 156 (165); *BGH* Urt. v. 8.9.2011 – 1 StR 38/11 = NStZ 2012, 160; *BGH* Beschl. v. 27.11.2002 – 5 StR 127/02, BGHSt. 48, 109 (117); *OLG Köln* Urt. v. 30.9.2014 – III – 1 RVs 91/14 Rn. 183.
35 *BGH* Beschl. v. 6.9.2012 – 1 StR 140/12, BGHSt 58, 1 = JR 2013, 156 (165); *BGH* Urt. v. 8.9.2011 – 1 StR 38/11= NStZ 2012, 160; *BGH* Beschl. v. 27.11.2002 – 5 StR 127/02, BGHSt. 48, 109 (117); *OLG Köln* Urt. v. 30.9.2014 – III – 1 RVs 91/14, Rn. 183; Erbs/Kohlhaas/*Hadamitzky/Senge* Strafrechtliche Nebengesetze, 213. EL 2016, § 370 AO Rn. 62; MüKo-StGB/*Schmitz/Wulf*, 2. Aufl. 2015, § 370 AO Rn. 366.
36 *OLG Köln* Beschl. v. 4.3.2004 – 2 Ws 702/03, NJW 2004, 3504; *OLG Bremen* Beschl. v. 26.4.1985 – Ws 111/84, Ws 115/84, Ws 116/84, StV 1985, 282.
37 *BGH* Urt. v. 8.11.2011 – 1 StR 38/11, NStZ 2012, 160 (161) Rn. 22; *BGH* Urt. v. 13.11.1953 – 5 StR 342/53, BGHSt 5, 90.
38 Vgl. allgemein *Hecker* Europäisches Strafrecht, 5. Aufl. 2015, § 9 Rn. 11; Sieber/Satzger/v. Heintschel-Heinegg/*Satzger* Europäisches Strafrecht, 2. Aufl. 2015, § 9 Rn. 39.

menen – Unvereinbarkeit mit dem Unionsrecht – Art. 56 AEUV – nicht angewendet werden darf, fehlt dem Täter die für den Vorsatz notwendige rechtliche Bedeutungskenntnis, so dass ein Vorsatz auch dann nicht vorliegt, wenn von ihm die Unanwendbarkeit der Steuerpflicht im Hinblick auf EU-Recht zu Unrecht angenommen wird.[39]

V. Hinterziehung von Ertragssteuern bei den neuen Korruptionsdelikten des Sportstrafrechts gem. §§ 265 c, 265 d StGB iVm § 4 Abs. 5 Nr. 10 EStG iVm § 370 AO

Sportwetten können jedoch auch in ganz anderer Form steuerstrafrechtlich relevant werden, nämlich im Zusammenhang mit der korruptiven Manipulation von Sportveranstaltungen zum Zwecke der Beeinflussung des Ausgangs von Sportwetten, wie sie seit 2017 gem. § 265 c Abs. 2, Abs. 4 StGB als „Wettbetrug" strafbar ist. Die Gewährung derartiger korruptiver Vorteile zur Sportwettenmanipulation wird in der Praxis zukünftig regelmäßig auch steuerstrafrechtliche Folgen haben. Die Aufwendungen für den korruptiven Vorteil dürfen nämlich nicht als Betriebsausgaben gewinnmindernd geltend gemacht werden (§ 4 Abs. 5 Nr. 10 EStG). Dies wird aber voraussichtlich aufgrund praktischer Erfordernisse im Betriebsablauf dennoch geschehen (mit der Folge der Strafbarkeit auch nach § 370 AO). Im Einzelnen:

1. §§ 4 Abs. 5 Nr. 10 EStG, 370 Abs. 1 AO

Der Unternehmensgewinn ist gem. § 4 Abs. 1 S. 1 EStG die Grundlage der Besteuerung des Unternehmens. Dieser errechnet sich aus dem Unterschied zwischen Betriebsvermögen am Schluss des Wirtschaftsjahres und dem Betriebsvermögen am Schluss des vorausgegangenen Wirtschaftsjahres, vermehrt um den Wert der Einnahmen und vermindert um den Wert der Einlagen. Betriebsausgaben, dh betrieblich veranlasste Aufwendungen, mindern den Gewinn. Doch ist in § 4 Abs. 5 S. 1 Nr. 10 EStG gere-

---

39 Wobei diesseits die Auffassung vertreten wird, dass bereits der objektive Tatbestand des § 370 AO bei der Sportwettensteuerhinterziehung wegen der tatbestandlichen Unbestimmtheit (Art. 103 II GG) und der europarechtlichen Unanwendbarkeit der Sportwettensteuer (Art. 56 ff. AEUV) ausgeschlossen ist, s.o.

gelt, dass solche betrieblichen Ausgaben in der Einkommenssteuererklä-
rung nicht gewinnmindernd berücksichtigt werden dürfen, die als Zuwendung von Vorteilen eine rechtswidrige Handlung im Sinne des Tatbestandes eines Strafgesetzes bzw. eines die Ahndung ermöglichenden Gesetzes
darstellen. Diese Handlungen stellen regelmäßig die aktive Verwirklichung des objektiven Tatbestands der Korruptionsdelikte in §§ 299 ff.,
331 ff. StGB dar.[40]

Die gewinnmindernde Verbuchung als solche ist in der Praxis üblich,
weil sie prima facie im wirtschaftlichen Interesse des Unternehmens liegt.
Sie führt zur Gewinn- und Steuerminderung durch Betriebsausgaben.[41] So
liegt es grundsätzlich auch mit der Verbuchung rechtswidrig erlangter Vorteile, jedoch eignet sich die Verbuchung hier aus einem weiteren Grund:
Sie dient der Verschleierung des Zwecks von Ausgaben (zB Schwarze
Kassen, Scheinrechnungen, Scheinaufträge) und vermeidet unternehmens-
internen Begründungsaufwand. Allgemein anerkannt ist, dass die Verletzung des Abzugsverbotes durch das Unternehmen des Gebers dann zum
steuerstrafrechtlichen Risiko des § 370 Abs. 1 AO führt, wenn eine entsprechende Steuererklärung erfolgt bzw. erst recht, wenn es zur erklä-
rungsgemäßen Veranlagung durch das zuständige Finanzamt kommt.[42]

2. Einbeziehung von § 265 c, 265 d StGB in den Anwendungsbereich des § 4 Abs. 5 Nr. 10 EStG

Das Abzugsverbot der Nr. 10 setzt voraus, dass die Zuwendung der Vorteile „eine rechtswidrige Handlung darstellt, die den Tatbestand eines Straf-

---

40 Blümlich/*Wied* EStG, 135. EL 2017, § 4 Rn. 906; *Gotzens* DStR 2005, 673
(674 ff.); Hoven/Kubiciel/*Rübenstahl* Das Verbot der Auslandsbestechung, 2016,
77 (79 ff.).

41 Hoven/Kubiciel/*Rübenstahl* Das Verbot der Auslandsbestechung, 2016, S. 77
(98 ff.).

42 *BGH* Beschl. v. 13.9.2010 – 1 StR 220/09, BGHSt 55, 288 ff. = NStZ 2011, 37
(39) zur Betriebsratsbegünstigung gem. § 119 BetrVG; *BGH* Urt. v. 19.3.1991 – 5
StR 516/90, BGHSt 37, 340 zur mittelbaren Parteienfinanzierung; ferner *FG Köln*
Beschl. v. 18.11.2011 – 10 V 2432/11, BeckRS 2012, 94223 = EFG 2012, 286 zu
Schmiergeldern; *BayObLG* Urt. v. 11.6.2002 – 4 St RR 25/2002, NStZ-RR 2002,
377 zu nichtabzugsfähigen Personalkosten; Hoven/Kubiciel/*Rübenstahl* Das Verbot der Auslandsbestechung, 2016, S. 77 (98); Beck'sches Steuer- und Bilanz-
rechtslexikon/*Leicht*, Ed. 1/17, Gestaltungsmissbrauch Rn. 12; *Krug/Skoupil*
NZWiSt 2015, 453 ff.

gesetzes verwirklicht". Zu denken ist hierbei an eine Einbeziehung der Straftatbestände zum Sportwettbetrug (§ 265 c StGB) und der Manipulation berufssportlicher Wettbewerbe (§ 265 d StGB) in den unveränderten Wortlaut und den Wirkungsbereich der Vorschrift.[43] Nach § 265 c Abs. 2 StGB wird bestraft, wer einem Sportler oder Trainer einen Vorteil für diesen oder einen Dritten dafür anbietet, verspricht oder gewährt, dass er den Verlauf oder das Ergebnis eines Wettbewerbs des organisierten Sports zugunsten des Wettbewerbsgegners beeinflusse und infolgedessen ein rechtswidriger Vermögensvorteil durch eine auf diesen Wettbewerb bezogene öffentliche Sportwette erlangt. Hierunter fällt somit beispielsweise auch der Sportwettenveranstalter, der gegen Vorteilsgewährung auf Verlauf oder Ergebnis des Sportes Einfluss nehmen lässt. Die getätigte Aufwendung wäre nicht abzugsfähig, womit schließlich eine Strafbarkeit nach § 370 Abs. 1 AO in Betracht käme: Durch die Verletzung des Abzugsverbots wäre die ertragsteuerliche Steuererklärung auf Geberseite unrichtig, wenn und soweit eine zu niedrige Deklaration steuerlich relevanten Gewinns enthalten wäre, denn die Ausgaben für die Manipulation dürfen den Gewinn nach der genannten Vorschrift nicht mindern dürfen.

Für die Einbeziehung von §§ 265 c, 265 d StGB in den Kreis der „den Tatbestand eines Strafgesetzes verwirklichenden Handlungen" spricht, dass der Gesetzgeber in § 4 Abs. 5 Nr. 10 S. 1 EStG eine dynamische Blankettverweisung auf alle derzeitigen und ggf. zukünftigen aktiven Korruptionsstraftatbestände geschaffen hat,[44] weshalb auch dessen weiterhin unveränderter Wortlaut die neuen, nachträglich eingeführten Straftatbestände der §§ 265 c, 265 d StGB erfassen dürfte, sofern sie unter dessen Definition eines aktiven Korruptionsdelikts („Zuwendung von Vorteilen sowie damit zusammenhängende Aufwendungen, wenn die Zuwendung der Vorteile eine rechtswidrige Handlung darstellt, die den Tatbestand eines Strafgesetzes [...] verwirklicht [...]") fallen.[45] Da es sich bei § 4 Abs. 5 Nr. 10 EStG nicht um ein Strafgesetz handelt, dürften verfas-

---

43 Zum Hintergrund und das Gesetzgebungsverfahren *Kubiciel* juris-PR-StrafR 3/2016, Anm. 1.

44 Blümlich/*Wied* EStG, 135. EL 2017, § 4 Rn. 906; *Gotzens* DStR 2005, 673 (674 ff.).

45 Grds. *BVerfG* Beschl. v. 29.4.2010 – 2 BvR 871/04, 2 BvR 414/08, wistra 2010, 396 (400); *BGH* Beschl. v. 16.8.1996 – 1 StR 745/95, BGHSt 42, 219 ff. = NJW 1996, 3220 f.; zur Problematik bei §§ 299 a, 299 b StGB Hoven/Kubiciel/*Rübenstahl* Das Verbot der Auslandsbestechung, 2016, 77 (84 f.).

sungsrechtliche Bedenken – wegen Art. 103 Abs. 2 GG im Hinblick auf das Rückwirkungsverbot und das Bestimmtheitsgebot – nicht bestehen. Der Tatbestand des § 265 c Abs. 2, Abs. 4 StGB entspricht im Wesentlichen strukturell und semantisch den aktiven Korruptionstatbeständen der §§ 299 Abs. 2, 333, 334 StGB, insbesondere die relevante dritte Alternative der Vorteilsgewährung, aber auch bzgl. des aus der Tatbestandsstruktur abzuleitenden erforderlichen Finalitätszusammenhangs zwischen Vorteilsgewährung und Diensthandlung bzw. unlauterer Wettbewerbshandlung bzw. hier der Manipulation eines Sportwettbewerbs. Letzteres ist ersichtlich die (angestrebte) Gegenleistung einer korruptionstypischen Unrechtsvereinbarung.

Ebenso verhält es sich übrigens auch bei § 265 d Abs. 2, Abs. 4 StGB (Manipulation von berufssportlichen Wettbewerbern), der die Vorteilsgewährung ausdrücklich nur auf die Einflussnahme eines berufssportlichen Wettbewerbs bezieht (ohne zumindest versubjektivierten Bezug zur Sportwette) und damit eine ausgeprägte Ähnlichkeit zu § 299 Abs. 2 StGB zeigt. Dieser Tatbestand dürfte somit erst recht unter § 4 Abs. 5 Nr. 10 EStG zu fassen sein.

VI. Tax Compliance: Nacherklärung (§ 153 AO) und Sportwettensteuer

1. Voraussetzungen der Nacherklärung nach § 153 AO

§ 153 Abs. 1 AO regelt, dass ein Steuerpflichtiger zur unverzüglichen Anzeige und Richtigstellung gegenüber der Finanzbehörde verpflichtet ist, wenn er nachträglich vor Ablauf der Festsetzungsfrist erkennt, dass (Nr. 1) eine von ihm oder für ihn abgegebene Erklärung unrichtig oder unvollständig ist und dass es dadurch zu einer Verkürzung von Steuern kommen kann oder bereits gekommen ist. Voraussetzung der Mitteilungs- und Korrekturpflicht ist somit, dass zuvor eine unrichtige oder unvollständige Erklärung abgegeben wurde, durch die es zu einer Steuerverkürzung kommen kann oder bereits gekommen ist. Daneben setzt § 153 AO voraus, dass die Unrichtigkeit nachträglich erkannt wird. Nachträgliches Erkennen liegt vor, wenn der Steuerpflichtige – oder sein Vertreter (§§ 34, 35 AO) – nach Abgabe der Steuererklärung und vor Ablauf der Festsetzungsfrist zur sicheren Erkenntnis gelangt, dass die steuerrelevanten Angaben der Erklärung zumindest teilweise unzutreffend sind und die Unrichtigkeit die

Möglichkeit einer Steuerverkürzung verursacht hat oder verursachen kann.[46]

Der Anwendungsbereich des § 153 AO ist nicht eröffnet, wenn der Steuerpflichtige bereits bei Abgabe der Steuererklärung von der Unrichtigkeit der Erklärung wusste, wobei bei dolus eventualis bei der Erklärungsabgabe laut BGH eine spätere Nacherklärungspflicht im Falle des nachträglich eingetretenen positiven Wissens noch entstehen kann.[47] Sind diese Voraussetzungen erfüllt, besteht somit eine Verpflichtung zur unverzüglichen Anzeige bei der für die Feststellung der Bemessungsgrundlage zuständigen Finanzbehörde auch für den bereits wegen bedingt vorsätzlicher Steuerhinterziehung strafbaren Steuerpflichtigen. Die Rechtsfolge des § 153 AO besteht jedoch nicht nur in der Verpflichtung zur unverzüglichen Anzeige, sondern auch in der Richtigstellung der unrichtig abgegebenen Erklärungen. Im Gegensatz zur Anzeige muss die Richtigstellung zwar nach dem Wortlaut der Norm wohl nicht unverzüglich, sondern kann auch innerhalb einer angemessenen Frist erfolgen. Im Hinblick auf die skizzierte Fallkonstellation wird allerdings die Nacherklärung – entgegen der Formulierung des § 153 AO – uno actu und unter Berücksichtigung sowie Erfüllung der Voraussetzungen des § 371 AO zu erfolgen haben, da wegen der erfolgten bedingt vorsätzlichen Steuerhinterziehung die strafbefreiende Wirkung der Selbstanzeige nötig ist.

Unterlässt der Steuerpflichtige vorsätzlich eine nötige unverzügliche Anzeige gem. § 153 AO, so ist der Tatbestand des § 370 Abs. 1 Nr. 2 AO als Steuerhinterziehung durch Unterlassen eröffnet, sofern nicht bereits eine Strafbarkeit (s.o.) besteht.[48] Diese Gefahr trifft nicht nur den Steuerpflichtigen selbst, sondern insbesondere auch die gesetzlichen Vertreter iSd § 34 AO.[49] Wurde für ein Unternehmen eine unrichtige Erklärung abgegeben, hat deshalb auch der Geschäftsführer oder Vorstand eine strafbe-

---

46 *BGH* Beschl. v. 17.3.2009 – 1 StR 479/08, BGHSt 53, 210; aA Kohlmann/*Schauf* Steuerstrafrecht, 57. EL. 2017, § 371 AO Rn. 337; vgl. auch *Krug/Skoupil* NZWiSt 2015, 453 (454, 456).

47 *BGH* Beschl. v. 17.3.2009 – 1 StR 479/08, BGHSt 53, 210; Flore/Tsambikakis/ *Flore* Steuerstrafrecht, 2. Aufl. 2016, § 370 AO Rn. 175; aA hingegen zu Recht Kohlmann/*Schauf* Steuerstrafrecht, 57. EL. 2017, § 371 AO Rn. 337, 815.

48 Flore/Tsambikakis/*Flore* Steuerstrafrecht, 2. Aufl. 2016, § 370 AO Rn. 170; Kohlmann/*Schauf* Steuerstrafrecht, 57. EL. 2017, § 370 AO Rn. 334 ff., § 371 AO Rn. 812.

49 Kohlmann/*Schauf* Steuerstrafrecht, 57. EL. 2017, § 370 AO Rn. 334; *Krug/Skoupil* NZWiSt 2015, 453 (454).

wehrte Anzeige- und Korrekturpflicht nach § 153 Abs. 1 AO, wenn er diese nicht mit „dolus directus" selbst abgegeben hat; insbesondere kann dies bei Amtsnachfolgern der strafbar handelnden Geschäftsführung eintreten und die strafrechtlichen Risiken gem. § 370 Abs. 1 Nr. 2 AO über Generationen von Geschäftsleitern perpetuieren, sofern diese entgegen § 153 AO untätig bleiben.

2. Sonderproblematik bei der Sportwettensteuer

Bei der Sportwettensteuer besteht wegen der fehlenden Akzeptanz im Ausland die Problematik, dass oft über Jahre (ab 1.7.2012) gar keine der monatlich vorgeschriebenen Steueranmeldungen in Deutschland abgegeben wurden. Für diesen Fall greift § 153 AO nach seinem klaren Wortlaut nicht; es gilt aber die ursprüngliche Erklärungspflicht des jeweiligen Steuergesetzes (§§ 17 Abs. 2, 19 Abs. 2 RennwLottG) fort. Neue Geschäftsführer eines Sportwettenveranstalters müssen deshalb ungeachtet § 153 AO sehr zeitnah Nacherklärungen abgeben, weil wegen der zukünftigen monatlichen Erklärungspflichten ansonsten eine Strafbarkeit nach § 370 Abs. 1 Nr. 2 AO mit dolus eventualis droht, aber auch bzgl. der durch die Vorgänger nicht abgegebenen Anmeldungen. Bei Fällen der unrichtigen bzw. unvollständigen Abgabe einer Sportwettensteueranmeldung – etwa aufgrund bedingt vorsätzlich zu niedrig angesetzter oder unsorgfältiger angesetzter Bemessungsgrundlagenermittlung, systematische Fehler, Datenspeicherungsfehler etc. – ist zu erwägen, ob nicht wegen § 370 Abs. 1 Nr. 1 AO auch bei Abgabe von Sportwettensteueranmeldungen wegen dolus eventualis eine Selbstanzeige nach § 371 AO nötig ist (dazu sogleich). Dolus eventualis werden die deutschen Finanz- und Strafverfolgungsbehörden bei Nichtabgabe der Anmeldungen in der Praxis ungeachtet der obenstehenden Ausführungen zu § 16 StGB bei der Sportwettensteuer fast immer annehmen, solange es keine einschlägige Rechtsprechung gibt, und auch insgesamt eine Strafbarkeit wegen Steuerhinterziehung bejahen.

VII. Tax Compliance: Selbstanzeige (§ 371 AO) und Sportwettensteuer

1. Voraussetzungen der Selbstanzeige nach § 371 AO

Nach § 371 Abs. 1 AO wird insoweit straffrei, wer in den Fällen des § 370 AO unrichtige oder unvollständige Angaben bei der Finanzbehörde berichtigt oder ergänzt oder unterlassene Angaben nachholt. Zwar besteht mit der Voraussetzung der vollständigen Korrektur eine Parallele zu § 153 AO, jedoch knüpfen die jeweiligen Nomen an unterschiedliche subjektive Merkmale an. Die strafbefreiende Selbstanzeige bezieht sich nicht auf eine Korrektur aufgrund nachträglichen Erkennens eines zumindest typischerweise unvorsätzlichen Fehlers durch den Steuerpflichtigen oder seinen gesetzlichen Vertreter, sondern auf die nach strengen Maßstäben rechtzeitig, vollständig und richtig uno actu durchzuführende Korrektur einer strafbaren, vorsätzlich unrichtigen oder unvollständigen Steuererklärung oder der Nachholung einer vorsätzlich unterlassenen Steuererklärung durch den Tatbeteiligten.[50] Bezüglich der Selbstanzeige nach § 371 AO gilt insbesondere ein strenges Vollständigkeitsgebot.[51] Es ist hiernach erforderlich, dass vollständige Angaben zu allen unverjährten Steuerstraftaten einer Steuerart – etwa der Sportwettensteuer (seit dem 1.7.2012) – innerhalb der letzten zehn Kalenderjahre erfolgen. Die Wirksamkeit der Selbstanzeige darf jedoch nicht gem. § 371 Abs. 2 AO durch einen Sperrgrund ausgeschlossen sein. Hierbei ist insbesondere der Sperrgrund der Tatentdeckung gem. § 371 Abs. 2 Nr. 2 AO relevant, wobei – hier nicht näher zu kommentierende – Verschärfungen der Rechtslage zu beachten sind, die mit den Gesetzesnovellen von 2011 und 2015 eingeführt wurden.[52]

---

50 Flore/Tsambikakis/*Flore*, Steuerstrafrecht, 2. Aufl. 2016, § 370 AO Rn. 172; Kohlmann/*Schauf* Steuerstrafrecht, 57. EL. 2017, § 371 AO Rn. 813.
51 Esser/Rübenstahl/Saliger/Tsambikakis/*Hunsmann* Wirtschaftsstrafrecht, 2017, § 371 AO Rn. 52; zur Vollständigkeit der Selbstanzeige des Gehilfen siehe *Rübenstahl/Schwebach* wistra 2016, 97 ff.
52 Vgl. nur BT-Drucks. 18/3018; *Grötsch* NZWiSt 2015, 409 ff.; *Hunsmann* NJW 2015, 113 ff.; *Madauß* NZWiSt 2015, 41 ff.

2. Sonderproblematik bei der Sportwettensteuer

Eine besonders ausgeprägte Schwierigkeit stellt bei der Selbstanzeige wegen Sportwettensteuerhinterziehung die Ermittlung der vollständigen und richtigen Bemessungsgrundlage dar, was bereits aus den obigen Ausführungen zur unzureichenden Bestimmtheit des § 17 Abs. 2 Nr. 2 RennwLottG gefolgert werden kann. Die Vorschrift setzt nämlich die Ermittlung aller der steuerpflichtigen Einsätze der Wettkunden (des betroffenen Veranstalters) mit Wohnsitz gem. § 8 AO oder gewöhnlichem Aufenthalt gem. § 9 AO in Deutschland voraus, die sich bei der Wette in Deutschland aufhielten. Wie zuvor dargestellt wurde, kann der Wohnsitz zwar noch im Rahmen des Registrierungsprozesses abgefragt werden, es besteht aber ein großes Täuschungs- und Fehlerpotential. Auch die Feststellung des gewöhnlichen Aufenthaltes ist mit (noch) erheblicher(-er) Unsicherheit belastet und für ein Unternehmen im Ausland, dass nur über das Internet aktiv ist, insbesondere nachträglich – 3-6 Jahre später – im Rahmen einer Selbstanzeige kaum zu leisten. In den technischen Aufzeichnungen der Veranstalter findet sich zudem häufig keine Differenzierung bezüglich der Wetten, so dass zB nicht nach §§ 17 Abs. 2, 19 Abs. 2 RennwLottG steuerpflichtige Wetten auf E-Sports, die nicht abgrenzbar inkludiert sind, ggf. aus Vorsichtsgründen mit nacherklärt werden müssen. Auch sonst werden vorsichtshalber oft auch Wetten auf nicht-sportliche Veranstaltungen – die nach richtiger Auffassung nicht steuerbar sind, aber ggf. auch als elektronische Dienstleistungen im Sinne des UStG angesehen werden könnten – im Rahmen der Selbstanzeige zur Sportwettensteuer mitdeklariert werden müssen. All dies führt dazu, dass Selbstanzeigen vielfach unter Berücksichtigung eines angemessenen, je nach Ausmaß der Unsicherheiten unterschiedlich zu bemessenden Sicherheitszuschlags abgegeben werden müssen, der im Interesse des Steuerpflichtigen aber auch nicht überhöht angesetzt werden sollte, da ansonsten das Risiko der vollen Versteuerung bei unklarer Beweislage nicht ausgeschlossen werden kann.

Strafbarkeit des Dopings

Zur Zukunft des olympischen Sports. Eine unzeitgemäße Betrachtung

Reinhard Merkel

Bei den Olympischen Spielen 2016 in Rio de Janeiro gab es nach dem Finale im 100 m Brustschwimmen der Frauen eine Szene von sinnbildlicher Plastik. Die Siegerin Lilly King verweigerte der Zweitplatzierten Julija Jefimova den Handschlag. Was sie der unterlegenen Konkurrentin wie der zusehenden Welt stattdessen bot, war eine theatertaugliche Geste indignierter Verachtung. Die internationale Presse reagierte mit lärmendem Applaus. Kings Aktion sei Ausdruck eines wachen moralischen Bewusstseins, das als Grundlage und Maßbegriff ersichtlich auch unter den Besten des internationalen Spitzensports noch immer lebendig und wirksam sei.

Vorangegangen war dies: Julija Jefimowa, seit 2012 in Kalifornien und damit unter dem Kontrollregime der amerikanischen Anti-Doping-Agentur lebend, war 2013 im Training positiv auf das verbotene Steroid DHEA getestet und für 24 Monate gesperrt worden. Die Quelle der Substanz in ihrem Körper war, so hielt es später das angerufene Sportgericht fest, ein mit DHEA versetztes Nahrungsergänzungsmittel, wie es Millionen Amerikaner täglich zu sich nehmen. Daher wurde die Sperre auf 16 Monate verkürzt. Es gehe in Jefimovas Fall, so der Richterspruch, nicht um vorsätzliches Doping, sondern um eine Art unbewusster Fahrlässigkeit. Ein ähnliches Missgeschick hatte 2008 in Peking die amerikanische Brustschwimmerin Jessica Hardy getroffen. Positiv auf Clenbuterol getestet, wurde sie gleichwohl nur für ein Jahr gesperrt. Auch hier war die nachweisbare Quelle der verbotenen Substanz ein damit verunreinigtes Mittel zur Nahrungsergänzung. Vier Jahre später nahm Hardy, fraglos rehabilitiert, an den Spielen in London teil und gewann unter allseitigem Beifall zwei Medaillen. Im Fall Jefimowa scheint das gehässige Gedächtnis stabiler gewesen zu sein.[1]

---

1 Die einschlägige Literatur erörtert freilich auch eine sog. „Gateway-Hypothese" zum Zusammenhang von Nahrungsergänzungsmitteln und Doping im Spitzensport: Nutzer der ersteren tendierten stärker dazu, irgendwann auch zum letzteren, dem

Im März 2016 dann der zweite Dopingverdacht gegen die Russin: der Nachweis von Meldonium, einem Mittel, das seit Anfang 2016 verboten ist, aber zuvor von Sportlern aller osteuropäischen Staaten offen konsumiert wurde. Im Januar 2017 erschien im „British Journal of Sports Medicine" eine Studie zu dem Medikament, in der es heißt: „Der dramatische Anstieg der Zahl positiv getesteter Athleten nach dem Verbot von Meldonium dürfte in vielen Fällen damit zusammenhängen, dass die Substanz in roten Blutzellen gespeichert und von diesen noch Monate später freigesetzt wird."[2] Das passte zu Jefimowas Auskunft, sie habe das Mittel bis zu seinem Verbot im Januar genommen, und seither nie wieder. Eine Sperre war damit ausgeschlossen. Im Abstract der zitierten Studie steht übrigens auch: „Der für Athleten leistungssteigernde Effekt von Meldonium ist höchst spekulativ und wird ohne haltbare wissenschaftliche Grundlage behauptet."

Kurz, eines vorsätzlichen Dopings ist Julia Jefimowa nicht einmal beschuldigt, geschweige denn überführt worden. Dass sie in Rio so ungedopt und durchgetestet wie ihre Konkurrentin King gestartet ist, stand ohnehin außer Zweifel. Einen Chorus von medialen Lobrednern des „olympischen Geistes" hielt das nicht ab, Kings pubertäre Ungezogenheit als „Sieg des Sports" zu feiern und zwar, wie es während der Fernsehübertragung dem Kommentator der ARD angesichts der weinenden Russin in einem Satz von erlesener Peinlichkeit entfuhr, „gegen eine Dopingsünderin, die frech der Konkurrenz ins Gesicht lacht".

Zum Sinnbild taugt die Szene in Rio nicht etwa deshalb, weil sie den „Triumph des sauberen Sports" über seine dunkle Kehrseite manifestierte (wie unsere Journalisten wollten), sondern im Gegenteil: weil sich in ihr ein Pharisäertum im Hochleistungssport entblößt, das noch weitaus unehrlicher ist als der „Betrug", den es stets nur am Konkurrenten durchschaut und der ihm gelegentlich zustatten kommt, um daran das eigene Ethos zu beglaubigen.

Das alles mag man abbuchen unter den Fußnoten des Unbeträchtlichen und wohl auch Unvermeidlichen in einer Anti-Doping-Politik, die von der „World Anti-Doping Agency" (WADA) unter der kategorischen Maxime „Null-Toleranz" und unter dem Titel „war on drugs in sport" geführt wird.

---

verbotenen Doping, zu greifen; s. etwa *Backhouse et al.* Gateway to Doping?, Scandinavian Journal of Medicine & Science in Sports 23 (2013), 244 – 252.

2 *Schobersberger et al.*, The Story behind Meldonium, British Journal of Sports Medicine 51/1 (2017), 22 (25).

Aber an und in diesem Krieg wird sie scheitern. Nicht wegen einzelner Niederlagen, die ihn stets begleiten und die in einem globalen System dieser Dimension nicht zu verhindern sind. Sondern weil ihr Kampf auf Grundlagen ruht, in denen die Prinzipien des Leistungssports gegeneinander in Bewegung geraten. Das Problem des Dopings ist in Wahrheit unlösbar, weil in ihm ein genuiner Sinn des olympischen Sports zu seinem konsequentesten Ausdruck kommt. Und es ist zerstörerisch, weil es einen anderen Sinn im normativen Fundament des Spitzensports ad absurdum führt.

*

Drei Kriterien nennt der Kodex der WADA als Bedingungen, von denen zwei erfüllt sein müssen, damit eine Intervention als Doping verboten werden kann: Sie muss geeignet sein, sportliche Leistungen zu fördern, ein aktuelles oder potentielles Risiko für die Gesundheit bergen und schließlich den „Geist des Sports" verletzen.[3] Die ersten beiden Bedingungen sind normativ trivial, wie schwierig ihre genaue Klärung im Einzelfall auch sein mag. Aber was ist der „Geist des Sports"?

Hier ist sein oberstes Prinzip: das der Fairness. Es besagt vor allem, dass sportliche Ehren meritokratisch zu verteilen sind. Über Sieg oder Niederlage der Teilnehmer am Wettkampf sollen deren höchstpersönliche Verdienste entscheiden. Dazu gehört in erster Linie die Bereitschaft zum jahrelangen Opfer, zur Subordination des Selbst unter die Zwangsregeln seiner Optimierung. Freilich akzeptiert man daneben seit eh und je die unverdienten Geschenke einer launischen Natur, die sportliche Talente höchst ungleich verteilt. Auch sie werden umstandslos den Verdiensten der Person zugerechnet und in ihrer Legitimität nicht bezweifelt. Zwar gäben allgemeine Prinzipien der Gerechtigkeit zu solchen Zweifeln durchaus Anlass, etwa wenn ein Kraulschwimmer, wie der fünffache australische Olympiasieger Ian Thorpe, Füße der Schuhgröße 52 und damit gegenüber seinen Konkurrenten den offensichtlichen Vorteil eines Flosseneffekts seiner Anatomie hat. Doch nimmt man das achselzuckend hin. Es lässt sich nicht sinnvoll regeln.

Auch technische Hilfen zur Verbesserung sportlicher Leistungen verbietet das Fairnessprinzip nicht, solange sie entweder als Veränderung der äußeren Bedingungen des Wettbewerbs allen zugleich erlaubt oder als Op-

---

3 WADA, World Anti-Doping Code (2015), 4.3.1 (S. 30).

timierung der biomechanischen Beherrschung des Körpers dem Einzelnen als Verdienst zugerechnet werden können. Dick Fosburys „Flop", der ihm bei den Spielen 1968 in Mexiko den Olympiasieg sicherte, bevor er den Hochsprung revolutionierte, ist ein plastisches Beispiel. Solche Entwicklungen werden nicht unterbunden, sondern im Gegenteil gesucht, gefördert, begrüßt.

Die Zustimmung endet an der Grenze der Haut. Das techno- oder pharmakologische Eindringen in den Körper selbst, um ihn leistungsfähiger zu machen, ist verboten – Betrug, Doping in den hunderterlei Varianten, die der stetig wachsende Kodex der WADA ausweist. Hätte Ian Thorpe den Flosseneffekt seiner Füße durch ein Wachstumshormon herbeigeführt, wäre sein Name als der eines Schurken und Totengräbers des Sports (und was der Entrüstungsfloskeln mehr sind) aus sämtlichen Annalen des Olympischen Ruhms gestrichen worden. Denn Doping, so heißt es, zerstöre den Sinn des Sports als eines Wettbewerbs zwischen menschlichen Fähigkeiten, nicht zwischen technologischen Finessen – zwischen Athleten, nicht zwischen Ingenieuren am menschlichen Körper.

*

Aber hier beginnt etwas Unheimliches. Die Linie zwischen erlaubter Natur und verbotener Biotechnik ist keine Grenze, sondern eine Brücke: ein Kontinuum aus kleinen Einzelpassagen, von denen keine einen Unterschied zur vorherigen oder nachfolgenden aufweist, der in irgendeiner Weise moralisch bedeutsam wäre. Unmerklich und untrennbar fließen Recht und Unrecht, Glück und Betrug, ineinander. Man nehme den Fall Eero Mäntyrantas, eines finnischen Skilangläufers, der von 1960 bis 68 drei olympische Gold-, zwei Silber- und zwei Bronzemedaillen gewann. In seinem Blut fand sich ein weit erhöhter Anteil an Erythrozyten. Gegenüber seinen Konkurrenten verschaffte ihm das den Vorteil einer erheblich effizienteren Sauerstoffrezeption – und daher während seiner gesamten Karriere den Verdacht des Dopings mit EPO, das erst 1990 auf die Verbotsliste gesetzt wurde. 1993 stellte man bei ihm eine familiäre genetische Mutation fest, die seine EPO-Überproduktion als gänzlich natürliches Phänomen erklärte. Das Zwielicht, in dem er vorher stand, wurde vom neuen alten Glanz verdrängt, sein Status als Held wiederhergestellt. An der fraglosen Tatsache des asymmetrischen Vorteils während seiner Rennen änderte das freilich nichts.

Das mag man hinnehmen. Die Natur darf eben dopen, so wie sie große Füße verteilen darf. Käme allerdings einer der nicht damit gesegneten

Konkurrenten auf die Idee, diesen Nachteil, der so unverdient ist wie der Vorteil des Anderen, sub specie Fairness künstlich auszugleichen, er würde als Totengräber des Sports auf der Stelle aus dessen Verkehr gezogen. Aber ein solcher manifester Regelverstoß ist gar nicht nötig. Man lege ein nationales Programm des Screenings bewegungsbegabter Kinder auf, fische die von der Natur gelieferten genetischen Mäntyrantas heraus, offeriere ihnen und ihren Eltern die Perspektive eines künftigen Olympiasiegs und zugleich die entsprechende staatliche Förderung dafür. Die Zahl der künftigen Goldmedaillen dürfte sich in allerlei Disziplinen, in denen es auf Ausdauerleistungen ankommt, deutlich erhöhen lassen. Erlaubt, selbstverständlich. (Aber gab es anlässlich der Spiele in Rio nicht eine weltweite Empörung über die systematische Organisation unfairer Vorteile für das eigene Team von Staats wegen? Und eben deshalb eine Kollektivhaftung aller, auch der „sauberen" Athleten Russlands?)

Ein solches nationales Screening-Programm, sagt der gläubige Optimist, wird nicht stattfinden. Aber es wird. Jedenfalls in der Zukunft einer perfektionierten Genetik, die von den über hundert Stellen im menschlichen Genom, die man als Codierungsinstanzen typischer Merkmale für allerlei Sporttalente vermutet, hinreichend viele bestätigt haben wird. In den letzten Jahren erschienen mehrere Studien, die aufzeigen, dass und wie zwei bestimmte Gen-Varianten durch ein mit wissenschaftlicher Akribie darauf zugeschnittenes Trainingsprogramm für (wörtlich) „das Ziel eines Elitestatus im Leistungssport vorteilhaft, wenn nicht entscheidend" und deshalb genau dafür mobilisierbar sind.[4] Beiläufig: nicht in Russland; in Japan und den USA. Aber das ist eben nicht verboten.

Auch dies hier nicht: Man weiß seit langem, dass der frühe Beginn des Hochleistungstrainings im Turnen bei sechs- oder siebenjährigen Mädchen, wie er in den sogenannten Turnnationen der Welt längst praktiziert und gefördert wird, bei einer signifikanten Zahl dieser Kinder das Wachstum hemmt. Aus Gründen simpler Physik verschafft das im späteren Wettbewerb einen erheblichen Vorteil. (Man betrachte nur die Turn-Olympiasiegerinnen von Rio, die in ihrer Mehrzahl kleiner als 1,50 m sind.) Nein, verboten ist ein solches Frühtraining nicht, wiewohl das Herbeiführen seiner Folgen auf anderen, direkteren Wegen eine schwere Straftat wäre.

---

4 *Guth/Roth* Genetic influence on athletic performance, Current Opinion in Pediatrics 25(6) (2013), 653 (657); s. auch *Kikuchi/Nakazato* Effective utilization of genetic information for athletes and coaches, Journal of Exercise Nutrition & Biochemistry 19 (3) (2015), 157 – 164 mwN.

Nach den Prinzipien des WADA-Katalogs könnte es auch nicht verboten werden. Moralisch verwerflich ist es gleichwohl. Es instrumentalisiert die Kinder, beutet ihr Talent aus mit absehbar physischen Folgen, die alles andere als trivial sind und denen die Kinder nicht zustimmen können. Es belastet ihr Recht auf eine offene Zukunft mit einem unzulässigen Risiko.

Die Liste ließe sich verlängern. Ein konstanter Zustrom weiterer Möglichkeiten ist ihr auf unabsehbare Zeit ohnehin sicher. Eine der noch unbemerkten Quellen sind die expandierenden Methoden des Intervenierens ins Gehirn. Im „European Journal of Neuroscience" erschien vor einigen Jahren eine Studie, die eine Verbesserung der Ausdauerleistung durch die „direkte transkraniale Magnetstimulation" des motorischen Cortex nachwies.[5] Das Abstract der Autoren endet mit dem Hinweis, ihre Ergebnisse öffneten den Weg für solche Verbesserungen der Ausdauer nicht nur bei Kranken, sondern auch „unter normalen Bedingungen (nämlich in der Sportmedizin)" – ersichtlich ein kaum maskierter Hinweis auf eine neue Form unverbotenen Dopings. Die WADA, seit über zehn Jahren stolz darauf, mit ihrem Verbot des Gendopings „proaktiv" geworden und der biotechnologischen Entwicklung endlich einmal voraus gewesen zu sein, hat diese Methode offenbar noch nicht entdeckt. Man darf aber das sprichwörtliche Gift darauf nehmen, dass Spitzensportler, sagen wir, der USA, Chinas oder Russlands in diesem Punkt etwas ausgeschlafener sind und mit neurotechnischen Interventionen längst experimentieren. Verbieten kann man so etwas natürlich. Aber den Bruch eines solchen Verbots nachweisen kann man nicht. Das macht ein Verbot witzlos.

Keines meiner Beispiele findet sich im Doping-Kodex der WADA. Und keines wird sich in Zukunft dort finden. Aber jedes von ihnen desavouiert den „Geist des Sports": das meritokratische Prinzip des Fair Play. Es scheint eines der bestgehüteten Geheimnisse des „sauberen Sports" zu sein, dass keiner der Athleten (und keiner ihrer Verbände), die nicht dopen, dies deshalb unterlässt, weil Doping unfair gegenüber der Konkurrenz wäre. Sondern ausschließlich deshalb, weil es Verbote gibt und die angedrohten Sanktionen empfindlich sind. Und daher wird auch in Zukunft alles, was einen unfairen Vorteil verspricht, aber unverboten ist und nicht sinnvoll verboten werden kann, erforscht, entwickelt und angewendet werden.

---

5 *Cogiamanian et al.* Improved isometric force endurance after transcranial direct current stimulation, European Journal of Neuroscience 26 (2007), 242 – 249.

*

Warum dann nicht eine grundsätzliche Revolution des olympischen Sports? Seine globale Neuinszenierung nach Maßgaben der Vernunft und einer aufgeklärten Anthropologie? Politisch wie ökonomisch dürfte das auf absehbare Zeit eine Illusion sein. Aber was wären eigentlich die sportinternen Bedingungen ihrer Verwirklichung? Vor allem müsste sie in der Lage sein, das zweite Grundprinzip des Leistungssports außer Kraft zu setzen, den Motor hinter den skizzierten Entwicklungen. Monumental wie nur das „Erkenne dich selbst!" über dem delphischen Orakel steht es seit 1896 als kategorischer Imperativ über der Idee der modernen olympischen Spiele: „Citius, altius, fortius", „schneller, höher, stärker" – oder „weiter", wie es eine offizielle Sensibilität hierzulande will, die sich vor dem unerwünschten Anklang des „stärker" in Ehren befangen fühlt.

Im Cantus firmus der olympischen Sphärenklänge hat man das seit eh und je als Kontrapunkt zum reinen Ton des Fairnessprinzips empfunden, und das ist es auch. Pierre de Coubertin, der „Vater" der modernen Spiele, hat die potentielle Kollision nicht anerkannt. Das Leistungsprinzip des „Citius" war ihm der eigentliche Herzschlag seiner großen Idee. In einer berühmten Rundfunkansprache aus dem Jahr 1935 sagte er: „Das zweite Merkmal des Olympismus ist, dass er Adel und Auslese bedeutet, aber wohlverstanden einen Adel, der von Anfang an vollkommene Gleichheit bedeutet, nur bestimmt durch die körperliche Überlegenheit des Einzelnen, die gesteigerte körperliche Vielseitigkeit und bis zu einem gewissen Grad durch seinen Trainingswillen."[6]

Unverkennbar hier der meritokratische Gedanke, für Coubertin der Kern sowohl des Fairness- als auch des Leistungsprinzips. Freilich geht es dann so weiter: „Eine Utopie wäre es zu verlangen, dass der Sport im Namen der Wissenschaft und von Amts wegen mit übergroßer Zurückhaltung und Mäßigung betrieben werden soll. Das wäre eine widernatürliche Verbindung. [...] Der Versuch, dem Wettkampfsport eine Leitlinie verbindlicher Mäßigung aufzuerlegen, bedeutet eine Utopie. Seine Anhänger brauchen ungehemmte Freiheit. Darum hat man ihm den Wahlspruch Citius, altius, fortius gegeben, immer schneller, immer höher, immer stärker, der Wahlspruch für alle, die es wagen wollen, Rekorde zu brechen."

---

6 *De Coubertin* Die philosophischen Grundlagen des modernen Olympismus, in: *ders.*, Der Olympische Gedanke – Reden und Aufsätze, 1967, 150 (151).

So ist das geblieben. Ist dies der wahre Sinn des olympischen Sports, dann ist das Doping sein konsequentester Ausdruck. Gendoping oder Neurostimulation waren für Coubertin nicht in den finstersten Träumen vorstellbar. Heute sind sie Wirklichkeit, und was morgen zu dieser gehören wird, weiß niemand. Die Wissenschaften, die Coubertin 1935 der Mahnung zur Mäßigung verdächtigte, sind längst die treibende Kraft des Gegenteils. Und sie werden dies bleiben, solange der Wahlspruch des „Citius" gilt. Im Maß seiner fraglosen Dominanz verdrängt er das Prinzip des Fair Play. Anders als zu Coubertins Zeiten sind beide nicht mehr kompatibel. Die olympische Idee, eine der großen Visionen der Moderne, betreibt im Modus des nachgerade Tragischen ihren eigenen Untergang.

*

Abhilfe? Nirgendwo in Sicht. Aber ganz gewiss keine ist die zunehmend desperate Politik des heutigen „war on drugs in sport". Mit ihrer Aussichtslosigkeit wächst das Arsenal ihrer Zumutungen an die Athleten. Wegen „Dopings" gesperrt zu werden, setzt längst nicht mehr die Anwendung eines Dopingmittels voraus. Schon die unabsichtliche Verletzung einer Verfahrensregel des Kontrollbetriebs kann dafür ausreichen. Ausweislich des Selbstlobs auf ihrer Website ist die WADA stolz auf diese Expansion des Katalogs ihrer Repressalien. Gelegentlich unterbieten sie menschenrechtliche Standards. Der abwinkende Hinweis, das alles geschehe schließlich mit Zustimmung der Betroffenen, von denen keiner gezwungen sei, das Spiel mitzumachen, verfehlt das Thema: den inneren Nötigungsnotstand jedes einzelnen Athleten, der die Verweigerung seiner Zustimmung bezahlen müsste mit dem vollständigen Ausschluss aus einer Sphäre, in die er nicht nur einen Teil seines Lebenssinns investiert hat, sondern mit der jahrelangen Quälerei des täglichen Trainings ein hohes Maß an manifestem Leid. Den wenigsten der Zaungäste beim Hochglanzbetrieb der internationalen Wettkämpfe erschließt sich das auch nur in einer Ahnung.

In 50 Jahren müssen die Funktionsprinzipien des olympischen Sports andere sein als die heutigen – oder es wird ihn nicht mehr geben. Wie und in welche Richtung sie zu reformieren wären, weiß derzeit niemand. Aber wir sollten anfangen, darüber nachzudenken. Und aufhören, uns mit tradierten Scheuklappen und im Tunnelblick auf Maximen einzuschwören, die zur Illusion geworden sind.

Wir haben alles. Außer Strafverfahren. Erste Praxiserfahrungen mit der Rundumstrafbarkeit nach dem Anti-Doping-Gesetz in Deutschland

*Matthias Jahn**

I. Entscheidung

Die Frage, auf welcher geistigen Grundlage, mit welchen Mitteln und in welchem Ausmaß Doping im Sport durch das Strafrecht – so das militante Vokabular – „bekämpft" werden sollte, ist seit dem 18.12.2015 entschieden.[1]

Das Anti-Doping-Gesetz ist eine demokratisch unmittelbar legitimierte Entscheidung. Für die Vorlage stimmten – ausgerechnet – an einem Freitag, den 13., im November 2015 die Regierungsfraktionen, während sich die Linksfraktion enthielt (allerdings überwiegend nicht aus Opposition gegen die Strafvorschriften – ganz im Gegenteil[2]). Allein die Fraktion Bündnis 90/Die Grünen hat das Gesetz unter Hinweis auf die Ultima-ratio-Funktion des Strafrechts abgelehnt. Der im Plenarprotokoll nachzulesende Redebeitrag von Frau Künast,[3] Vorsitzende des Rechtsausschusses des deutschen Bundestages, liest sich stellenweise wie eine Paraphrase der einschlägigen Partien[4] aus dem Allgemeinen Teil von Claus Roxin. Genutzt hat auch das nichts. Die FDP konnte ihre Stimme im Plenum aus naheliegenden Gründen nicht erheben.

---

* Der Stil wurde beibehalten. Eine stark gekürzte Fassung des Beitrags wurde bereits als Editorial in NJW 19/2017, 3, veröffentlicht.

1 Die vorausgegangene, umfangreiche Diskussion zwischen dem DBVG 2007 und dem AntiDopG 2015 ist nachgezeichnet bei *Jahn* FS Rössner 2015, 599 (608-618).

2 Vgl. den auf den 9.4.2014 datierten Antragsentwurf der Fraktion DIE LINKE: „Anti-Doping-Gesetz für den Sport (Sportschutzgesetz) vorlegen", abrufbar unter http://www.andre-hahn.eu/app/uploads/2014/05/entwurf_antrag_gesetz-zur-bekampfung-des-dopings-im-sport_29-04-2014.pdf (Stand: 28.8.2017).

3 *Künast* BT-Prot. 18/137, S. 13433 (13438).

4 *Roxin* Strafrecht Allgemeiner Teil I, 4. Aufl. 2006, § 2 Rn. 14 und öfter.

II. Beobachtung

Weil das alles so ist, möchte ich heute eine Beobachtung mit Ihnen teilen. Sie handelt zunächst nur mittelbar von der Rechtslage, in erster Linie aber von der seitherigen Entwicklung der öffentlichen Diskussion über Doping und Strafrecht.

1. Kommunikation

Vielleicht haben sie auch schon bemerkt, dass sich die Kommunikations-strategie in einem zentralen Punkt geändert hat, mit der der „Paradigmen-wechsel" – so die Vorsitzende des Sportausschusses im Deutschen Bun-destag[5] am vorerwähnten Freitag, den 13. (und in dieser Bewertung gebe ich ihr uneingeschränkt Recht) – durch das AntiDopG seither medienöf-fentlich begleitet wird.

a) Schon im Februar 2016, keine zwei Monate nach Inkrafttreten des von seinen Befürwortern lange ersehnten und enthusiastisch gepriesenen Gesetzes, wird im verlässlich strafrechtsaffinen Sportteil der Frankfurter Allgemeinen Zeitung unter der Überschrift „Doping kaum zu entdecken" ein Sachverständiger eines Landeskriminalamts mit den Worten zitiert: „Es gibt ein Meer von möglichen Designer-Stoffen, Abermillionen denk-barer Verbindungen, die niemand (in den Anti-Doping-Laboren) kennen kann".[6] In das gleiche Horn stößt im Herbst nach einem Bericht im Spie-gel ein bekannter Sportmediziner der Universität Mainz. Auf einem Sym-posion des Bundesministeriums der Justiz und für Verbraucherschutz aus Anlass des Jahrestages des Inkrafttretens des Anti-Doping-Gesetzes[7] soll er erklärt haben, das aktuelle Kontrollsystem sei im Ganzen „Humbug"[8]. Bei inhaltlich gleichem Votum fordert der vorgenannte LKA-Sachverstän-dige den Gesetzgeber auf, die Grundlage für eine Kontrolle mit den „klas-

---

5 *Freitag* BT-Prot. 18/137, S. 13433 (13439).
6 *Mahler* Doping kaum zu entdecken, FAZ Nr. 38 v. 15.2.2016, S. 27.
7 Vgl. dazu BT-Drs. 18/11143, S. 5: „Am 31. Oktober 2016 fand im Bundesministeri-um der Justiz und für Verbraucherschutz ein Symposium zum Anti-Doping-Gesetz statt. Unter Beteiligung von Sportlern und von Vertretern zahlreicher Sportverbän-de, der Justiz und Anwaltschaft, der NADA und aus Wissenschaft und Politik wur-de über die ersten Erfahrungen mit dem Anti-Doping-Gesetz und über die weiteren Herausforderungen bei der Dopingbekämpfung diskutiert".
8 *Simon* Justiz Humbug, DER SPIEGEL Nr. 45 v. 5.11.2016, S. 139.

sischen Mitteln der Kriminalistik" zu schaffen.[9] Offen bleibt, was mit dieser dunklen Wendung gemeint ist. Denn das AntiDopG eröffnet doch gerade das ganze invasive Arsenal heimlicher und offener Eingriffsbefugnisse der Strafprozessordnung einschließlich robuster Ermächtigungen über den Transmissionsriemen der neu geschaffenen Verbrechenstatbestände in § 4 Abs. 4 AntiDopG. Sie sehen Freiheitsstrafe von einem Jahr bis zu zehn Jahren unter anderem für bestimmte Fälle der banden- oder gewerbsmäßigen Begehung vor.[10]

Vor allem aber: Warum diese ostentative Erinnerung an ein seit langem bekanntes sportmedizinisches Faktum? Die Erklärung dürfte in einer kriminologischen Tatsache zu suchen sein: Es mangelt an den Strafverfahren gegen Spitzensportler, deren flächendeckende Einleitung seit dem Dopingbekämpfungsverbesserungsgesetz 2007 ein Jahrzehnt lang von all denjenigen ausgelobt worden ist, denen ein Dopingbekämpfungsverbesserungsverbesserungsgesetz am Herzen lag und liegt.

Auf eine Kleine Anfrage unter der Überschrift „Ein Jahr Anti-Doping-Gesetz"[11] hin hat die Bundesregierung am 13.2.2017 die unterstützende und ergänzende Funktion des neugeschaffenen strafrechtlichen Sanktionsregimes herausgestrichen, während ihr verlässliche Zahlen – insbesondere die Polizeiliche Kriminalstatistik (PKS) für das Jahr 2016 – noch nicht zur Verfügung standen.[12] Auch in Bezug auf Schätzungen zu Import- und Herstellungsmengen von relevanten Mitteln sowie zu den entsprechenden strafrechtlich (nicht) relevanten Anwendungen fiel die Antwort der Bundesregierung einstweilen denkbar schmallippig aus: „Schätzungen der Bundesregierung hierzu existieren nicht."[13] Verwiesen wurde auf zukünf-

---

9 *Mahler* Doping kaum zu entdecken, FAZ Nr. 38 v. 15.2.2016, S. 27.

10 Zu § 4 AntiDopG vgl. *Finken* PharmR 2016, 445 (448). Aus der Fülle der jüngeren Dissertationsschriften *Schlöter* Bekämpfung des Dopings im professionellen Sport mithilfe des Strafrechts, 2017, S. 228 ff. und *Senkel* Wirksamkeitschancen des „Anti-Doping-Rechts", 2014, S. 424 ff. sowie die nunmehr verfügbaren drei Kommentierungen bei Lehner/Nolte/*Putzke* Anti-Doping-Gesetz (Kommentar), 2017, § 4 Rn. 58; Graf/Jäger/Wittig/*Eschelbach* Wirtschafts- und Steuerstrafrecht, 2. Aufl. 2017, AntiDopG § 4 Rn. 35 ff. sowie Erbs/Kohlhaas/*Wußler* Strafrechtliche Nebengesetze, 214. EL Mai 2017, AntiDopG § 4 Rn. 12 ff.

11 Kleine Anfrage der Abgeordneten Mutlu, Künast und der Fraktion Bündnis 90/Die Grünen auf. BT-Drs. 18/11033.

12 Antwort der Bundesregierung, BT-Drs. 18/11143, S. 2 sowie S. 10: „Eine Evaluierung des Anti-Doping-Gesetzes kommt angesichts der Kürze der Zeit seit Inkrafttreten des Gesetzes noch nicht in Betracht".

13 BReg, BT-Drs. 18/11143, S. 6.

tige Veröffentlichungen in den einschlägigen Statistiken. Mit Blick auf die nach Art. 8 AntiDopG im Jahr 2020 anstehende wissenschaftliche Evaluation des Gesetzes soll hier in der Strafverfolgungsstatistik (SVS) differenziert nach den einzelnen Tatbeständen des AntiDopG Zahlenmaterial zusammengestellt werden. In der PKS soll – allerdings erst mit Wirkung zum 1.1.2017 – ein neuer Oberschlüssel „Straftaten nach dem Anti-Doping-Gesetz" mit drei verschiedenen Einzelschlüsseln zu den Komplexen „Inverkehrbringen", „Besitz" und „Selbstdoping" eingerichtet werden.[14] Es ist mit Spannung zu erwarten, wie sich der ausgerufene „Paradigmenwechsel" hier niederschlagen wird.

Seit dem 24.4.2017 liegen nunmehr die Zahlen aus der PKS 2016 vor: Sie sind, wendet man es freundlich, übersichtlich: Die Steigerung bei „Doping im Sport" beträgt insgesamt 3,7 %.[15] In diese Zahl sind die Differenzierungen unter dem neuen Oberschlüssel „Straftaten nach dem Anti-Doping-Gesetz" zwar noch nicht eingegangen. Indes dürften sie nicht nur die Ermittlungstätigkeit zu den Dopingstrafrechts-Altfällen nach dem AMG abbilden, sondern dienen wohl unter dem weiten Begriff „Doping im Sport" auch schon als polizeilicher AntiDopG-Tätigkeitsnachweis für das Jahr 2016.[16] Ohnehin sind die isolierten PKS-Zahlen mit Zurückhaltung zu behandeln. Sie spiegeln bekanntlich in erster Linie das Anzeigeverhalten der Betroffenen und die Kontrollaktivität der Behörden wider, bilden aber kein ganzheitliches Bild der Strafverfolgung ab.[17]

b) Eine gewisse Vorahnung auf das Kommende hat Wußler, Leiter der Freiburger Schwerpunktstaatsanwaltschaft, bereits in einem taz-Interview aus dem November 2016 vermitteln müssen. Hier muss er zu Protokoll ge-

---

14 BReg, BT-Drs. 18/11143, S. 10 f.

15 PKS 2016, S. 123, abrufbar unter https://www.bka.de/SharedDocs/Downloads/DE/ Publikationen/PolizeilicheKriminalstatistik/2016/pks2016ImkBericht.pdf?__blob= publicationFile&v=5 (Stand: 28.8.2017).

16 Auch der Straftatenkatalog zur PKS 2016, S. 94, abrufbar unter https://www.bka.d e/SharedDocs/Downloads/DE/Publikationen/PolizeilicheKriminalstatistik/2016/Ze itreihen/straftatenkatalog_pdf.pdf?__blob=publicationFile&v=3 (Stand: 28.8.2017), ist insoweit nicht eindeutig.

17 Siehe nur *Meier* Kriminologie, 5. Aufl. 2016, § 5 Rn. 8; *Neubacher* Kriminologie, 3. Aufl. 2017, 4/14 ff. und *Schwind* Kriminologie und Kriminalpolitik, 23. Aufl. 2016, § 2 Rn. 5 ff.

ben: „Seit Jahresbeginn ermitteln wir in zehn Verfahren wegen des Verdachts des Selbstdopings".[18]
Verweilen wir doch einen Moment im Ländle. Zehn Verfahren! Angesichts von 415.346 von den baden-württembergischen Staatsanwaltschaften geführten Strafverfahren sind 0,0024% Anti-Doping-Ermittlungen nicht eben übermäßig viel – und der Begriff „Paradigmenwechsel" kommt auch dem strafverfolgungsseligsten Beobachter wohl nicht als erstes in den Sinn. Sicher liegt das auch etwas daran, dass die Schwerpunktstaatsanwaltschaft Freiburg jedenfalls im Jahr 2013 – neuere Zahlen liegen mir nicht vor – hinter der respektheischenden begrifflichen Kulisse „Schwerpunktstaatsanwaltschaft" aus zwei Dezernenten mit jeweils einem halben Arbeitskraftanteil bestand, wie man einer Pressemitteilung des baden-württembergischen Justizministeriums entnehmen kann.[19] Das macht einen ganzen Staatsanwalt für ca. 9,37 Millionen württembergische Rechtsunterworfene im dopingstrafmündigen Alter. Und auch die Antwort auf die Folgefrage ist denkbar knapp, hören wir noch einmal in das Interview hinein: „taz: Gab es Verurteilungen? Wußler: Bislang nicht".[20]
Sie erinnern sich: die naturwissenschaftlichen Nachweisprobleme. Und außerdem, so ergänzt Herr Wußler auf die ganz in der Tradition des großen Feuerbach stehende Nachfrage der taz „Wie abschreckend kann ein Gesetz auf Topathleten wirken, wenn niemand verurteilt wird?": Antwort: „[...] Die Ermittlungen sind aufwendig und langwierig. Nach dem Abschluss unserer Ermittlungen muss gegebenenfalls ein gerichtliches Verfahren bis zu einem Urteil durchlaufen werden, gegen das eventuell ein Rechtsmittel eingelegt wird. Das dauert".[21]

---

18 *Wußler* Wir können nur bei konkretem Verdacht ermitteln, taz Nr. 11165 v. 4.11.2016, S. 19. In der DRiZ berichtet *Wußler* zudem von mehr als 600 Ermittlungsverfahren wegen des Vertriebs bzw. des Erwerbs von Anabolika-Präparaten sowie von 15 Verfahren gegen Akteure aus dem Spitzensport, vgl. *ders.* DRiZ 2017, 10.
19 Pressemitteilung des Ministeriums der Justiz und für Europa Baden-Württemberg v. 2.5.2013, abrufbar unter http://www.jum.baden-wuerttemberg.de/pb/,Lde/22489 66/?LISTPAGE=2248676 (Stand 28.8.2017).
20 *Wußler* Wir können nur bei konkretem Verdacht ermitteln, taz Nr. 11165 v. 4.11.2016, S. 19.
21 *Wußler* Wir können nur bei konkretem Verdacht ermitteln, taz Nr. 11165 v. 4.11.2016, S. 19.

2. Verfahren

In der Tat. Wie lange das dauern kann, erfahren gerade zwei Ringer aus Nendingen – auch das liegt in Baden-Württemberg. Sie sind angeklagt wegen der Einnahme von Meldonium und warten derzeit auf einen Termin vor dem AG Tuttlingen nach ihrem jeweiligen Einspruch gegen einen Strafbefehl.[22] Dies werden also voraussichtlich die ersten beiden Strafverfahren sein, in denen die öffentliche Hauptverhandlung wegen des Vorwurfs eines Verstoßes gegen das AntiDopG durchzuführen ist. Dass gleichzeitig dem sportrechtlichen Verfahren, in dem bekanntlich Aussagepflichten bestehen, Fortgang gegeben wird, ist für die beiden Angeklagten eine etwas missliche Konsequenz. Die Frage des Entstehens eines strafprozessualen Beweisverwertungsverbots für die etwaige Verwertung etwaiger Angaben in dem Schiedsverfahren auf Grundlage der bekannten Gemeinschuldner-Rechtsprechung des BVerfG ist nicht geklärt. Ich hatte mich vor dem Sportausschuss bei der Anhörung zum Gesetz dafür ausgesprochen[23] und andere sind dem im Schrifttum[24] mittlerweile gefolgt; man wird sehen.

Die derzeit aber nur geringe Neigung der baden-württembergischen Justiz, in diesem Verfahren verfassungsrechtliche Problemkreise anzusprechen, insbesondere aber zu der Vorfrage der im Schrifttum[25] zum Teil bezweifelten Verfassungsmäßigkeit des Anti-Doping-Gesetzes mit Argumenten Stellung zu beziehen, lässt sich bereits daran ablesen, dass trotz er-

---

22 *Panning* Zwei Ringer sollen zahlen, Deutschlandfunk v. 11.1.2017, abrufbar unter http://www.deutschlandfunk.de/verstoss-gegen-das-anti-doping-gesetz-zwei-ringer -sollen.890.de.html?dram:article_id=376158 (Stand 15.8.2017).

23 *Jahn* Sportausschuss-Drs. 18 (5) 108, S. 27 ff. (30 f.).

24 Exemplarisch *Erkens* SpuRt 2016, 245 (250); dem folgend jetzt auch Lehner/ Nolte/*Putzke* Anti-Doping-Gesetz (Kommentar), 2017, § 4 Rn. 126 ff.

25 Exemplarisch *Jahn* SpuRt 2015, 149 (153); siehe auch Lehner/*Nolte*/Putzke Anti- Doping-Gesetz (Kommentar), 2017, § 1 Rn. 67 ff. und § 3 Rn. 45 ff. (Verfassungs- widrigkeit [nur, aber immerhin] von § 3 Abs. 4 AntiDopG) sowie Graf/Jäger/ Wittig/*Eschelbach*, Wirtschafts- und Steuerstrafrecht, 2. Aufl. 2017, AntiDopG Vor § 4 Rn. 3 f.; aA auf Ebene des Schuldspruchs Erbs/Kohlhaas/*Wußler* Straf- rechtliche Nebengesetze, 214. EL Mai 2017, AntiDopG § 1 Rn. 6: „Wenngleich einzelne Kritikpunkte diskussionswürdig erscheinen, wird oft verkannt, dass es dem Gesetzgeber unbenommen ist, neue Rechtsgüter zu kreieren und zu definieren (…). Bei der *konkreten Strafzumessung* werden Strafverfolgungsbehörden und Ge- richte das ultima ratio-Prinzip weiter berücksichtigen müssen, um verfassungskon- forme und verhältnismäßige Ergebnisse zu erreichen".

wartbarer Einsprüche etwas lustlos Strafbefehlsanträge gestellt wurden.[26] Und auch in einem vorangegangenen Beschwerdeverfahren wegen der Durchsuchungsmaßnahmen bei dem Cheftrainer des ASV Nendingen hat das LG Freiburg im Beschluss vom 9.5.2016 zu der Frage der Verfassungsmäßigkeit des AntiDopG seine Gründe nicht explizit gemacht, sondern einen Anfangsverdacht umstandslos bejaht.[27] Bei gewissenhafter Rechtsfindung wird hier noch manches Brett zu bohren sein.

3. Perspektive: Paradox

Ich komme damit zum Schluss. Es wird – insoweit ist Wußler[28] einschränkungslos zuzustimmen – „dauern", bis man Endgültiges über das Anti-DopG weiß. Auch die derzeitige Neigung des BVerfG, Fragen der Verfassungswidrigkeit von materiell-strafrechtlichen Vorschriften aufgrund von Basisprinzipien wie dem Ultima-ratio-Grundsatz oder der Lehre vom Rechtsgut zu beantworten, ist nicht immer verlässlich – das hat weniger mit dem Sitz im Badischen als mit Personen und Stimmungen zu tun; ich habe das hier in Köln vor knapp zwei Monaten auf einer Tagung anhand des Beschlusses des Gerichts zur Frage der Verfassungsmäßigkeit der Strafvorschriften des Rindfleischetikettierungsgesetzes näher ausgeführt.[29]

Meine Prognose für die Zukunft des Anti-Doping-Gesetzes ist also verhalten pessimistisch. Bis dahin müssen uns – im Vorstehenden exemplarisch bezogen auf ein Bundesland – weiterhin zehn Ermittlungsverfahren

---

26 Zur Regelung in Nr. 175 Abs. 3 S. 2 RiStBV siehe nur BeckOK-StPO/*Temming*, Ed. 27 (Stand: 1.1.2017), Nr. 175 Rn. 5: „Gleichwohl ist dies bedenklich, weil ein Einspruch des Beschuldigten gegen den Strafbefehl in erster Linie dann zu erwarten ist, wenn er die Tatbegehung im Ermittlungsverfahren bestritten hat; in derartigen Fällen erscheint es grds. angemessener, sogleich Anklage mit der Folge der Durchführung einer Hauptverhandlung zu erheben".

27 *LG Freiburg* Beschl. v. 9.5.2016 – 3 Qs 48/16 (unveröff.).

28 *Wußler* Wir können nur bei konkretem Verdacht ermitteln, taz Nr. 11165 v. 4.11.2016, S. 19.

29 Abdruck bei *Jahn/Brodowski* Das Ultima Ratio-Prinzip als strafverfassungsrechtliche Vorgabe zur Frage der Entbehrlichkeit von Straftatbeständen, ZStW 129 (2017), 363. Siehe auch schon – vor Veröffentlichung von BVerfGE 143, 38– *dies.* JZ 2016, 969 (971 mit Fn. 29): „Es scheint freilich nicht gänzlich ausgeschlossen, dass das BVerfG entscheidungstragend nur auf diese Verfassungsverstöße abstellen und Ausführungen zur Reichweite des Ultima Ratio-Prinzips nur obiter dictu machen könnte".

und zwei nicht rechtskräftige Strafbefehle als Erfolg einer ein Jahrzehnt lang intensiv diskutierten Neukriminalisierung vermittelt werden. Es wird sich sicher jemand finden, der die Zahlen zum Anlass nimmt, entweder die unglaublich abschreckende Wirkung des neuen Gesetzes auf Spitzenathleten verantwortlich zu machen – eine Empirie, die den ergebnislosen Griff ins Dunkel zum Argument erhebt – oder eben, in Eintracht mit den vorerwähnten Sportwissenschaftlern und Kriminalbeamten, noch mehr Straftatbestände und ausgedehntere Ermittlungsbefugnisse zu fordern. Das ist ein weiterer Anwendungsfall für das von mir sogenannte Fischer-Paradoxon. Man kann es in der Kommentierung zur Geldwäschevorschrift nachlesen.[30] Dieses auch für die Dopingbekämpfung im Strafrecht einschlägige Phänomen beschreibt eine Dynamik ständiger Erweiterung im Bereich der Dunkelfeld- und Holkriminalität, denn „stets fehlt zum Erfolg angeblich noch eine letzte Ausweitung des Tatbestands oder der Ermittlungsmöglichkeiten. In paradoxer Logik speist sich die Legitimität so aus der Erfolglosigkeit: Je erfolgloser die ‚Bekämpfung' bleibt, desto größer muss wohl die Gefahr sein. Wenn die ‚Hintermänner' [...] nicht gefasst werden, beweist dies immer aufs Neue gerade ihre Mächtigkeit und die Notwendigkeit, mit der ‚Bekämpfungs'-Strategie fortzufahren. So treibt das Konzept das rechtsstaatliche Strafrechtssystem vor sich her [...]".

Schade eigentlich.

---

30 *Fischer* StGB, 65. Aufl. 2018, § 261 Rn. 4 c; zustimmend bereits SSW-StGB/*Jahn* 3. Aufl. 2017, § 261 Rn. 2; *ders.* SpuRt 2015, 149 (152).

Die Ängste der Sportler –
Eine bewertende Rückblende auf die Podiumsdiskussion zur Strafbarkeit des Dopings

Jan F. Orth

In der vom Verfasser moderierten Podiumsdiskussion zur Strafbarkeit des Dopings unter dem Regime des am 18.12.2015 in Kraft getretenen Anti-DopG wurde ein Punkt deutlich, der selten so klar ausgesprochen worden ist: Die neuen gesetzlichen Regelungen verbinden einige Spitzensportler mit Ängsten, insbesondere was die neuen Straftatbestände des Gesetzes angeht. Diese Ängste haben im Wesentlichen zwei Facetten, die dem unbefangenen Betrachter nicht unbedingt sofort in den Sinn kommen. Die Sportler haben Angst vor staatlicher Strafverfolgung und – zunächst überraschend – Angst vor unberechtigter Strafverfolgung.

I. Staatliche Strafverfolgung von Sportlern in Dopingsachen

Dass seitens eines aktiven Sportlers nicht auf den Aspekt eigener Ängste vor berechtigter staatlicher Strafverfolgung wegen Dopingvergehen hingewiesen wird, überrascht freilich nicht: Man würde schließlich ein Eingeständnis eigenen Dopings oder zumindest einer eigenen Dopingabsicht implizieren.

Dieser Aspekt einer jedenfalls potenziellen Angst der Sportler vor einer berechtigten Strafverfolgung schwang in der Podiumsdiskussion trotzdem immer mit: als vernünftige Folge eines Strafgrunds nämlich.[1] Wenn man den Ansatz, Doping im Sport mit den Mitteln des Strafrechts verhindern zu wollen, grundsätzlich akzeptiert, soll nun eben diese Furcht auch des einzelnen Sportlers, in Folge der gesetzlichen Neuregelung künftig durch nicht mehr bloß unethisches, sondern klar inkriminiertes Verhalten in das

---

[1] Auch schon in der Entwicklungsgestalt nach Feuerbach sah etwa die Theorie der Generalprävention insbesondere die Strafandrohung als Grund an, die Bevölkerung von der Übertretung der Rechtsregeln abhalten zu können, vgl. *Roxin* Strafrecht Allgemeiner Teil, 4. Aufl. 2006, § 3 Rn. 21 – 22 mwN.

Visier der staatlichen Ermittlungsbehörden gelangen zu können, ihn vom
Griff zu verbotenen Substanzen und von der Anwendung verbotener Methoden abhalten. Vom strafrechtsdogmatischen Standpunkt aus ist das vernünftig und gewollt: Bereits die Strafandrohung bewirkt – zumindest potenziell – die beabsichtigte Sozialkontrolle im Sinne einer Verhaltensände-
rung dahin, dass das ungewünschte Verhalten nicht oder nicht mehr als
Handlungsalternative ernsthaft in Betracht gezogen wird.[2] Dass es freilich
wünschenswert ist, diesen Effekt zu erreichen, kann über die vorab zu klä-
rende Frage, ob es verfassungsrechtlich zulässig ist, das Doping im Sport
mit den Mitteln des Strafrechts zu bekämpfen, nicht hinweghelfen.[3]

II. „Unberechtigte" staatliche Strafverfolgung von Sportlern

Auf den zweiten Punkt, eine von den Sportlern als „unberechtigt" empfun-
dene staatliche Strafverfolgung im Zusammenhang mit Dopingdelikten,
hat insbesondere die Aktivensprecherin Silke Kassner im Rahmen der Podiumsdiskussion hingewiesen. Auch hier sind zwei Aspekte zu unterscheiden.

1. Das Vortäuschen von Straftaten von Konkurrenten durch Konkurrenten

Die Gefahr unberechtigter Strafverfolgung nach dem Anti-Doping-Gesetz,
insbesondere was den Besitz von verbotenen Doping-Substanzen angeht,
sei einerseits etwa in denjenigen Fällen gegeben, in denen konkurrierende
Sportler einem anderen Sportler Substanzen unterschieben und dann eine
entsprechende (polizeiliche) Untersuchung bzw. Durchsuchung zu initiie-
ren. Die Möglichkeit hierzu sei etwa in zahlreichen Umkleidebereichen
sowohl in der Trainings- als auch in der Wettbewerbssituation gegeben.
Ein daraus resultierendes staatliches Strafverfahren, die Disqualifikation
im laufenden Wettbewerb, die verbandsrechtliche Dopingstrafe und natürlich der gewaltige Reputationsschaden könnten dazu geeignet sein, einen
sportlichen Konkurrenten ebenso unlauter wie effizient auszuschalten.

---

2 *Roxin* Strafrecht Allgemeiner Teil, 4. Aufl. 2006, Rn. 21 ff., der darauf hinweist,
dass diese Ideen auch schon in Feuerbachs Theorie vom „psychologischen Zwang"
angelegt waren.
3 Vgl. Lehner/Nolte/Putzke/*Rösner* Anti-Doping-Gesetz, 2017, Vor §§ 1 ff. Rn. 20 ff.

Dieser Beitrag will nicht die – bemerkenswerte – Frage beantworten, was die Tatsache, dass eine DOSB-Aktivensprecherin, die Mitglied der DOSB-Athletenkommission und im Aufsichtsrat der NADA ist, ein solches Szenario als Beispiel zu referieren, über die ethischen und moralischen Standards des Spitzensports in Deutschland aussagt. Festzuhalten bleibt, dass sich wirklich Athleten mit diesen Befürchtungen an ihre Sprecherin gewandt haben. Diese Befürchtungen bedürfen deswegen näherer Betrachtung, siehe hierzu unten unter III. 2.

2. Ignorantia iuris non excusat?

Andererseits bestehe die Gefahr, dass Sportler sich (aus Athletensicht) unberechtigterweise strafbar machen könnten, weil sie die neuen Regeln nicht kennten und verstünden und sie deswegen nicht genau wüssten, wie man sich (gerade noch) zulässigerweise zu verhalten hätte. Dieser Einwand ist nachvollziehbar. Den zuständigen Staatanwalt, der weiß, dass der Grundsatz „ignorantia legis non excusat" in der Gestalt des § 17 StGB ins geltende deutsche Strafrecht Einfluss gefunden hat, und ahnt, dass ein solcher Irrtum für einen Spitzensportler sicher vermeidbar i.S.d. § 17 Satz 2 StGB ist,[4] beeindruckt dieser Einwand freilich nicht. Er ist im Übrigen völlig berechtigt und für den ihn vorbringenden Sportler nicht so heikel, wie es zunächst den Anschein hat. Es geht nämlich nicht darum, sich selbst eine – natürlich sportethisch zweifelhafte – Nähe zu Dopinghelfern, -mitteln und -methoden bewahren zu wollen. Der von Sportlern gefürchtete Strafbarkeitsbereich kann durch Alltägliches erreicht werden. So ist die deutsche Biathletin Evi Sachenbacher-Stehle durch eine CAS-Entschei-

---

4 Nach Auffassung des Verfassers gehört es zum natürlichen (verbands- und strafrechtlichen) Pflichtenkanon des „Spitzensportlers des organisierten Sports" (§ 4 Abs. 7 Nr. 1) – vgl. Lehner/Nolte/*Putzke* Anti-Doping-Gesetz, 2017, § 4 Rn. 19 ff.; *Weber* BtMG, 5. Aufl. 2017, § 4 AntiDopG Rn. 211 ff. – sich über den rechtlichen Rahmen seiner Berufstätigkeit, insbesondere soweit mit § 4 Abs. 1 Nr. 4 und 5 sowie § 4 Abs. 2 AntiDopG echte Sonderdelikte geschaffen worden sind (Lehner/Nolte/*Putzke* Anti-Doping-Gesetz, 2017, § 4 Rn. 11), zu informieren. Die anstellenden Vereine und die überwachenden Verbände treffen erhebliche Aufklärungs-, Unterrichtungs- und Informationspflichten schon aus struktureller Überlegenheit in der Organisation gegenüber dem Einzelsportler.

dung[5] wegen des Konsums eines „leistungssteigernden" (diese anpreisende Beschreibung auf der Verpackung dürfte allerdings eher esoterisch zu verstehen gewesen sein) „Schizandra"-Tees zu einer Doping-Sperre von sechs Monaten verurteilt worden, weil der Tee tatsächlich eine verbotene Substanz enthielt[6].[7] Ähnliche Konstellationen sind nach dem Konsum von handelsüblichen Müsliriegeln oder sonstigen Nahrungsergänzungsmitteln bei gleichsam jedem Sportler denkbar. Nach dem AntiDopG kommen in diesem Fall und ähnlichen Konstellationen verschiedene Straftatbestände des verbotenen – vorsätzlichen[8] – Eigendopings nach § 4 Abs. 1 Nr. 4 AntiDopG, der – vorsätzlichen – Teilnahme an einem Wettbewerb nach Verwendung eines Eigendopingmittels nach § 4 Abs. 1 Nr. 5 AntiDopG, des – vorsätzlichen – Besitzes des Eigendopingmittels nach § 4 Abs. 2 AntiDopG und letztlich zumindest des fahrlässigen Besitzes von Dopingmitteln[9] nach §§ 4 Abs. 6, Abs. 1 Nr. 3 AntiDopG in Betracht, letzteres sofern es sich um eine „nichtgeringe Menge" des Wirkstoffes – etwa im „Schizandra"-Tee – handelte.

III. Berechtigte Ängste?

Fraglich bleibt, ob die beschriebenen Ängste der Sportler berechtigt sind. Hinsichtlich der im obigen Verständnis berechtigten Strafverfolgungsmaßnahmen des Staates sind sie es. Sie sind psychologisch gewollt. Wer keine Angst vor Strafverfolgung haben will, soll sich von Doping und seinem

---

5 *CAS* Schiedsspruch vom 14.11.2014 – CAS 2014/A/3685, Sachenbacher-Stehle v. IBU (abrufbar auf der Webseite der IBU).
6 Zur Kritik an der – wohl ergebnisorientieren – äußerst wohlwollenden Vorsatzbeurteilung durch den *CAS* in dieser Entscheidung vgl. *Orth* SpuRt 2015, 230 (233).
7 Für einen Spitzensportler dürfte es heute bereits zumindest fahrlässig sein, sich beim Konsum von Nahrungsergänzungsmitteln nicht über die „Kölner Liste" – abrufbar unter https://www.koelnerliste.com (letzter Abruf: 5.11.2017) – darüber zu informieren, dass das Ergänzungsprodukt getestet und frei von verbotenen Substanzen ist.
8 Anders als der *CAS* meint (äußerst sportlerfreundlich, im Ergebnis wohl zutreffend, dogmatisch kaum haltbar), dürfte im Fall von Sachenbacher-Stehle eher Eventualvorsatz zu bejahen sein.
9 Im Falle der Verwirklichung des Vorsatztatbestandes ist der jeweilige Fahrlässigkeitstatbestand freilich subsidiär, *Weber* BtMG, 5. Aufl. 2017, § 4 AntiDopG Rn. 335.

Umfeld eindeutig distanzieren. Was eine eventuelle „unberechtigte" Strafverfolgung angeht, ist zu differenzieren:

1. Unsicherheiten bei der Rechtsbestimmung und -anwendung

Die Angst vor unberechtigter Strafverfolgung scheint durch das AntiDopG für den Sportler im Bereich des Sports größer zu sein als mögliche Befürchtungen eines jeden Staatsbürgers, unberechtigt einer Straftat nach dem StGB bezichtigt zu werden. Jedenfalls gewisse Unsicherheiten insoweit erscheinen plausibel: Was das StGB angeht, haben wir alle ein jahrzehntelanges gesellschaftliches Training hinter uns. Auch der Nichtjurist kann sich im Alltag ziemlich genau vorstellen, was er tun darf, und es fällt ihm leicht, sich danach zu richten.

Dies sieht für das AntiDopG anders aus, weil auch der Umgang damit erlernt werden muss – von allen Beteiligten. Dass dem so ist, liegt auch an der Gesetzgebungstechnik. Das AntiDopG ist insoweit jedenfalls auf den ersten Blick nicht gelungen. Schon für den geübten Rechtsanwender ist das junge Gesetz eine echte Herausforderung. Um eine Vorstellung davon zu erhalten, was (§§ 2,3 AntiDopG) für wen (§ 4 Abs. 7 AntiDopG) tatsächlich verboten und dann letztlich auch strafbar (§ 4 AntiDopG) ist, ist eine intensive Beschäftigung mit dem Gesetz von Nöten. Geradezu kryptisch, wenn auch nicht für die strafrechtliche Bewertung relevant, ist § 11 AntiDopG geworden. Der Regelungsgehalt dieser Vorschrift erschließt sich auch nach mehrfachem Lesen nur dann, wenn man die zugrundeliegende Gesetzgebungsgeschichte (Reaktion des Gesetzgebers auf die Pechstein-Entscheidung des LG München I[10]) kennt und ua die Gesetzesmaterialien konsultiert.[11] Letztlich lädt das vom Gesetzgeber gewählte Abstraktionsprinzip (das „Vor-die-Klammer-ziehen" der Verbotstatbestände

---

10 *LG München I* Urt. v. 26.2.2014 – 37 O 28331/12 = SpuRt 2014, 113.
11 Sogar Vortragsäußerungen eines Abteilungsleiters des BMJV müssen herangezogen werden, vgl. *Heermann* CaS 2016, 8; Lehner/Nolte/Putzke/*Lehner* Anti-Doping-Gesetz, 2017, § 11 Rn. 13 ff. Vgl. Lehner/Nolte/Putzke/*Lehner* Anti-Doping-Gesetz, 2017, § 11 Rn. 13 ff. zur Gesetzgebungsgeschichte und – instruktiv, aber sehr wohlwollend – zur Auslegung des Wortes „können", Lehner/Nolte/Putzke/*Lehner* Anti-Doping-Gesetz, 2017, § 11 Rn. 32. Vom Gesetzgeber ist die – auch von Lehner geforderte – klare Sprache zu verlangen, wenn er etwas regeln will. Die gewählte sprachliche Maskerade ist unwürdig und kann keinen Regelungsbefehl entfalten.

vor die Straftatbestände) mit den zahlreichen weiteren Verweisen wie „auch in Verbindung mit einer Rechtsverordnung" zB in § 4 Abs. 1 Anti-DopG oder im Rahmen der Fahrlässigkeitsstrafbarkeit nach § 4 Abs. 6 AntiDopG weder zum Lesen, noch zum Verständnis der neuen Vorschriften ein. Gerade letzteres wäre angesichts des Adressatenkreises in deutlich größerem Umfang zu wünschen gewesen; das Gegenteil scheint aber ein – wenig begrüßenswerter – Legislativtrend zu sein. Die Ermittlung des verbotenen Verhaltenskanons, den das AntiDopG auch durch die Strafandrohung verhindern will, bleibt jedenfalls schwierig.

Aber auch aus der Sicht der Praxis tut sich eine Vielzahl von Problemen auf. Die neuen Vorschriften zeigen sich eher ermittlungs- als verurteilungsfreundlich. In § 3 Abs. 4 AntiDopG findet sich unter der Paragraphenüberschrift „Selbstdoping" ein Verbot, ein Dopingmittel „zu besitzen, um es ohne medizinische Indikation bei sich anzuwenden und um sich dadurch in einem Wettbewerb des organisierten Sports einen Vorteil zu verschaffen". Dieses Verbot wird durch § 4 Abs. 2 AntiDopG strafbewährt. Bei der Vorsatztat droht dem Täter Freiheitsstrafe bis zu 2 Jahren oder Geldstrafe. Freilich müssen hierfür auch die doppelte subjektive und finale Komponente „zur Selbstanwendung" und „zur Vorteilsverschaffung in einem Wettbewerb" erfüllt sein. Dies lässt sich zwar – zumindest für den geübten Volljuristen – mit vertretbarem Aufwand herausarbeiten, dem Praktiker aber offenbaren sich bei diesem stark mit subjektiven Merkmalen beeinflussten Tatbestand[12] eklatante Beweisprobleme. Der Schluss von dem Auffinden des Dopingmittels auf diese subjektiven Merkmale beim Sportler, letztlich auf seine Absichten, mag sicherlich häufig möglich und zulässig sein. Die Verteidigung wird aber natürlich bemüht sein, alternative oder medizinisch indizierte Anwendungsweisen des Dopingmittels darzustellen und durch Sachverständige zu untermauern. Wird der Strafrichter eine solche Einlassung als ernsthafte Sachverhaltsvariante in Betracht zu ziehen haben, ist an eine Verurteilung nicht mehr zu denken. Mit der im Rahmen von § 2 AntiDopG geregelten überschießenden Innentendenz in allen Verbotstatbeständen wird die Beweisbarkeit der subjektiven Tatbestandsmerkmale bei Vergehen nach dem AntiDopG ein forensischer Dauerbrenner werden.

---

12 Vgl. zur in § 2 AntiDopG insgesamt geregelten überschießenden Innentendenz auch Lehner/Nolte/*Putzke* Anti-Doping-Gesetz, 2017, § 4 Rn. 64.

Sehr problematisch erweist sich auch die Fahrlässigkeitsstrafbarkeit nach § 4 Abs. 6 AntiDopG, die eine fahrlässige Begehungsweise der Fälle „des Absatz 1 Nummer 1, 2 oder Nummer 3" unter Strafe stellt. Gemeint ist eine Fahrlässigkeitsstrafbarkeit für die Fälle nach Nummer 1, 2 oder 3.[13] Diese wird, wie vom Verfasser im Rahmen der Podiumsdiskussion bereits angesprochen, aber regelmäßig (jedenfalls durch aktives Tun) ausscheiden müssen, weil ein strafrechtlicher Fahrlässigkeitsvorwurf (als eine nicht-vorsätzliche Sorgfaltswidrigkeit) etwa von Handeltreiben (§ 4 Abs. 1 Nr. 1 AntiDopG), Anwendung (Nr. 2) oder Besitz (Nr. 3) von Dopingmitteln bei gleichzeitigem Vorliegen der über den Verweis auf § 2 AntiDopG erforderlichen finalen Komponente „zum Zwecke des Dopings beim Menschen im Sport" denklogisch überhaupt nicht möglich ist.[14] Putzke bringt es auf den Punkt, dass jede der genannten Tathandlungen über den Verweis einen finalen Kern enthält und ohne einen entsprechenden Willensakt gar nicht denkbar ist".[15] Liegt aber ein solcher Willensakt vor, dann tritt die Fahrlässigkeitsstrafbarkeit zwingend zurück. Denn dieser Willensakt ist vorsatzbegründend, weswegen der jeweilige Täter strafbar nach § 4 Abs. 1 Nr. 1 – 3 AntiDopG wegen einer Vorsatztat wäre, ohne dass es eines Rückgriffs auf § 4 Abs. 6 AntiDopG bedürfte.

Zusammenfassend bleibt hier festzuhalten, dass es – wie nur anhand weniger Beispiele gezeigt wurde – im Bereich der Strafbarkeitsbegründung eine große Zahl von Problemen gibt, die auch für den Juristen nicht auf Zuruf lösbar sind. Für den rechtssuchenden Sportler ist der Zugang zum Regelungswerk sicherlich erschwert. Eine rationale Angst sollte dies indes nicht begründen können, weil ebenso gezeigt wurde, dass sich die Unsicherheiten regelmäßig nicht zu Lasten des Sportlers auswirken würden: Beim redlichen Sportler spielt die Fahrlässigkeitsstrafbarkeit schon aus Rechtsgründen keine Rolle. Wegen der großen überschießenden Innentendenz, welche die Delikte im Rahmen der gesetzlichen Konzeption erhalten haben, werden die sich zwangsläufig ergebenden Beweisprobleme hinsichtlich der subjektiven Merkmale in etwaigen Strafprozessen für

---

13 Ebenso Lehner/Nolte/*Putzke* Anti-Doping-Gesetz, 2017, § 4 Rn. 61; *Weber* BtMG, 5. Aufl. 2017, § 4 AntiDopG Rn. 331. Warum der Gesetzgeber im Text von § 4 Abs. 6 vor „3" das Wort „Nummer" nochmals eingefügt hat, leuchtet nicht ein und verwirrt beim Lesen.

14 Ebenso: Lehner/Nolte/*Putzke* Anti-Doping-Gesetz, 2017, § 4 Rn. 62. *Weber* BtMG, 5. Aufl. 2017, § 4 AntiDopG Rn. 330 ff. übersieht das Problem.

15 Lehner/Nolte/*Putzke* Anti-Doping-Gesetz, 2017, § 4 Rn. 62.

die angeklagten Sportler jedenfalls nicht negativ ins Gewicht fallen. Eindeutig ist es wohl nur in Evidenzfällen und bei Sachverhalten, in denen es neben der Sicherstellung einer Substanz weitere sichere Beweismittel gibt.

Was bleibt, ist, dass die Strafbarkeitsfolgen von vermeintlich unbedenklichem Verhalten, wie im Fall von Evi Sachenbacher-Stehle gezeigt, undurchschaubar sein können. Aber auch dies beschwert die Sportler nicht. Mag der konkret strafrechtliche Pflichtenkreis schwer zu bestimmen und schwer zu verstehen sein, so ist er doch für den Sportler nichts Neues. Für die Spitzenathleten im Sport ist das Wohlverhalten in Dopingfragen bestens transportiert und trainiert: „Sauberer Sport. Alles geben – nichts nehmen." – um es einmal auf die gängigen NADA-Formeln zu bringen. Die strafrechtlichen Verhaltensnormen liegen keinesfalls höher – im Gegenteil. Dem redlichen Sportler, der sich an das hält, was seinem Fair-Play-Verständnis und seinem ethisch-moralischen Selbstverständnis entsprechen sollte und was er jahrzehntelang gelernt hat, dem droht strafrechtlich überhaupt nichts. Spielte der Fall von Evi Sachenbacher-Stehle im Zeitraum nach Inkrafttreten des AntiDopG, würde man ihr einen – jedenfalls fahrlässigen – Strafbarkeitsvorwurf auch völlig zu Recht machen, was keinen aktiven Sportler zu sehr irritieren sollte. Denn ohne Überprüfung auf mögliche verbotene Substanzen ein Nahrungsergänzungsmittel einzunehmen, das auf seiner Verpackung eine Art „Leistungssteigerung" verspricht, stellt auch aus der Sicht zahlreicher anderer Athleten ein besonders naives und ignorantes Verhalten dar, das zumindest den Vorwurf gröbster Fahrlässigkeit begründet. Die Sportlerin hat sich außerhalb dessen bewegt, was jeder leicht erkennen konnte und beachtet hätte. Eine entsprechende Sorgfalt wird man von Spitzensportlern indes zulässigerweise verlangen können.

2. Strafbarkeitsgefahren durch Konkurrenten?

Am Schluss bleibt die Frage, ob die Angst des redlichen Sportlers vor dem unredlichen Konkurrenten gerechtfertigt ist, der ihm „in der Umkleide ein Päckchen Dopingmittel unterschiebt" und danach Ermittlungen initiiert.

Zu Beginn der Überlegungen ist darauf hinzuweisen, dass ein solches Verhalten eine schwere Straftat darstellt, die in der Regel mehrere Straftatbestände des StGB erfüllt und beim Täter eine hohe kriminelle Energie voraussetzt. Der Unrechtsgehalt ist gegenüber den Straftaten nach dem AntiDopG deutlich gesteigert, was sich an der Strafandrohung des regelmäßig einschlägigen § 164 Abs. 1 StGB ablesen lässt, der einen Strafrahmen von Freiheitsstrafe bis zu fünf Jahren oder Geldstrafe vorsieht. Zum Vergleich: Diesen Strafrahmen erreichen die Vergehen nach dem Anti-DopG allenfalls im Qualifikationsbereich. Schließlich werden eine Vielzahl von „Unterschiebensfällen" eine hohe Aufklärungsquote haben. Die Namen der tendenziell dopinggefährdeten Sportler sind in den Szenen ebenso bekannt wie die Namen der potenziell dopinggefährdeten Sportarten. Ein insoweit „atypischer" Dopingfall würde auch bei den staatlichen Ermittlungsbehörden einen erheblichen Ermittlungs- und Aufklärungsaufwand auslösen, was insbesondere gilt, sobald ein Anfangsverdacht einer Straftat nach § 164 StGB gegeben ist. Ein potenzieller Täter müsste zudem, soll seine Tat nach den Vorüberlegungen Sinn machen, zu dem Nah- und/oder Konkurrentenbereich des zu Unrecht verdächtigten Athleten gehören, weswegen er vergleichsweise leicht zu finden und zu überführen sein dürfte. Hieran ändert auch die etwaige Einschaltung von Gehilfen nichts. Schließlich können auch regelmäßig erhobene und gespeicherte medizinische Daten Dopingmittelfunde oder positive Analyseergebnisse (im Falle atypischer Dopingfälle) relativieren oder widerlegen.

Sehr überzeugend ist aber auch das empirische Argument: Markus Martz, Kriminalhauptkommissar beim Landeskriminalamt Stuttgart (Abteilung Wirtschafts- und Umweltkriminalität, Kunst, Doping im Spitzensport) und Dr. Lars Mortsiefer, Vorstand der NADA, berichteten, dass absichtliche Falschbeschuldigungen im Rahmen ihrer jeweiligen Dopingermittlungstätigkeiten keine Rolle spielten. Mortsiefer wies ausdrücklich darauf hin, dass diese Aussage auch weiterhin Geltung beanspruche, seitdem das Whistleblower-System für Doping-Fälle in Deutschland („SPRICH'S AN")[16] geschaffen wurde, über welches jedermann und anonym Meldungen zu Dopingverdachtsfällen abgeben kann.[17] Zu falschen Konkurrentenbezichtigungen sei es dabei gerade nicht gekommen.

Dieser – erfreuliche – Praxisbefund wirft ein günstigeres Licht auf den deutschen Spitzsport. Insgesamt dürfte hier gelten, dass es sich bei den befürchteten „Unterschiebensfällen" um übertriebene Vorstellungen überbesorgter Sportler – fast schon im Sinne moderner Legenden und Mythen –

16 Abrufbar unter https://www.nada.de/de/nada/sprichs-an/ (letzter Abruf: 5.11.2017).
17 Diskussionsbeiträge von Herrn Martz und Herrn Dr. Mortsiefer im Rahmen der Veranstaltung „Im Fadenkreuz der Ermittler: Doping im Spitzensport" von Prof. Dr. Martin Waßmer, 6.7.2017, Universität zu Köln. Die Inhalte der Beiträge sind sinngemäß aus der Erinnerung des Verfassers wiedergegeben.

handelt, die nach einer wissenschaftlichen Überprüfung und empirischer Erfahrung keine oder jedenfalls kaum eine Stütze finden. Auch dies ist immerhin zT ein positiver Befund. Er zeigt aber auch, dass sich wohl zumindest einige der Spitzensportler in Deutschland im Hinblick auf die neuen Strafbarkeitsrisiken zu wenig informiert, nicht ausreichend geschult und nicht hinreichend beraten fühlen. Im gegenteiligen Fall würde es kaum zu solch diffusen Vorstellungen kommen. Hier wartet noch viel Arbeit auf die zuständigen Verbände.

IV. Fazit

Die Ängste der Sportler im Zusammenhang mit dem AntiDopG sind ernst zu nehmen, soweit sie nicht Folge des ureigenen gesetzgeberischen Zwecks sind. Die Spitzensportler in Deutschland müssen darüber informiert werden, dass sie, soweit sie sich redlich verhalten, mit keinerlei strafrechtlichen Folgen zu rechnen haben. Unterschiebensfälle spielen keine Rolle.

Für die Juristen bietet sich das AntiDopG mit seinem kritikwürdigen Regelungsstil und zT seinen kaum überzeugenden Einzelbestimmungen als Tummelplatz für zahlreiche spannende Streitigkeiten an. Dies muss aber ebenfalls keinerlei Ängste auslösen – weder bei den Sportlern, noch bei den Beteiligten.

Die Strafbarkeit des Dopings aus der Perspektive der Athleten

Silke Kassner

I. Doping muss strafbar sein

Doping muss strafbar sein, weil es die Grundlage des sportlichen Wettkampfes zerstört und damit die Ausgangslage, auf der eine sportliche Auseinandersetzung erfolgt: Gemeinsamen Wettstreit – menschliches Kräftemessen.

Die Athleten befassen sich täglich mit dem Anti-Doping Management und befürworten damit weitreichende Eingriffe in ihre Persönlichkeitsrechte: Meldungen der ständigen Aufenthaltsorte, Dopingkontrollen in Training und Wettkampf, Prävention in Hinblick auf Nahrungsergänzung und Medizin.

Athleten akzeptieren die sportrechtlichen Vorgaben durch die Anti-Doping Organisationen, den Weg der Ermittlung, das Verfahren, die Sanktionen. Sie unterstützen dies, weil es die Grundlage für den sauberen Wettkampf bildet.

II. Gleichmäßige Durchsetzung der Regelungen

Die aktuelle Situation im internationalen Anti-Doping Management zeigt, dass der Missbrauch des Anti-Doping Reglements organisiert durch Sport und Staat latent im Wettkampf mitläuft. Als Sportler in Deutschland fragen wir uns: „Wer ist gedopt und wird nicht erwischt?"

Der Fall Russland hat die Unsicherheit, ob Regeln in allen Ländern gleich umgesetzt werden, massiv verstärkt.

Er zeigt, dass das internationale Anti-Doping Management massive Schwächen hat. Auf der Seite der internationalen Anti-Doping Organisation (WADA) fehlen Prüfkriterien zur Umsetzung des Anti-Doping Systems in den Ländern. Es gibt zahlreiche Interessenkonflikte zwischen Verbänden und dem Anti-Doping Management, aber vor allem fehlt ein Sanktionssystem für die „Bestrafung" von Offiziellen und Verbandsfunktionären bei Verstößen gegen die Anti-Doping Richtlinien.

Hier schreckt der Athlet, auf den das Anti-Doping Management primär ausgerichtet ist, auf. Beim Sportler ist ein positiver Befund/Verstoß gegen die Regeln durch die Dopingkontrolle am einfachsten nachweisbar ist. Eine Sanktion – die sofortige Sperre – erfolgt unmittelbar (strict liability policy).

Russland und anders organisierte Doping Szenarien haben gezeigt, dass das Umfeld kriminell handelt. Eine sofortige Einschränkung oder gar ein Berufsverbot (wie zB der Entzug der Approbation bei Ärzten) ist im Sportrecht nicht anwendbar bzw. existiert nicht.

Die Verstrickung der Hintermänner hinter den Athleten muss aufgedeckt werden, doch die Untersuchungen dauern an. Bis zur vollständigen Klärung der Sachverhalte bleiben Funktionäre, Offizielle, ggf. sogar Trainer im Amt.

Das ist unbefriedigend für den Sportler.

III. Das neue Anti-Doping Gesetz

Seit Dezember 2015 gibt es ein Anti-Doping Gesetz in Deutschland. Die Athleten, die unter den NADA Testpool fallen, können nun auch strafrechtlich belangt werden.

Es gibt einige Punkte im Gesetz, die bei den Athleten zu Unsicherheit geführt haben – hier möchte ich gar nicht mehr auf die Frage der Harmonie zwischen Sport- und Strafrecht eingehen – und die sicherlich durch die Rechtspraxis beantwortet werden müssen.

Aus dem Alltag der Athleten nur einige Punkte zum Gesetz:

1. Uneingeschränkte Besitzstrafbarkeit

Es können verbotene Arzneimittel unwissentlich oder fahrlässig in den Besitz von Sportlern gelangen:

a) durch persönliche Fehler bei der Beschaffung und Einnahme von Medikamenten im Krankheitsfall. Die Athleten können dann nicht nur sportrechtlich belangt zu werden, sondern möglicherweise auch strafrechtlich (Vorstrafe).

b) durch Fehler des medizinischen Umfeldes, wodurch der Athlet dann ebenfalls Gefahr läuft, strafrechtlich verfolgt zu werden.

c) Konkurrenten oder andere Dritte können vorsätzlich Dopingmittel oder Medikamente im Verfügungsbereich von Athleten platzieren um diesen zu schaden.

2. Definition des Athletenkreises

Unter das Gesetz fallen Sportler und Sportlerinnen aus den Testpools der Nationalen Anti-Doping Agentur (NADA) und jene, die Einnahmen von erheblichem Umfang erzielen. Beide Personengruppen unterscheiden sich deutlich. Der Gesetzgeber setzt in seiner Beurteilung voraus, dass „die Athleten" durch ihren Spitzensport grundsätzlich Erträge erzielen. Das ist nachweislich nicht so. Es besteht bei den wenigsten Athleten im organisierten Sport ein Anreiz, sich durch Doping im Wettkampf finanziell zu bereichern.

Die Athleten befürchten, durch das Gesetz kriminalisiert zu werden.

Gegenüber der Athletenkommission wurde das Ziel des Gesetzes seitens des Justizministeriums geäußert, die Profiteure des Dopings – den durch Doping siegenden und verdienenden Athleten – strafrechtlich zu verfolgen, da diese dem organisierten sportlichen Wettbewerb schaden.

Im Blickwinkel dieses Zieles muss bedacht werden, dass der unter das Gesetz fallenden Personengruppe – wie keiner anderen im deutschen Strafrecht – bereits weitreichende persönliche Einschränkungen durch das Sportrecht auferlegt werden, um den Kampf gegen Doping effektiv führen zu können.

3. Sanktionierung des beteiligten Umfeldes von dopenden Sportlern

Das Gesetz bietet die Möglichkeit der staatlichen Ermittlungsbehörden die Strukturen hinter dopenden Athleten aufzudecken und zu beseitigen. Hier besteht mit dem Anti-Doping Gesetz die Möglichkeit, die Lücke zu schließen, die mit sportrechtlichen Mitteln nicht zu schließen war – sogar mit Geld- oder Freiheitsstrafe zu sanktionieren.

Hier darf nicht vergessen werden, dass am Beispiel des staatlich organisierten Dopings in die Gesundheit des Athleten eingegriffen wird und damit der Körper des Athleten – wahrscheinlich unwissend – geschädigt wird.

Der Athlet ist als erster im sportlichen Wettkampf von einer Wettbewerbsverzerrung durch Dopingmethoden betroffen. Wie das Gesetz einen
Beitrag zur eigentlichen Problematik – der internationalen Harmonisierung des Anti-Doping Systems – leisten kann, ist nicht klar. Es sollte natürlich Anwendung für Dopingkontrollen und Ermittlungen bei internationalen Wettkämpfen im Inland finden – das wäre ein kleiner Beitrag.

Erst die Umsetzung des Gesetzes wird einige rechtspraktischen Fragen
beantworten. Ich bin gespannt auf die Beiträge der Juristen.

Diskussionsbericht

Christin Armenat

Das diesjährige Kolloquium zur Korruption im Sport wartete mit insgesamt zwei Paneldiskussionen auf. Den Auftakt bildete am Freitagnachmittag die Diskussion zum Thema „Strafbarkeit des Dopings". Angestoßen wurde diese von vier Referenten, die nicht nur Impulse aus dem Bereich des Rechts, sondern auch aus dem Bereich des Leistungssports liefern konnten. Die Moderation übernahm der Vorsitzende Richter am Landgericht Köln Dr. Jan F. Orth, LL.M. Dieser stellte die Diskutanten einleitend wie folgt vor:

Frau Silke Kassner ist ehemalige professionelle Wildwasserkayakfahrerin. Heute ist sie Mitglied der Athletenkommission des Deutschen Olympischen Sportbundes (DOSB) und vertritt diese im Aufsichtsrat der Nationalen Anti Doping Agentur Deutschland (NADA).

Herr Professor Dr. Matthias Jahn ist Inhaber des Lehrstuhls für Strafrecht, Strafprozessrecht, Wirtschaftsstrafrecht und Rechtstheorie an der Goethe-Universität Frankfurt am Main sowie Richter am Oberlandesgericht Frankfurt am Main. Als Mitherausgeber der Zeitschrift „Sport und Recht" und Lehrender im Rahmen des LL.M. Sportrecht ist er ein ausgewiesener Experte auf dem Gebiet des Dopingrechts. Er hat seinerzeit für den Sportausschuss des Deutschen Bundestages zum Entwurf des Anti-Doping-Gesetzes eine umfassende Stellungnahme abgegeben.

Herr Professor Dr. Reinhard Merkel ist emeritierter Rechtsphilosophie- und Strafrechtslehrer an der Universität Hamburg. Vor seiner juristischen Karriere nahm er als Schwimmer für den DOSB an den Olympischen Spielen 1968 teil. Seit 2012 ist Merkel Mitglied des Deutschen Ethikrates.

Herr Dr. Lars Mortsiefer komplettierte die Runde. Er hat sich bereits im Zuge seiner Promotion mit Fragen des Dopings auseinandergesetzt und ist zurzeit Justiziar sowie Vorstandsmitglied der NADA. In diesen Funktionen leitet er dort das Ressort Recht.

Als erstes referierte Jahn, der seinem eigentlichen Vortrag eine kurze Schilderung der aktuellen Rechtslage nach dem Inkrafttreten des Anti-

DopG[1] voranstellte. Der besseren Verständlichkeit des Folgenden und der Vollständigkeit halber sei auch diese hier in gebotener Kürze festgehalten. Durch die Einführung des AntiDopG hat der Gesetzgeber eine Konzentration der zuvor in mehreren Gesetzen, vornehmlich dem AMG, verteilten Regelungen zur Bekämpfung des Dopings vorgenommen. Aus § 1 Anti-DopG geht hervor, dass diese Maßnahme sowohl dem Schutz der Sportlerinnen und Sportler als auch der Integrität des Sports dienen soll. § 4 Anti-DopG enthält iVm §§ 2 und 3 AntiDopG die Strafvorschriften, unter denen sich in Abs. 4 auch Verbrechenstatbestände befinden. Gem. § 4 Abs. 8 AntiDopG bleibt allerdings straffrei, wer die tatsächliche Verfügungsgewalt über das Dopingmittel vor dessen Einsatz freiwillig aufgibt (tätige Reue).

Zu Beginn seiner Bewertung des neugeschaffenen Gesetzes führte Jahn einige Zahlen zu bisherigen Strafverfahren wegen Dopingstraftaten an, die er im Hinblick auf die Effektivität der über § 4 AntiDopG eröffneten Verfolgungsmöglichkeiten kritisch beurteilte. Die bis dato geringe Anzahl an Strafverfahren auf Grundlage des § 4 AntiDopG zeige die Widersprüchlichkeit der gesetzgeberischen Entscheidung in Bezug auf den Erlass neuer Strafgesetze im Bereich des Dopings. Das von Jahn als „Fischer-Paradoxon" bezeichnete Phänomen, wegen ausbleibender Ermittlungs- und Verurteilungserfolge dazu zu neigen, weitere und strengere Strafvorschriften zu erlassen, da sich die Erfolglosigkeit der Bekämpfung proportional zur Größe der zu bekämpfenden Gefahr verhalte,[2] sei verfassungsrechtlich bedenklich. Soweit die Gerichte bis zu diesem Zeitpunkt mit der Frage nach der Rechtsgutsqualität der Integrität des Sports und der Vereinbarkeit der Dopingstrafbarkeit mit der Ultima-Ratio-Funktion des Strafrechts konfrontiert worden seien, hätten diese vergeblich auf Antworten warten lassen. Ob sich die bislang niedrige Verfolgungsrate mit den Schwierigkeiten im Rahmen der Beweisermittlung in Dopingfällen erklären lasse und im Laufe der Zeit deutlich steigen werde, bleibe indes abzuwarten.

Merkel beleuchtete im Anschluss in seinem Statement eingehend die rechtsphilosophischen Grundlagen der Dopingbekämpfung. Im Mittelpunkt standen die Werte, die der Gesetzgeber laut § 1 AntiDopG zu schützen beabsichtigt und damit im Kern die durch den Spitzensport verkörperten Werte an sich. Der Spitzensport folge, so Merkel, im Wesentlichen

---

1 BGBl. 2015 I, S. 2210.
2 *Fischer*, StGB, 64. Aufl. 2017, § 261 Rn. 4 c.

zwei Maximen: Es stünden sich fair play als „Geist des Sports" auf der einen und das Streben nach Erfolg und Leistungsverbesserung als Ausdruck des klassischen Olympischen Mottos „citius, altius, fortius" auf der anderen Seite gegenüber. Da für einen Leistungssportler letztere Maxime überwiege, werde Doping bzw. der Versuch, nicht verbotene Methoden zur Leistungssteigerung zu finden, den Leistungssport stets begleiten. Es würden auch in Zukunft Mittel und Wege gefunden, bestehende Verbote zu umgehen und den Verbotskatalogen der World Anti-Doping Agency (WADA) zuvorzukommen. Überdies eröffne die moderne Gen- und Neuroforschung die Möglichkeit nicht nachweisbarer Erfolgsmaximierung, etwa durch Selektion künftiger Leistungssportler aufgrund von Gentests oder durch die Stimulation bestimmter Hirnregionen zum Ausgleich bestehender Defizite beim einzelnen Sportler. Ebenfalls nicht nachweisbar sei beispielsweise die Anwendung wachstumshindernder Trainingsmethoden im Kindesalter. Merkel resümierte, dies zeige im Ergebnis die „finstere Rückseite" des Leistungssports, deren Erhellung eine verfassungsrechtlich fragwürdige Vorverlagerung der Strafbarkeit des Dopings, wie sie das AntiDopG vornehme, nicht zu leisten vermöge.

Den prinzipiell kritischen und eher pessimistischen Ansichten seiner Vorredner trat Mortsiefer energisch entgegen. Aus seiner Sicht und der der NADA präsentiere sich die Verhinderung von Doping keineswegs als aussichtsloses Unterfangen, da auch den Dopingfahndern die Möglichkeiten moderner Technik offen stünden und in Deutschland ein ausgedehntes System der Aufklärung zur Prävention von Doping existiere. Problematisch gestalte sich jedoch für Sportverbände, deren Mitarbeiter und auch für die NADA selbst die Organisation und Durchführung aufwendiger und langwieriger Verfahren gegen mögliche Täter. Speziell die §§ 8 bis 10 AntiDopG, die die Zusammenarbeit von Gerichten, Strafverfolgungsbehörden und NADA regeln, seien aus diesem Grund in jeder Hinsicht zu begrüßen. Diese öffneten den Ermittlungsbemühungen der NADA die Tür zu den Ermittlungsressourcen der Staatsanwaltschaften. Auch wenn das AntiDopG in der Ausgestaltung der Straftatbestände möglicherweise nicht perfekt sei, könne der Beginn eines konstruktiven Miteinander von Sportrecht und Strafrecht – insbesondere im Stadium der Beweisermittlung – nur als Beginn einer richtigen und wichtigen Entwicklung hin zu einem integreren Sport aufgefasst werden.

Zum Abschluss der Impulsreferate brachte Kassner die Sichtweise einer Athletin und Nichtjuristin in die Diskussion ein. Sie lenkte die Aufmerksamkeit weg von rechtlichen Detailfragen hin zur praktischen Notwendigkeit der Bestrafung von Doping zur Erhaltung der Grundlage des sportlichen Wettkampfs. Für Athleten, die nach einer Dopingkontrolle einen positiven Befund aufwiesen, sei aber nicht das Strafrecht, sondern primär die sportrechtliche Ahndung von Bedeutung, da sie den Ausschluss von Wettkämpfen unmittelbar und ohne größere zeitliche Verzögerung zu spüren bekämen. Das AntiDopG leiste seinen entscheidendsten Beitrag dadurch, dass es auch die Verfolgung der Hintermänner des organisierten Dopings in Staaten und Verbänden ermögliche. Das Sportrecht stoße in diesem Punkt an seine Grenzen. Da im großen Stil organisiertes Doping die stärkste Bedrohung für die Integrität des Sports darstelle, mache sich dort das Bedürfnis nach einer strafrechtlichen Regulierung durch den Staat bemerkbar. Kassner berichtete, dass die Athletenkommission des DOSB, die ausschließlich aus Nichtjuristen bestehe, bei ihrer Stellungnahme zum Entwurf des AntiDopG Probleme für Athleten hauptsächlich in der uneingeschränkten Besitzstrafbarkeit nach § 4 Abs. 2 AntiDopG gesehen habe, da die Schwelle zur Strafbarkeit schnell überschritten sei, selbst wenn der Besitz lediglich aus Missverständnissen resultiere. Schlussendlich überwögen aber die positiven Aspekte. Die Kommission sowie auch Kassner persönlich erhoffen sich von dem Gesetz einen Anstoß der internationalen Harmonisierung der Dopingbekämpfung.

Aus dem Publikum widersprach Professor Dr. Dieter Rössner der Aussage Jahns, der Fakt, dass bisher nur wenige Strafverfahren auf Grundlage der Vorschriften des AntiDopG geführt worden seien, sei ein Indiz für dessen Unzulänglichkeit. Vielmehr liege der Erfolg eines Strafgesetzes in der Verhinderung von Straftaten und nicht in einer hohen Zahl von Anwendungsfällen. Oftmals sorge bereits die durch die Einführung eines Tatbestandes erzeugte Symbolwirkung für einen Rückgang der Fälle. Darauf erwiderte Jahn, er stimme Rössner im Allgemeinen in diesem Punkt zu, seine Kritik habe sich aber auf Spezifika bei der Schaffung des AntiDopG bezogen. Das Kernargument der Regierungsfraktion, warum die Einführung des Gesetzes zwingend notwendig sei, habe sich aus den Evaluationsergebnissen des Gesetzes zur Verbesserung der Bekämpfung des Dopings im Sport aus dem Jahre 2007[3] ergeben. Dessen Einführung habe einen explosionsartigen Anstieg der Ermittlungsverfahren in Dopingsa-

---

3 BGBl. 2007 I, S. 2510; zur Evaluation vgl. Bericht der Bundesregierung zur Evaluation des Gesetzes zur Verbesserung der Bekämpfung des Dopings im Sport (DBVG), abrufbar unter: http://www.jura.uni-frankfurt.de/55030043/DBVGOktober2012.pdf (Stand: 13.6.2017).

chen nach sich gezogen, die sich allerdings hauptsächlich gegen Sportler aus dem Breitensport- und Fitnessbereich gerichtet hätten. Mithilfe des AntiDopG habe der Gesetzgeber nun die Zahl der Verfahrenseinleitungen gegen Spitzensportler steigern wollen. Vor diesem Hintergrund erscheine es dubios, bei einer Gesamtverfahrensanzahl von 28 Verfahren seit Einführung des AntiDopG plötzlich von einem Erfolg aufgrund einer angeblich abschreckenden Wirkung zu sprechen. Merkel ergänzte hierzu, dass ein vollkommener Präventiverfolg zwar wünschenswert sei, aber in jedem Falle nur mit verfassungskonformen Mitteln angestrebt werden dürfe. Daran, dass dies beim AntiDopG zutreffe, bestünden erhebliche Zweifel, da zB selbst der „Versuch des Besitzes" unter Strafe gestellt werde. Durch die Wertigkeit des zu schützenden Rechtsguts sei dies jedenfalls nicht zu rechtfertigen, da nicht einmal der versuchte Besitz kinderpornographischen Materials strafbar sei.

Der nächste Publikumsbeitrag nahm auf Kassners Vortrag Bezug. Professor Dr. Carsten Momsen erkundigte sich zum einen nach dem Verhältnis von strafrechtlichen und sportrechtlichen Sanktionen aus Athletensicht. Dazu bekräftigte Kassner erneut ihre Position, sportrechtliche Sanktionen seien für Sportler zuvörderst spürbar, da sie schnell und unmittelbar einträten. Wie sich dagegen die strafrechtlichen, langwierigeren Verfahren für die Sportler konkret auswirken würden, bleibe solange abzuwarten, bis Präzedenzfälle entschieden seien. Zum anderen wies Momsen auf mögliche Probleme des Nebeneinander beider Rechte auf beweisrechtlicher Ebene hin. Besonders bedenklich scheine ihm die Möglichkeit, dass sich Verbände die Ermittlungsergebnisse der Strafverfolgungsbehörden zunutze machen könnten und dann aufgrund des niedrigeren Beweismaßes (WADA und NADA fordern lediglich die Überzeugung von einer mehr als 50%-igen Wahrscheinlichkeit, dass gedopt worden ist) zu sportrechtlichen Sanktionen kämen, obwohl das strafrechtliche Verfahren eingestellt worden sei.

Im Anschluss daran wendete sich Rechtsanwalt Dr. Markus Rübenstahl mit seiner Anmerkung, nach nur einem Jahr könne noch nicht von einem effektiven Scheitern des Gesetzes gesprochen werden, erneut der Frage nach dem Erfolg des Gesetzes und damit dem Kernthema Jahns zu. Dieser antwortete und betonte, er habe lediglich die auffälligen Unterschiede der

Wirkungsentfaltung des Gesetzes von 2007[4] und des AntiDopG von 2015 herausstellen wollen und diese einer kritischen Prüfung unterzogen.

Kriminalhauptkommissar Markus Martz bekräftigte die Aussage Rübenstahls nachdrücklich und lobte das Gesetz insgesamt. Die Polizei benötige Zeit, sich an neue Beweismittel wie Blutpässe zu gewöhnen. Dementsprechend sei die Ermittlungsarbeit in der Zeit unmittelbar nach der Einführung des AntiDopG langsamer verlaufen als gewöhnlich.

Am Nutzen des Gesetzes zweifelnd zeigte sich Rechtsanwalt Christof Wieschemann, der das AntiDopG eher als eine Strafmaßerhöhung auch zuvor schon sportrechtlich „strafbaren" Verhaltens kategorisierte. Erhöhungen des Strafmaßes zeigten seiner Erfahrung nach wenig bis keine abschreckende Wirkung. Vor allem das „System Doping" werde sich, im Gegensatz zum einzelnen Sportler, von den Tatbeständen des AntiDopG kaum beeindruckt zeigen.

Ganz im Gegensatz zur Ansicht seines Vorredners begrüßte der Vorsitzende Richter am Landgericht im Ruhestand Joachim Eckert das Gesetz und zeigte sich überzeugt davon, dass nach einer angemessenen Zeit die gewünschten Ergebnisse wie Verurteilungen von Hintermännern (zB Produzenten und Lieferanten von Dopingmitteln) erzielt würden. Im Vordergrund der Diskussion müsse der Sportler als Mensch stehen, dessen Gesundheit durch das Verhalten besagter Hintermänner sowie durch organisierte, teilweise von Staaten akzeptierte oder gar geförderte Dopingsysteme enorm gefährdet würde. Diese Systeme müssten mittels staatlicher Gesetze ausgehebelt werden. Er schloss sich auch ausdrücklich Martz an: Von den Ermittlungsbehörden könne in der Tat nicht erwartet werden, vom ersten Tag des Inkrafttretens des AntiDopG an über hochspezialisierte Einsatzkräfte zu verfügen und innerhalb kürzester Zeiträume optimale Ergebnisse zu liefern.

Professor Dr. Thomas Weigend richtete sich mit der Frage an Merkel, ob die vorrangige Ausrichtung des Spitzensports auf Erfolg nicht geeignet sei, der Legitimation der Dopingstrafbarkeit ihre Grundlage zu entziehen. Dieser verneinte mit der Begründung, die Freigabe des Dopings sei nicht die Lösung des Problems. Einer endgültigen Lösung könne man sich nur dann nähern, wenn das Bewusstsein der Gesellschaft für die Schutzgüter

---

4 BGBl. 2007 I, S. 2510; zur Evaluation vgl. Bericht der Bundesregierung zur Evaluation des Gesetzes zur Verbesserung der Bekämpfung des Dopings im Sport (DBVG), abrufbar unter: http://www.jura.uni-frankfurt.de/55030043/DBVGOktobe r2012.pdf (Stand: 13.6.2017).

und die Notwendigkeit der Dopingstrafbarkeit aufgrund der im Leistungssport vorherrschenden Strukturen gestärkt würde.

Zum Abschluss bat Orth die Diskutanten um kurze Resümees. Mortsiefer plädierte daraufhin für eine globale Dopingbekämpfung, bei der eine gewinnbringende Zusammenarbeit von Staat und Verbänden erfolgen solle. Die diesbezüglichen Regelungen des deutschen AntiDopG könnten dafür als Vorbild dienen. Dem schloss sich Kassner an. Für die Athleten sei es nicht leicht, stets unterschiedliche nationale und internationale Regularien im Blick haben zu müssen. Aufgrund der häufig ausgesprochenen Anmerkung, vor einer endgültigen Bewertung der Auswirkungen des Gesetzes müsse ein längerer Zeitraum abgewartet werden, regte Jahn an, ebendies zu tun und im Jahre 2019 erneut einen Blick auf die Statistiken zu werfen. Er befürchte allerdings, dass der von Eckert geäußerte Wunsch nach einer „Austrocknung des Doping-Sumpfs", wie Eckert es plastisch formuliert hatte, dann bei allen, die diesen Wunsch teilen, zur Forderung weiterer Gesetzesverschärfungen, ganz nach dem Prinzip des „Fischer-Paradoxons", geführt haben werde. Merkel fügte dem hinzu, die Tatbestände zum Handeltreiben mit Dopingmitteln des AntiDopG seien wegen des Absichtsmerkmals „zu Zwecken des Dopings" nicht geeignet, Hintermänner effektiv zu verfolgen. Auch bestritt er die reine Opferstellung der Spitzensportler. Diese verspürten in ihrer Drucksituation oftmals selbst den Wunsch, ihre Leistung um jeden Preis zu steigern.

Mit diesen Worten, die durchaus zum weiteren Nachdenken anregen, endete die erste Paneldiskussion des Kolloquiums zur Korruption im Sport. Orth dankte den Diskutanten für ihre Impulse und dem Publikum für die zahlreichen und vielfältigen Beiträge zum Thema.

Sponsoring und Korruption

Sponsoring – Hospitality – Korruption

*Carsten Momsen**

I. Thesen

Vorab möchte ich zwei Thesen formulieren, welche ich nachfolgend in verschiedenen Facetten herleiten und begründen werde:

1. Im Bereich des Sportsponsorings ist das Transparenzgebot von entscheidender Bedeutung, um legitimes Sponsoring von rechtswidriger Korruption abgrenzen zu können.

a) Unterthese: Transparenz kann ein Indiz für die fehlende Unlauterkeit einer bevorzugenden Vereinbarung und damit für das Fehlen einer Unrechtsvereinbarung sein (iS § 299 Abs. 1 Nr. 1 und Abs. 2 Nr. 1 StGB).

b) Unterthese: Fehlendes Interesse an der Öffentlichkeitswirkung einer Sponsoringvereinbarung (im Grundsatz, nicht bzgl. aller Details) deutet auf die Gewährung verdeckter Vorteile iS eines Kopplungsgeschäfts hin.

2. Das Merkmal der „Einwilligung des Unternehmens" in § 299 Abs. 1 Nr. 2 und Abs. 2 Nr. 2 StGB zwingt betroffene Unternehmen (und Verbände) auch im Rahmen des Sportsponsorings faktisch zur Einführung eines CMS, insbesondere einer Anti-Korruptions-Richtlinie. Die Begründung des Gesetzgebers zu diesem Aspekt ist gelinde gesagt etwas dunkel. Sofern ihr ein Sinn beizumessen ist, dann der, dass lediglich ein Verstoß gegen eine Compliance-Richtlinie nicht automatisch eine Strafbarkeit nach § 299 (Nrn.2) nach sich ziehen soll. Die Kernfrage, das Verhältnis zur „Einwilligung", scheint demgegenüber nicht gesehen worden zu sein.[1]

---

* Die Vortragsform wurde weitgehend beibehalten.

1 BT-Drucks. 18/6389 S. 15: „Ein Vorteil, dessen Annahme eine Pflichtverletzung begründet, ist nicht zugleich Gegenleistung für diese Pflichtverletzung. Der in der Annahme eines Vorteils liegende Verstoß beispielsweise gegen Compliance-Vorschriften des Unternehmens ist daher zur Tatbestandsverwirklichung nicht ausreichend. Der Vorteil muss vielmehr im Rahmen der auch in den Fällen des Absatzes 1 Nummer 2 und des Absatzes 2 Nummer 2 erforderlichen Unrechtsvereinbarung eine Ge-

a) Unterthese: Handeln im Einklang mit der Richtlinie führt zum Tatbestandsausschluss wg. Einwilligung.

b) Unterthese: Versteht man Nr. 2 als reines Geschäftsherrnmodell ohne jeden Wettbewerbsbezug, so muss hier dasselbe gelten, wie im Rahmen des § 266 StGB: Eine Einwilligung in die Selbstschädigung ist auch über den Rahmen der Sozialadäquanz hinaus möglich. Es gelten die Grenzen der Selbstschädigung analog zu § 266 StGB (Existenzgefährdung pp.). Dann allerdings besteht kein Bezug dieser Tatbestandsvariante zu den üblicherweise, mit Korruption in Verbindung gebrachten, schützenswerten Interessen. Strukturell liegt eine Sonderregelung zu § 266 StGB vor.

c) Unterthese: Versteht man Nr. 2 als echten Korruptionstatbestand mit Wettbewerbsbezug, so muss das Kriterium der Sozialadäquanz die Grenze der möglichen „Einwilligung des Unternehmens" definieren. Damit allerdings geht ein erheblicher Bedeutungsverlust der Einwilligung einher. Aber der Aspekt des Wettbewerbsschutzes verbietet es, den Unternehmen die Option einzuräumen, die Grenzen des lauteren Wettbewerbs durch bilaterale Vereinbarungen selbst zu bestimmen.

II. Einleitung – Was ist Sponsoring, wo verbergen sich Risiken?

Im vergangenen Herbst wurde die Absicht eines namhaften, deutschen Sportartikelherstellers – Adidas – bekannt, seine finanzielle Unterstützung der Nationalen Anti Doping Agentur (NADA) zum Jahresende einzustellen. Kritik dahingehend, dass Sport und Wirtschaft die Bekämpfung von Doping dem Staat überließen, konterte das Unternehmen durch einen Verweis auf seine Vertragswerke, nach denen erwiesenes Doping mit einer Beendigung des Sponsoringvertrags sanktioniert werde.[2] Sponsoring also als Mittel der Dopingbekämpfung einerseits. Verbunden mit einem doppelten positiven Imageeffekt für das Unternehmen andererseits, sowie

---

genleistung für die im Interesse des Vorteilsgebers liegende Verletzung von Pflichten durch den Vorteilsnehmer sein.".

2 Näher dazu http://www.zeit.de/wirtschaft/2016-10/nada-adidas-anti-doping-agentur-finanzielle-unterstuetzung (Stand: 21.08.17); http://www.spiegel.de/sport/sonst/adidas-beendet-unterstuetzung-der-deutschen-anti-doping-agentur-a-1118112.html (Stand: 21.08.17); näher dazu sowie zur Rechtsnatur der Anti-Doping-Klauseln des Sponsoringvertrags *Diestelhorst* Vortrag am 14.1.2017, FU Berlin (Manuskript liegt Verf. vor).

schließlich für den Sportler, dem quasi durch den Sponsor das Siegel des sauberen Sports verliehen wird.

Eine „Win-win-win"- Situation. Wie kann es hier zu strafrechtlichen Konsequenzen kommen?

Nachfolgend werde ich mich für die Frage, ob und wann Sponsoring in Korruption umschlägt, auf den Tatbestand der Korruption im Geschäftsverkehr, § 299 StGB, fokussieren. Zwar könnten in bestimmten Konstellationen bspw. auch die §§ 331 ff. StGB, also die Amtsträgerbestechung, angesprochen sein, die Beteiligung öffentlich Bediensteter bleibt jedoch eher die Ausnahme. Etwas anderes gilt im Bereich Hospitality. Zu beiden Bereichen einige Bemerkungen zum Ende des Vortrags.

Sponsoring ist für viele Unternehmen in Deutschland ein wichtiges Marketing- und Kommunikationsinstrument und als solches kaum mehr wegzudenken. Von der Unterstützung des lokalen Leichtathletikvereins über die Fußball-Bundesliga bis hin zum Klassikfestival gibt es vielfältige Möglichkeiten für Unternehmen, sich als Sponsor öffentlichkeitswirksam zu präsentieren und soziale Verantwortung zu zeigen.

Allerdings begegnet auch das Sponsoring gewissen Compliance-Risiken. Unternehmen sollen gegen alle Arten der Korruption eintreten, einschließlich Erpressung und Bestechung. So heißt es etwa im Sponsoring-Leitfaden des Deutschen Global Compact Netzwerks basierend auf dem 10ten Prinzip des UN Global Compact:

„Sponsoring kann definiert werden als „Planung, Organisation, Durchführung und Kontrolle sämtlicher Aktivitäten, die mit der Bereitstellung von Geld, Sachmitteln, Dienstleistungen oder Know-how durch Unternehmen und Institutionen zur Förderung von Personen und/oder Organisationen in den Bereichen Sport, Kultur, Soziale Umwelt und/oder Medien verbunden sind, um damit zugleich Ziele der Unternehmenskommunikation zu erreichen".[3]

Zusammengefasst:

Für den Empfänger, den Sportler, ist Sponsoring oft ein unverzichtbarerern

* Bestandteil der Finanzierung und
* Ermöglichung der Sportausübung.

---

3 Wabnitz/Janovsky/*Bannenberg* Handbuch des Wirtschafts- und Steuerstrafrechts, 4. Aufl. 2014, 12. Kap. II 2 Rn. 67.

Für das Unternehmen spricht für Sponsoring:

- Übernahme gesellschaftlicher Verantwortung;
- Positive Marketing-/Werbeeffekte;
- Positiver Imagetransfer;
- Steigerung des Bekanntheitsgrades;
- Aktivierungspotential, insb. im Bereich Social Media;
- Mitarbeitermotivation.

III. Der „Leading Case"

Die Frage der Abgrenzung von erlaubtem Sponsoring und verbotener Korruption lässt sich meines Erachtens nach wie vor gut illustrieren mit den 2010 begonnenen Ermittlungen der Staatsanwaltschaft Stuttgart gegen T-Systems und VW im Zusammenhang mit Sponsoring- Vereinbarungen zugunsten des VfL Wolfsburg. Die beschuldigten Mitarbeiter von T- Systems und VW sollten „laut Staatsanwaltschaft versucht haben, einen Großauftrag von VW für T-Systems mit der Verlängerung eines Sponsoringvertrages der Telekom für den VfL Wolfsburg zu verquicken: Der lukrative Vertrag sollte nur zustande kommen, wenn die Telekom den Fußballclub weiter finanziell unterstützt".[4] In der Regel standen die Presseberichte unter Überschriften wie „Korruption oder Klimapflege?"

Zur strafrechtlichen Relevanz der beabsichtigten Sponsoringvereinbarung war etwa in der Süddeutschen Zeitung zu lesen: „Nach dem Motto, wenn der Bundesligist weiterhin gefördert wird, dürfte sich T-Systems auf Jahre hinaus und gegen gutes Geld um die Computersysteme des Autokonzerns kümmern. Ein auslaufender Sponsoringvertrag beim VfL sollte verlängert werden. Nach Auffassung der Staatsanwaltschaft in Stuttgart, die in dieser Causa schon seit Monaten ermittelt, ist diese Klüngelei Korruption im geschäftlichen Verkehr".[5] Zum Abschluss des Sponsoring-Ver-

---

4 *Momsen/Cherkeh* Sciamus – Sport und Management 3/2011, 32.
5 Näher zum Fall *Momsen/Cherkeh* Sciamus – Sport und Management 3/2011, 32 ff.; Süddeutsche Zeitung v. 15.2.2011, Der VfL Wolfsburg wird seit 2003 als GmbH geführt. Seit 2007 ist VW Alleingesellschafter der GmbH. Die gesellschaftsrechtliche Form ist jedoch für die vorliegende Frage nicht relevant, so dass der besseren Unterscheidbarkeit halber vom „VfL" oder „Bundesligaclub" gesprochen wird. Vgl. zum Begriffsverständnis des „geschäftlichen Betriebes" SSW-StGB/*Rosenau*, 3. Aufl. 2016, § 299 Rn. 13; v. Heintschel-Heinegg/*Momsen* Strafgesetzbuch Kom-

trages kam es letztendlich nicht. Wiederholt wurde darauf hingewiesen, dass der Fall den Charakter eines „Pilotverfahrens" trage, da vergleichbare Praktiken bislang nicht unter den Korruptionsparagraphen § 299 StGB subsumiert worden seien. 2014 erfolgte die Einstellung nach § 153 a StPO gegen ein Bußgeld iHv 2 Mio. EUR (Höchstbetrag nach damaligem Recht).

Gem. § 299 Abs. 1 StGB damaliger Fassung wurde ua bestraft, wer als Angestellter eines geschäftlichen Betriebes im geschäftlichen Verkehr einen Vorteil[6] für sich oder einen Dritten als Gegenleistung dafür forderte oder sich versprechen ließ oder annahm, dass er einen Anderen bei dem Bezug von Waren oder gewerblichen Leistungen im Wettbewerb in unlauterer Weise bevorzugte. Gem. Abs. 2 wurde die anbietende Gegenseite in gleicher Weise bestraft. Dass es sich bei den betroffenen Unternehmen T-Systems und Volkswagen um entsprechende geschäftliche Betriebe handelt, ist genauso evident wie, dass es sich bei den in den Fokus der Staatsanwaltschaft geratenen Beschuldigten um als Täter in Betracht kommende Mitarbeiter handelte. Dass es sich auch bei dem VfL Wolfsburg um einen „geschäftlichen Betrieb" im Sinne des § 299 StGB handelt, da er in dem hier angesprochenen Bereich am Wirtschaftsleben teilnimmt und auch der Unternehmensbegriff nach neuem Recht anwendbar wäre,[7] ist insoweit ohne Bedeutung, als der VfL lediglich der Empfänger der in Rede stehenden Begünstigung hätte sein sollen.

Fraglich war, ob es sich bei dem Verhalten der Akteure um eine ggf. strafbare „Klimapflege" oder um eine im engeren Sinne korruptive Verhaltensweise handelte. Als „Klimapflege" bezeichnet man, namentlich im Bereich der Amtsträgerbestechung[8], die Gewährung von Vorteilen, die nicht in Bezug zu einer konkreten Gegenleistung stehen, sondern den Vorteilsempfänger grundsätzlich positiv gegenüber dem Vorteilsgewährenden einstimmen sollen. Dahinter steht die Erwartung, der Vorteilsempfänger werde bei einer späteren ggf. noch gar nicht absehbaren Entscheidung den Vorteilsgewährenden bevorzugt berücksichtigen – mag es dann noch zu konkreten weiteren Vorteilsgewährungen kommen oder auch nicht. Seit

---

mentar, 2. Aufl. 2015, § 299 Rn. 7 f.; zum aktuelleren Begriff des Unternehmens s. BeckOK-StGB/*Momsen/Laudien*, 33. Ed. 2016, § 299 Rn. 13.
6 SSW-StGB/*Rosenau*, 3. Aufl. 2016, § 299 Rn. 19; BeckOK-StGB/*Momsen/Laudien*, 33. Ed. 2016, § 299 Rn. 15.
7 BeckOK-StGB/*Momsen/Laudien,* 33. Ed. 2016, § 299 Rn. 22.
8 BGHSt 51, 44 ff.; 49, 275 ff.

Inkrafttreten des KorrBekG ist der Tatbestand der §§ 331 ff. StGB so gefasst, dass auch derartige im Hinblick auf die Gegenleistung unbestimmte bzw. zum Zeitpunkt der Vorteilsgewährung unbestimmbare Gegenleistungen erfasst werden können.[9]

Allerdings hatte es bis dato für § 299 StGB keine entsprechende Korrektur des Gesetzestextes gegeben und dies mit gutem Grund: Denn anders als im öffentlichen Dienst war das Schutzgut des § 299 StGB lediglich der „freie Wettbewerb", nicht aber das Vertrauen in Lauterkeit und Integrität der Institutionen (also hier Betriebe) und der Akteure.[10] Betroffen durch das Sponsoring eines bestimmten Bundesligaclubs ist in erster Linie der Wettbewerb in der Bundesliga. Dieser ist jedoch – zumindest in der konkreten Konstellation – nicht vom Schutz des Korruptionsverbots umfasst. Zwar kann der sportliche Wettbewerb mit Vermögensrelevanz (Bundesliga) an sich durchaus unter § 299 StGB fallen,[11] jedoch setzt dies voraus, dass die Akteure der (vermeintlichen) Korruptionshandlung in dem betreffenden Wettbewerb tätig sind.

[...]

Hier ging es um den Abschluss eines ganz konkreten Vertrages über Kommunikationssysteme zwischen den beteiligten Unternehmen. Dies ist jedoch gerade nicht der Sachverhalt, den man als „Klimapflege" umschreibt und der gerade durch eine noch unbestimmte Gegenleistung für den erhaltenen Vorteil gekennzeichnet ist.

Damit bleibt als Kern des Problems die Frage bestehen, ob bzw. unter welchen Voraussetzungen es eine unlautere Beeinflussung des (Telekommunikations-) Wettbewerbs darstellt, wenn ein Auftragnehmer (T-Systems) seinem Auftraggeber (VW) anbietet, einen mit diesem verbundenen Bundesligaclub zu fördern.

Und an dieser Stelle lässt sich der Fall VW natürlich verallgemeinern.

Sowohl nach § 299 aF wie auch nach § 299 Abs. 1 Nr. 1 und Abs. 2 Nr. 1 StGB n.F. lassen sich folgende Punkte festhalten:

Als „Vorteil" iSv § 299 StGB anzusehen ist alles, was die Lage des Empfängers irgendwie verbessert und auf das er keinen Anspruch hat,[12] wobei der Vorteil auch einem Dritten zukommen kann (Drittbegünsti-

---

9 SSW-StGB/*Rosenau*, 3. Aufl. 2016, § 331 Rn. 29.

10 *Momsen/Cherkeh* Sciamus – Sport und Management 3/2011, 32 (33 f.); BeckOK-StGB/*Momsen/Laudien*, 33. Ed. 2016, § 299 Rn. 16 ff.

11 *Momsen/Cherkeh* Sciamus – Sport und Management 3/2011, 32 (34).

12 *Fischer*, § 299, Rn. 8.

gung). Bereits insoweit kommen Zweifel an der etwaigen Tatbestandsmäßigkeit des Verhaltens der Beschuldigten auf, handelt es sich bei einem Sponsoringvertrag doch um ein ebenso legitimes wie im Sport übliches Schuldverhältnis, das im Kern auf dem Austausch von Leistung (des Sponsors) und Gegenleistung (des Gesponserten) beruht. Grundsätzlich ist Sponsoring daher als legitim anzusehen.

Aber selbst wenn man einen in Aussicht gestellten Abschluss eines Sponsoringvertrages zwischen T-Systems und dem Dritten (VfL) als Vorteil im Sinne von § 299 StGB ansehen wollte, käme es für eine etwaige Strafbarkeit der Akteure außerdem darauf an, dass ihr Verhalten als **unlauter** einzustufen ist.

Wenn aber Sponsoring durch Wirtschaftsunternehmen grundsätzlich erlaubt ist, konnte die beabsichtigte Auftragsvergabe an T-Systems nur dann „unlauter" iS des § 299 StGB – alter Fassung – gewesen sein, wenn T-Systems infolge der Sponsoringvereinbarung hätte wettbewerbswidrig bevorzugt werden sollen.[13]

Damit kann die ins Auge gefasste Sponsoringvereinbarung bzw. deren Anbahnung aus strafrechtlicher Sicht nur dann relevant sein, wenn sie dazu geführt hätte, dass VW gerade mit T-Systems den Vertrag hätte schließen wollen, weil nur T-Systems die Möglichkeit des Sponsorings eingeräumt worden wäre, nicht aber anderen iÜ gleichgeeigneten Mitbewerbern um den Auftrag. In diesem Fall nämlich wäre die Sponsoringvereinbarung ein gleichsam verdeckter Preisnachlass, strukturell in der Nähe von sog. „Kick-Back"-Zahlungen.

IV. Die neue Fassung des Korruptionstatbestands

An dieser Stelle zeigt sich die Nähe der Konstellation zu § 266 StGB, der ebenfalls im Bereich von Kickbacks intensiv diskutiert wird. Erhöhte Bedeutung kommt damit der Einordnung des VW Falls als Prototypus möglicher korruptiver Sponsoringkonstellationen unter den neuen § 299 Abs. 1 **Nr. 2** und Abs. 2 **Nr. 2** StGB zu. Denn hier ist eines der zu Recht ins Feld geführten Bedenken nicht allein die Untreuenähe des Tatbestands, sondern insbesondere die Frage, ob nicht mangels Vermögensbetreuungspflicht

---

13 *Momsen/Cherkeh* Sciamus – Sport und Management 3/2011, 32 (34 f.).

nach den Maßstäben des § 266 StGB unterschwellige Verhaltensweisen über das Vehikel der Korruption kriminalisiert werden. Dazu sogleich.

Nicht jeder Vorteil nach §§ 299, 331 ff. StGB ist unzulässig. Maßstab dessen ist die sog. **Sozialadäquanz** eines Vorteils. Insoweit können freilich quantitative Unterschiede zwischen Amtsträgern und dem geschäftlichen Verkehr bestehen. Grundsätzlich wird man sagen können, dass (unternehmensinterne) Regelungen, die in dem Erhalt eines Vorteils grundsätzlich einen genehmigungspflichtigen Vorgang sehen, eine zweckmäßige Maßnahme darstellen, um zunächst einmal der eigenen Organisationsverantwortung (§ 130 OWiG) nachzukommen.

Erteilt ein Unternehmen auf der Grundlage einer solchen Regelung eine Genehmigung, hat dies rechtfertigende Wirkung. Hinsichtlich der Gewährung von Vorteilen ist es geboten, die Prinzipien der **Transparenz** (Offenlegung) zu beachten, da fehlende Transparenz im Wege der Bestimmung einer etwaigen **Unrechtsvereinbarung** ein starkes Indiz bilden kann. Die tatbestandlich vorausgesetzte Unrechtsvereinbarung bildet ein normatives Merkmal, das regelmäßig nur im Wege einer Gesamtschau aller in Betracht kommenden Indizien zu bestimmen ist.

Bei der Durchführung von Sponsoring-Maßnahmen bietet es sich daher an, während ihrer Planung und Ausführung Prozesse aufzusetzen, die durch Formalia und Transparenz schon dem Eindruck klandestinen Verhaltens vorbeugen. Inhaltlich gilt es zu beachten, dass die Entscheidungen anhand nachvollziehbarer Kriterien und unter Wahrung der Wettbewerbs- und Chancengleichheit (potentieller Sponsoren) zu treffen sind. Hier sollte eine Dokumentation der Sponsoringvereinbarungen erfolgen. Und schließlich gilt es das Verbot der Verknüpfung eines Vorteils mit weiteren Verpflichtungen und Erwartungen zu berücksichtigen. Sponsoring ist danach frei von strafrechtlichen Haftungsrisiken, wenn die gewährten Vorteile im Rahmen eines kohärenten Sponsoring-Konzeptes aufgrund der Repräsentations- bzw. Werbefunktion der Gesponserten (Sportler/innen oder Vereine) gewährt werden und insoweit auch im Unternehmensinteresse liegen.

Meines Erachtens sollte man also den Fokus auf den Aspekt der Transparenz legen, wenn man die Grenze bestimmen will zwischen legalem – und legitimen – Sponsoring und strafrechtlich relevanter Korruption.

Das ist nicht selbstverständlich, denn auch unter dem Regime des § 299 aF war fehlende Transparenz kein Tatbestandsmerkmal und auch keine ungeschriebene Tatbestandsvoraussetzung. Was meines Erachtens nicht bedeutet, dass die Frage der Transparenz nicht schon seinerzeit eine Bedeutung bei der Bewertung einer tatbestandlichen Verhaltensweise als „unlauter" gehabt hätte – oder jedenfalls hätte haben sollen.[14] Intransparenz kann damit zum Kriterium des Vorliegens einer Unrechtsvereinbarung werden. Mit „Transparenz" ist dabei zunächst einmal der Umstand gemeint, dass offengelegt wird, dass überhaupt eine entsprechende Vereinbarung getroffen wurde. Details können im Einzelfall Geschäftsgeheimnisse betreffen und vertraulich bleiben. Die Bedeutung der Transparenz des Sponsorings erhellt auch mit Blick auf den Bereich strafbarer Werbung. Dazu sogleich eine kurze Bemerkung.

Betrachtet man zunächst § 299 Abs. 1 Nr. 1 und Abs. 2 Nr. 1 StGB nF, so entspricht dieser in weiten Teilen der Vorgängerregelung, beide verkörpern schließlich auch das sog. **„Wettbewerbsmodell"**. Übertragen auf den Ausgangsfall ergibt sich, dass die Frage der Unlauterkeit sich hier daran orientieren dürfte, ob der Vertrag zu diesen Konstellationen auch von den Konkurrenten hätte abgeschlossen werden können.

Die Änderungen im Wortlaut wirken sich mE nicht auf die Grenze der Strafbarkeit im Bereich des Sponsorings in den soeben geschilderten Konstellationen aus.

V. Kopplungsgeschäfte

Bei diesen Konstellationen geht es um sogenannte Kopplungsgeschäfte. Für die Förderung des gesellschaftlichen, hier also sportlichen, Ereignisses wird zu späterer Zeit eine wichtige Genehmigung erteilt, dann geht es um die §§ 331 ff. StGB, oder für die Förderung des Sportevents wird als Gegenleistung eine Auftragsvergabe verlangt usw,[15] dann ist § 299 StGB angesprochen.

Meines Erachtens liegt in diesem Bereich auch nach neuem Recht die primäre strafrechtliche Relevanz des Sponsorings begründet.

Häufig lässt sich der Kopplungscharakter im Einzelfall nur sehr schwer nachweisen, soweit der Sponsor sich lediglich die Möglichkeit schaffen will, künftig auf das Geschäftsverhalten des Vorteilsempfängers einwirken zu können. Besonders sensibel ist also die Kombination aus Klimapflege und Kopplungsgeschäft. Besonders genau zu analysieren sind hier Sponsoringvereinbarungen die gewissermaßen schleichend in eine Beteiligung

---

14 BeckOK-StGB/*Momsen/Laudien*, 33. Ed. 2016, § 299 Rn. 23 m.w.N.
15 Wabnitz/Janovsky/*Bannenberg* Handbuch des Wirtschafts- und Steuerstrafrechts, 4. Aufl. 2014, 12. Kap. II 2 Rn. 68.

an dem als Kapitalgesellschaft verfassten Verein umgewandelt werden. Ist der Sponsor erst einmal Mitgesellschafter, so können sich unschwer vielfältige Möglichkeiten ergeben, für ihn günstige Geschäfte abzuschließen. Als Beispiel, bei dem allerdings für mich keine strafrechtliche Konnotation erkennbar ist, mag der Sponsor und zumindest faktische Anteilseigner Kühne am HSV-Fußball dienen.

Diese Form verdeckter Sicherung künftiger Einflussnahme auf die Vereinspolitik ist strafrechtlich schwer erfassbar. Gleichwohl liegt auch hier meines Erachtens nach strukturell ein Kopplungsgeschäft vor, welches jedoch auf eine spätere Auftragsvergabe oä ausgerichtet ist, auf die der Sponsor dann evtl. sogar selbst und direkt Einfluss nehmen kann.

Lösungsansätze haben zunächst einmal Privatautonomie und Wettbewerbsschutz miteinander abzuwägen. Ausgangspunkt muss dabei sein, dass der Grundsatz der Privatautonomie es Unternehmen erlaubt, prinzipiell Geschäftspartner und Vertragsregelungen frei zu verhandeln. Kriterien für ein Überwiegen des Wettbewerbsschutzgedankens können sein:

a) Wettbewerbsbezug (innerhalb und außerhalb von Ausschreibungen).
b) Abstrakte Gefährdung?
c) Kein Versprechen ggü. Angestellten oder Beauftragten von Unternehmen?
d) Keine Gewährung vertragsunabhängiger Vorteile?
e) Keine Gewährung von Vorteilen ggü. einem Dritten (mögliche Relevanz von mittelbaren Vorteilen für Einkäufer)?
f) Bedeutung von Transparenz als Indiz für eine Unrechtsvereinbarung, welche eine unlautere Bevorzugung zum Gegenstand hat.

Im Bereich des § 5 Abs. 1 S. 2 Nr. 4 UWG[16] in der seit Dezember 2015 geltenden Fassung werden Kopplungsgeschäfte im Bereich des Sponso-

---

16 § 5 Irreführende geschäftliche Handlungen
   (1) ¹Unlauter handelt, wer eine irreführende geschäftliche Handlung vornimmt, die geeignet ist, den Verbraucher oder sonstigen Marktteilnehmer zu einer geschäftlichen Entscheidung zu veranlassen, die er andernfalls nicht getroffen hätte.² Eine geschäftliche Handlung ist irreführend, wenn sie unwahre Angaben enthält oder sonstige zur Täuschung geeignete Angaben über folgende Umstände enthält: [...]
   4. Aussagen oder Symbole, die im Zusammenhang mit direktem oder indirektem Sponsoring stehen.

rings ebenfalls als möglicher Fall irreführender Werbung nebenstrafrechtlich relevant: Diemer weist hier zu Recht auf das Transparenzgebot hin.[17]

VI. § 299 Abs. 1 Nr. 2 und Abs. 2 Nr. 2

Anders sieht dies allerdings bei den jeweiligen Nummern 2 der Absätze 1 und 2 aus. Diese kodifizieren das lange umstrittene sog. **„Geschäftsherrnmodell"**.

Gehen wir hier davon aus, dass die Nr. 2 keinen Wettbewerbsbezug voraussetzt. Dies ist zwar bekanntlich unter verschiedenen Gesichtspunkten problematisch, vor allem hinsichtlich der Abgrenzung zur **Untreue** im Bereich fehlender Vermögensbetreuungspflichten scheinen mir die besseren Argumente für einen Wettbewerbsbezug zu sprechen. Anderenfalls wäre § 299 Nrn. 2 StGB eine Spezialvorschrift zu § 266 StGB und würde ausschließlich dem Vermögensschutz dienen, nicht jedoch der Korruptionsbekämpfung. Dies kann hier aus Zeitgründen jedoch nicht vertieft werden.[18]

Mit dieser Prämisse kommt eine Strafbarkeit – in Anbetracht des neuen Genehmigungserfordernisses – im Prinzip vor allem dann in Betracht, wenn Mitarbeiter durch den Abschluss von Sponsoringvereinbarungen interne Richtlinien des Geschäftsherrn unterlaufen. Hierbei wird es sich primär um Compliance-Richtlinien handeln. In vielen sportaffinen Unternehmen existieren zudem explizite Sponsoring bzw. Hospitality-Richtlinien.

Hält sich der Mitarbeiter, der eine Sponsoringvereinbarung trifft, hingegen an diese Richtlinien, so ist die Richtlinie meines Erachtens als „Einwilligung des Unternehmens" anzusehen. Zudem dürfte es in den meisten Fällen richtlinienkonformer Sponsoringvereinbarungen an einer Verlet-

---

17 *Erbs/Kohlhaas-Diemer*, § 16 Rn. 20 „Eine Aufklärungspflicht (*Loewenheim* GRUR 1980, 14 ff.) besteht immer dann, wenn das Publikum bei Unterbleiben des Hinweises in einem wesentlichen Umstand, der die geschäftliche Entscheidung zu beeinflussen geeignet ist, getäuscht werden kann (*BGH* WRP 1999, 839 ff.; 842 ff.). Für Werbung im Zusammenhang mit Sponsoring (zB Umweltschutz) folgt daraus jedoch nicht, dass im Rahmen der Werbung über jedes Details aufgeklärt werden muss. Eine Aufklärungspflicht besteht vielmehr erst dann, wenn die Werbung konkrete, für die Kaufentscheidung relevante irrige Vorstellungen hervorruft, so dass die Gefahr einer unlauteren Täuschung des Verbrauchers über den tatsächlichen Wert des (zusätzlichen) Angebots besteht (*BGH* WRP 2007, 303 – Regenwaldprojekt I mwN)."

18 Ausf. BeckOK-StGB/*Momsen/Laudien*, 33. Ed. 2016, § 299 Rn. 6.

zung von Pflichten gegenüber dem Unternehmen fehlen. Dementsprechend führt zwar nicht jeder Verstoß gegen eine unternehmensinterne Sponsoring- oder Hospitality-Richtlinie zur Strafbarkeit. Handeln im Einklang mit lege artis erstellten Richtlinien schließt jedoch die Strafbarkeit aus.[19]

Übertragen auf den Ausgangsfall wird man von dem Fehlen einer Einwilligung und der daraus resultierenden Pflichtverletzung deshalb auszugehen haben, weil offensichtlich arbeitsrechtliche Pflichtversäumnisse auf Seiten von T-Systems angenommen wurden. Denn hier erfolgte eine sofortige Anzeige gegen die eigenen Mitarbeiter. Und auch VW bewertete die Verknüpfung beider Verträge nicht als adäquat. Zumindest retrospektiv.

VII. §§ 331 ff. StGB

Grundsätzlich ist Britta Bannenberg darin zuzustimmen, dass Sponsoring sich nicht als tatbestandsmäßig im Sinne der §§ 331 ff. StGB darstellt, wenn keinerlei unsachliche Verknüpfungen mit dienstlichen Handlungen vorgenommen werden.

„Im Falle des Sponsorings kann der Abschluss und die Durchführung von Werbemaßnahmen und sonstigen im Zusammenhang mit dem geförderten Ereignis zu regelnden Einzelheiten zur Dienstausübung zählen. Handelt es sich um Sponsoring im sachlichen Interesse der Verwaltung, Organisation, Körperschaft usw., kann aber nicht zugleich darin die unlautere Beeinflussung der Dienstausübung liegen. Ist also die Kopplung von Vorteil und Dienstausübung sachgemäß (die Fußball-WM kann durch Förderer aus der Wirtschaft durchgeführt werden; das Musik-Festival findet dank finanzieller Unterstützung von Unternehmen statt), liegen weder Vorteilsannahme noch Vorteilsgewährung vor. Gleiches gilt dann selbstverständlich für nachfolgende Einladungen zu den geförderten Veranstaltungen, bei denen repräsentative Zwecke verfolgt werden. Beeinflusst würde die Dienstausübung in diesen Fällen auch erst im Falle unzulässiger Kopplungsgeschäfte: [...] Ausreichend wäre auch der Aufbau eines Näheverhältnisses im Sinne einer Klimapflege. Ist eine solche Beeinflussung von amtlicher Tätigkeit nicht anzunehmen und liegt die Zwecksetzung in

---

19 Zur Frage, wie weit eine Richtlinie als „Einwilligung" iS § 299 wirksam sein kann, su dem Stichwort „Hospitality".

repräsentativen Zwecken bei gesellschaftlich relevanten Veranstaltungen, ist für eine Strafbarkeit nach §§ 331 ff. StGB kein Raum."[20]

VIII. Hospitality

Auch im Bereich Hospitality ist, neben im engeren Sinne korrupten Verhaltensweisen, vor allem die **Klimapflege** problematisch.

Mit Hospitality beschreibt man bspw. Einladungen zu Sportveranstaltungen. Musterbeispiel waren solche Einladungen zu WM-Spielen 2006 an Ministerpräsident und Landesminister in Baden-Württemberg. Sie führten zum Strafverfahren gegen den ehem. Vorstandsvorsitzenden von En-BW, Utz Claasen.

Im Grundsatz gilt, dass derartige Verhaltensweisen nur dann strafbar sein können, wenn die Einladung im Zusammenhang mit der Dienstausübung des Eingeladenen steht.

Straflos bleiben sie deshalb, wenn nur kleinere Präsente, bspw. zu Weihnachten oder zum Jahreswechsel und an den gesamten Kundenstamm verschenkt werden. Grundsätzlich sind die genannten Kriterien **Sozialadäquanz**, Genehmigung (nur bei §§ 331, 333 StGB) oder Einwilligung (§ 299 Nr. 2) auch hier beachtlich.

Nicht abschließend geklärt ist, ob Einwilligungen iS § 299 Nr. 2 nur bis zur Grenze der Sozialadäquanz möglich sind. Dafür spräche die kohärente Behandlung gleichartiger Sachverhalte. Dagegen, dass das Einwilligungsmerkmal in weiten Bereichen wirkungslos bliebe sowie die Untreue-Nähe mit der Konsequenz, dass strukturell eine Einwilligung in eine Selbstschädigung in weitem Umfang möglich sein muss.

Die Lösung hängt dementsprechend davon ab, welchen Standpunkt man dogmatisch-systematisch zu dem in § 299 Abs. 1 Nr. 2 und Abs. 2 Nr. 2 StGB kodifizierten sog. Geschäftsherrnmodell einnimmt.

Versteht man Nr. 2 als reines Geschäftsherrnmodell ohne jeden Wettbewerbsbezug, so muss hier dasselbe gelten, wie im Rahmen des § 266 StGB: Eine Einwilligung in die Selbstschädigung ist auch über den Rahmen der Sozialadäquanz hinaus möglich. Es gelten die Grenzen der Selbstschädigung analog zu § 266 StGB (Existenzgefährdung pp.). Dann

---

20 Wabnitz/Janovsky/*Bannenberg* Handbuch des Wirtschafts- und Steuerstrafrechts, 4. Aufl. 2014, 12. Kap. II 2 Rn. 67 ff.

allerdings besteht kein Bezug dieser Tatbestandsvariante zu den üblicherweise mit Korruption in Verbindung gebrachten schützenswerten Interessen. Strukturell liegt eine Sonderregelung zu § 266 StGB vor.

Versteht man hingegen Nr. 2 als echten Korruptionstatbestand mit Wettbewerbsbezug, so muss das Kriterium der Sozialadäquanz die Grenze der
möglichen „Einwilligung des Unternehmens" definieren. Damit allerdings
geht ein erheblicher Bedeutungsverlust der Einwilligung einher. Aber der
Aspekt des Wettbewerbsschutzes verbietet es, den Unternehmen die Option einzuräumen, die Grenzen des lauteren Wettbewerbs durch bilaterale
Vereinbarungen selbst zu bestimmen.

Kriterien der Bewertung von Hospitality- und Sponsoring-Maßnahmen, wie etwa Einladungen, Bewirtungen oder Geschenken, formulierte
der BGH im EnBW-Fall.[21]

Ausgangspunkt ist die Stellung des Amtsträgers und Beziehung des
Vorteilgebers zu dessen Aufgaben – dh, die Frage nach dienstlichen Be-
rührungspunkten.

Ein weiteres Indiz bildet auch hier die gewählte Vorgehensweise –
Heimlichkeit oder Transparenz. Schließlich ist auf Art, Wert und Zahl der
Vorteile abzustellen.

Problematisch ist die hier vom Senat wiederum aufgegriffene Relation
der Vorteile zu Einkünften der Vorteilsempfänger mit Blick auf die mögliche **Sozialadäquanz**. Einerseits spricht, zumindest im öffentlichen Bereich, vieles für eine „Null-Toleranz Option". Dh die Annahme jeglicher
im Rahmen von Hospitality angebotener Vorteile wäre zu untersagen. Diese Strategie wird sich jedoch im privatwirtschaftlichen Bereich nicht
durchsetzen lassen, jedenfalls nicht in allgemeiner Form, mögen dies einzelne Unternehmen in ihren Hospitality-Richtlinien auch durchaus so re-
gulieren können. Auch im Bereich der Sportverbände stößt die Null-Toleranz Strategie beim sog. „Ticketing" augenscheinlich an ihre Grenzen. Dabei geht es insbesondere um die Schnittstelle zwischen dem wirtschaftlich
relevanten Bereich des Sports und dem echten Amateurbereich. Hier werden Tickets für hochklassige Sportevents nach Auskunft von Verbandsver-
tretern an Funktionäre finanzschwacher Verbände vergeben, um diesen ein
Zusammentreffen mit den finanziell gut ausgestatteten Verbänden und
Funktionären sowie eine Kommunikation „auf Augenhöhe" zu ermögli-

---

21 *BGH* Urt. v. 14.10.2008 – 1 StR 260/08, BGHSt 53, 6 = NJW 2008, 3580 (Fall
EnBW).

chen. Ob indes die freie Vergabe von Tickets, idR im Wert von 200-400 EUR (nebst weiteren Hospitality-Aktivitäten, wie diese in VIP-Lounges üblich sind) an Verbandsvertreter gegenüber einer transparenten Aufwandsentschädigung der vorzugswürdige Weg sind, scheint nicht eindeutig zu sein. Grundsätzlich wären entsprechende Treffen auch in weitaus profanerem Rahmen möglich. Auf der anderen Seite erscheint es nachvollziehbar, dass dort, wo Ehrenamtler unmittelbar mit hochbezahlten Funktionären des Profisports in gemeinsamen Gremien Entscheidungen zu treffen haben, auf der Seite des Ehrenamts Anreize zu setzen sind.

Mit diesen Differenzierungen bieten sich folgende Erwägungen an, um Korruption vorzubeugen: Einladungen sollten nicht ausgesprochen werden, wenn folgende Indizien vorliegen:

* Es bestehen dienstliche oder geschäftliche Berührungspunkte;
* Der Repräsentationszweck des Eingeladenen überwiegt nicht;
* Es liegt kein nachvollziehbarer Anlass für die Einladung vor;
* Einladung von Begleitpersonen sind zu vermeiden, es sei denn, die Art des Ereignisses erfordert es (bsp. Ball);
* Von der Verteilung höherwertiger Geschenke sollte abgesehen werden;
* Übernahme der Reise-/Übernachtungskosten kommt nur im Rahmen dienstlicher Veranlassung in Betracht.

IX. Präventionsmaßnahmen

Auch im Bereich der Sportverbände und -vereine sind daher Compliance-Risiken zu analysieren und ihnen entsprechend vorzubeugen. Dabei gelten die üblichen Sorgfaltsmaßstäbe für

* die Auswahl des Sponsoring-Partners;
* die Vermeidung von Interessenkonflikten;
* die Beachtung rechtlicher Vorgaben, welche Sponsoring von Politik und Verwaltung entgegenstehen können (bpsw. PartG);
* die Vermeidung unzulässiger Verknüpfung mit anderen Verträgen (Kopplungsgeschäfte);
* den Umgang mit fehlender Transparenz beim Geschäftspartner (know your partner);
* die Analyse der grundsätzlichen Einstellung auf Seiten des potentiellen Partners;
* im Hinblick auf Negativschlagzeilen des potentiellen Partners.

Im Hinblick auf den Vertragsinhalt sind folgende Punkte beachtlich:

- ausreichende und genaue Leistungsbeschreibung;
- Leistung und Gegenleistung sind klar zu definieren;
- kurzfristige Entscheidungen sind zu vermeiden;
- unabhängige Zahlweise ist zu vereinbaren.

X. Fazit

Für die Praxis gilt daher: Derjenige, der beabsichtigt, auf das Sponsoring-Angebot eines Anbieters einzugehen, sollte den Mitbewerbern des Anbieters, soweit diese für ein Sponsoring ernsthaft in Betracht kommen, die Chance einräumen, ihr Angebot entsprechend zu erweitern. Ein solches Vorgehen wäre jedenfalls unabhängig von der Frage, unter welchen Umständen Sponsoring überhaupt einen Vorteil iSv § 299 StGB darstellt, strafrechtlich unbedenklich, weil dann Transparenz und Gleichbehandlung der Wettbewerber gewährleistet sind. Nicht der Wunsch nach Sponsoring im Allgemeinen oder das Sponsoring von Bundesligaclubs durch Wirtschaftsunternehmen im Besonderen sind strafrechtlich bedenklich, sondern allenfalls das einen Preisnachlass kaschierende, in wettbewerbsverzerrender Weise verdeckt erfolgende Sponsoring wäre ein Problem. Dort wo Sponsoring lediglich den Deckmantel für Kopplungsgeschäfte oder Kick-Back-ähnliche Konstruktionen abgibt, beginnt die Grenze der Strafbarkeit. Die Reichweite der Einwilligung des Unternehmens, insbesondere im Rahmen von Compliance-, Sponsoring- oder Hospitality-Richtlinien ist jedenfalls dann durch den Gedanken der Sozialadäquanz beschränkt, wenn § 299 Abs. 1 Nr. 2 und Abs. 2 Nr. 2 StGB auch einen Wettbewerbsbezug aufweisen soll.

Prävention von Korruption und Manipulation im Sport

Prävention von Korruption und Manipulation im Sport

Rainer Koch

Korruption, Manipulation und Betrug im Sport sind keinesfalls neue Phänomene. Korruption im Sport ist dabei so alt wie die Verbindung von sportlichen Wettkämpfen mit monetären Zwecken. Der erste dokumentierte Fall geht sogar bis spät in die Antike zurück. 315 v. Chr. soll es gewesen sein, als sich der Faustkämpfer Eupolos seinen Olympiasieg durch Bestechung dreier Gegner erkaufte. Wetteten die alten Griechen bereits auf den Ausgang sportlicher Vergleiche, erhoben britische Gentlemen ebenso wie die Arbeiter dieses Freizeitvergnügen zu einer eigenen Kultur. Seitdem sind in der jüngeren Vergangenheit immer wieder Betrugsfälle ans Licht gekommen, bezogen auf den deutschen Fußball beispielsweise der Bundesliga- (1970/71) oder der Hoyzer-Skandal (2005). Viele werden wohl für immer unentdeckt bleiben. Insbesondere die neueren Betrugsfälle gelten als Weckruf hinsichtlich neuer Gefahren für die Integrität des Fußballs.

Die Bekämpfung von Korruption und Manipulation im Sport muss dabei im Kern mit vorbeugenden Maßnahmen angegangen werden. Sinnvolle präventive Maßnahmen schließen Sensibilisierung, Schulung und Aufklärung mit ein. Gleichermaßen funktionieren existierende Vorschriften, die Sanktionen wegen unsportlichen oder unethischem Verhaltens vorsehen, als Abschreckung und gelten deshalb als Präventivmaßnahme. Eine Präventionsstrategie sollte sicherstellen, dass ein hohes Risiko für eine Festnahme existiert und dass die potenziellen Sanktionen korruptes und manipulatives Verhalten abschrecken. Daher sind sowohl das Anti-Doping-Gesetz als auch der Gesetzesentwurf zur Strafbarkeit von Sportwettbetrug und der Manipulation von berufssportlichen Wettbewerben aus generalpräventiver Sicht zu begrüßen.

Im Sport dominieren Korruption und Manipulation vor allem in zwei Bereichen. Auf der einen Seite handelt es sich um die Manipulation sportlicher Wettkämpfe an sich. Auf der anderen Seite dreht es sich um Korruption und Betrug auf Vereins- und Verbandsebene. Anhand dieser zwei großen Themenfelder haben sich verschiedene Präventionsmaßnahmen ent-

wickelt. Als Beispiele werden vorrangig Maßnahmen aus dem Fußball an-
geführt.

I. *Sportlicher Wettkampf*

Die Möglichkeiten, im Sport zu manipulieren, sind so alt wie vielfältig, zB
durch die Einnahme leistungsfördernder Substanzen (Doping), die Fäl-
schung von persönlichen Daten (Geschlecht, Alter etc.) oder das Manipulieren technischer Geräte (zB Autos, Fahrräder). Die Gefahr für den Sport
besteht, wenn Spielmanipulationen mit illegalen Wetten einhergehen. Hier
ziehen international agierende Gruppen („Wettmafia", „organisierte Kriminalität") die Fäden, die sehr gut vernetzt sind und blitzschnell Transfers
über das Internet vollziehen können.

Zwar findet man auch in anderen Sportarten Spielmanipulationen, aber
der Fußball ist mittlerweile auch hier die Sportart Nummer Eins. Seine positiven Attribute, Spannung und Unberechenbarkeit, werden ausgenutzt
und ihm so zum Verhängnis. Denn nur, wenn man vor den 90 Minuten
nicht weiß, wer gewinnt, wer Tore schießt oder wer vom Platz fliegt, be-
hält das Spiel seine Authentizität und Charakteristik. Deshalb muss Manipulation des sportlichen Wettkampfes rigoros bekämpft werden.

1. *Aufklärung*

Effiziente Prävention richtet sich bereits an Nachwuchssportlerinnen und
-sportler, die von Beginn an die positiven Werte des Sports erleben sollten.
Es geht darum aufzuzeigen, wie schnell Abhängigkeiten entstehen können
und welche Gefahren diese bergen. Die Verantwortung liegt in erster Linie
bei den Sportverbänden und Sportvereinen, die durch Schulungen, Infor-
mationsmaterial, Informationsanlässe, Workshops, Medienpräsenz, Inter-
netauftritt und Social Media ihre Tätigkeiten gegen Korruptionsrisiken
breitflächig kommunizieren können.

Der Deutsche Fußball-Bund hat sich deshalb sowohl mit internationalen
(FIFA, UEFA) als auch nationalen (DFL) Partnern vernetzt und etliche
Aktionen ins Leben gerufen. Vor allem das Projekt „Gemeinsam gegen
Spielmanipulation" setzt dabei Maßstäbe. Der Schwerpunkt des Projektes
sind umfassende Schulungs- und Informationsprogramme des DFB und
der DFL. Bei den Klubs mit Nachwuchsleistungszentren findet zu den

Themen Wettbetrug und Spielsucht mindestens eine interne Veranstaltung pro Saison statt. Außerdem werden Schulungs- und Informationsveranstaltungen bei den Trägern der Regional- und Oberligen mit den jeweiligen Vereinen (Mannschaftskapitän, Trainer, Funktionär) abgehalten. Auf diesen Schulungen wird Hintergrundwissen zu bestehenden Regelungen, zur Vorgehensweise der Wettmafia sowie zu Anlaufstellen bei Verdachtsfällen vermittelt. Die vermittelten Informationen sind zudem auf einer Website und einer Application ua anhand eines E-Learning-Tools interaktiv aufbereitet. Neben diesen umfassenden Schulungs- und Informationsprogrammen haben DFB und DFL auch einen Ombudsmann berufen. Der Ombudsmann ist ein neutraler Ansprechpartner für alle Personen, die in Berührung mit Spielmanipulation kommen. So können sich Spieler, Trainer, Schiedsrichter, etc. bereits bei ersten Verdachtsmomenten Rat einholen und helfen, dass Manipulation, Korruption und Betrug im Fußball keine Chance haben.

Der DFB pflegt darüber hinaus weitere Partnerschaften, beispielsweise mit Transparency International, den Strafverfolgungsbehörden (ua der Bundesanwaltschaft), der Bundeszentrale für gesundheitliche Aufklärung, der Vereinigung der Vertragsfußballspieler, Sportradar und der Zentralen Informationsstelle für Sporteinsätze. Neben der Unterstützung zum Ausarbeiten und Realisieren vorbildhafter Richtlinien können diese Partnerschaften sehr wirksam sein, die Präventionsmaßnahmen zu verbreiten und bekannt zu machen. Dies erhöht auch die Chancen auf eine zielgerichtete Umsetzung der Instrumente. Der damit einhergehende Austausch von Informationen ist eine wichtige Voraussetzung für griffige Reglemente innerhalb der Sportverbände und eine Sensibilisierung der Öffentlichkeit.

2. *Normen und Sanktionen*

Als Folge des Hoyzer-Skandals hat der DFB 2005 ein umfangreiches Wettverbot in seine Bestimmungen implementiert. Zum einen wurde ein Wettverbot in die Rechts- und Verfahrensordnung für Spieler, Trainer und bestimmte Funktionsträger einschließlich des Verbots der Weitergabe von Sonderwissen an Dritte bezogen auf die Spielklasse, an denen ihre Mannschaft teilnimmt, aufgenommen. Zum anderen ist ein generelles Wettverbot für Schiedsrichter der Spielklassen, in denen Wettgebote gemacht werden, fixiert. Im Jahr 2010 wurden die Musterspielerverträge durch eine

Anzeige- und Meldepflicht bei Angeboten zur Spielmanipulation von Dritten erweitert.

Bei der Überwachung der Wett- und Quotenverläufe arbeitet der DFB insbesondere mit Sportradar zusammen. Bei Auffälligkeiten erhält der DFB eine Meldung und einen ausführlichen Bericht. Auf Grundlage dessen kann der DFB durch den Kontrollausschuss weitere Ermittlungen aufnehmen und Verstöße verfolgen. In den letzten Jahren wurden vor allem im Zusammenhang mit dem Bochumer Wettskandal von 2009 einige Spieler durch den DFB gesperrt. Das letzte aktuelle Beispiel mit Blick auf einen Verstoß gegen das Wettverbot war die Sperre des Spielers Ivica Olic im Oktober 2016.

II. Vereins- und Verbandsebene

Nachdem im Vorfeld des diesjährigen Kongresses der FIFA sieben Funktionäre des Fußballweltverbandes in der Schweiz im Auftrag des US-amerikanischen FBI festgenommen worden waren, beherrschte das Thema Korruption im Fußball die Medien. Korruptionsverdächtigungen im Umfeld der FIFA hatte es schon seit Jahren gegeben, aber bislang waren noch keine polizeilichen Konsequenzen dieses Ausmaßes erfolgt. Mit der zunehmenden Kommerzialisierung und globalen Inszenierung von Sportgroßveranstaltungen im Laufe des 20. Jahrhunderts wurden wiederholt Korruptionsverdachtsmomente hinsichtlich der Vergabe von Rechten für die Vermarktung und für die Ausrichtung der FIFA-Weltmeisterschaft vorgetragen. Ein solcher Vorwurf, der bislang ohne Beweis geblieben ist, wurde auch gegen den DFB im Rahmen der Vergabe für die WM 2006 erhoben. Ein Ergebnis der vom DFB beauftragten Untersuchungen durch die externe Kanzlei Freshfields Bruckhaus Deringer im Zusammenhang mit den Vorgängen zur WM 2006 war allerdings, dass die internen Informations- und Kontrollmechanismen nicht umfassend funktionierten. Daher verabschiedete der DFB auf seinem Bundestag 2016 in Erfurt zahlreiche Regelungen zu Good Governance und Compliance.

Auf Vereins- und Verbandsebene sind die Ideen von Good Governance und Compliance die effizientesten Präventionsmaßnahmen gegen Korruption und Manipulation im Sport. Zunächst müssen auf Vereins- und Verbandsebene Bewusstsein und konkrete Maßnahmen für mehr Transparenz geschaffen werden. Dies ist auch für kleine Vereine und Verbände machbar. Dabei ist mit Transparenz gemeint, dass wichtige Dokumente, Entscheidungsprozesse und Informationen zugänglich gemacht werden. Ferner zählen hierzu klare Strukturen, Zuständigkeiten und Verfahrensvorgänge. Diese Maßnahmen lohnen sich, denn Sportverbände und -vereine sind von Korruptionsvorfällen unmittelbar betroffen. Mitarbeitenden, Mitgliedern und Athleten drohen strafrechtliche Konsequenzen, Spielsperren und Imageschäden, die unangenehme Folgen nach sich ziehen.

An erster Stelle steht für Vereine und Verbände eine Risikoanalyse, um die besonders anfälligen Gefahrenherde zu identifizieren. Bei Sportverbänden besteht vor allem das Risiko der passiven Korruption, wo Funktionäre von Außenstehenden bestochen werden, um Einfluss auf die Entscheidungsprozesse des Sportverbands zu erhalten. Darunter fallen beispielsweise die Wahl des Präsidenten, Bestimmung von Austragungsorten von Turnieren oder Entscheide zur Vergabe von Verträgen. Neben diesen allgemeinen Risiken gibt es Bereiche, die je nach Sport- oder Verbandsart spezifische Risiken für Korruptionsmuster aufweisen. Darunter fallen Partnerschaften mit Sponsoren, die Organisation von Großveranstaltungen, die Verbreitung von Sportwetten oder Spielertransfers.

Basierend auf den Erkenntnissen der Risikoanalyse müssen als zweites Handlungsfeld Instrumente ausgearbeitet werden, mit denen Korruption zielgerichtet und präventiv eingedämmt werden kann. Die zentralen Elemente eines solchen Präventionsprogramms sind:

1. Nulltoleranz

Der Verband bekennt sich zu den grundlegenden Prinzipien der Transparenz, Integrität und Gleichberechtigung. Korruption wird nicht akzeptiert und Regelverstöße werden sanktioniert. Beim DFB ist neuerdings die Ethik-Kommission unabhängig für die Verfolgung von unethischen Verhaltensweisen zuständig. Der DFB ist der erste nationale Dachverband, der über eine derartige Institution verfügt. Die Ethik-Kommission kann entsprechende Verstöße anklagen, die dann von eigenen Ethikkammern bei den DFB-Rechtsorganen sanktioniert werden können.

2. Ethik-Kodex

Der Verband arbeitet einen Leitfaden aus, der Richtlinien für Konfliktsituationen enthält. Hier wird erklärt, wie Korruption aufgefasst wird und welche Handlungen nicht erlaubt sind, sowie die Sanktionen erläutert, die bei Regelverstößen verhängt werden. In dem neuen DFB-Ethik-Kodex spricht sich der DFB für Werte wie Respekt, Vielfalt, Fair Play, Integrität, Ehrenamt, Transparenz, Solidarität, Gesundheit und Umwelt aus. Verstöße können beim DFB im Zusammenhang mit eigenen Sanktionsnormen in der Satzung und der Rechts- und Verfahrensordnung geahndet werden.

3. Interessenkonflikte

Personen, die aktiv in Vereinen tätig sind, stoßen immer wieder auf Situationen, in denen Interessenkonflikte bestehen. Der Sportverband stellt Richtlinien zur Verfügung, wie sich die betroffenen Personen in solchen Situationen verhalten sollen. Beim DFB stehen bei der Auswahl der Partner aus der Wirtschaft Zuverlässigkeit und verantwortungsbewusstes Handeln im Vordergrund und keine persönlichen Interessen. Der DFB verlangt auch von seinen Partnern ein Bekennen zu sozialer und gesellschaftlicher Verantwortung.

4. Information

Damit Anti-Korruptionsmaßnahmen wirken, ist der Verband verantwortlich für die Information und Sensibilisierung aller Mitglieder und Mitarbeitenden. Zu diesem Zweck führt der Verband Schulungen durch, diskutiert und kommuniziert die Prinzipien des Verbandes in Zusammenhang mit der Korruption. In der Satzung und den Ordnungen des DFB sind zahlreiche Informationspflichten normiert, damit ein Informationsaustausch zwischen den einzelnen Organen und Gremien gewährleistet ist.

5. Meldestelle

Wer sich im Sportbereich engagiert, entwickelt oft starke Bindungen und Loyalitäten innerhalb des eigenen Teams. Die Hemmschwelle kann hoch sein, über unsaubere Praktiken zu berichten. Deshalb brauchen Sportverbände ein Meldesystem, wo Hinweisgeber (Whistleblower) keine negativen Konsequenzen zu befürchten haben. Der seit 2011 eingesetzte Ombudsmann des DFB und der DFL bei Spielmanipulation wurde bereits erwähnt. Der DFB hat zudem einen Anti-Korruptionsbeauftragten. Der Anti-Korruptionsbeauftragte ist in seiner Funktion der zentrale Ansprechpartner, wenn es um die Vermeidung, Vorbeugung und Verfolgung von Korruption geht. Ein Schwerpunkt seiner Arbeit liegt ferner in der Entwicklung von Präventionsmaßnahmen. Personen, die sich an den Anti-Korruptionsbeauftragten des DFB wenden, wird absolute Anonymität zugesichert.

III. Ausblick

Die Risiken für Korruption und Manipulation im Sport werden in der nächsten Zeit nicht abnehmen.

Das Wettverhalten der Bevölkerung nimmt stetig zu. Insbesondere auf dem asiatischen Markt, der immer mehr Interesse am Fußball entwickelt, gehört das Wetten auf sportliche Wettbewerbe zur gewöhnlichen Beschäftigung mit dem Sport. Zusammengefasst befindet sich auf dem Wettmarkt sehr viel Geld, welches in den falschen Händen für Manipulationsabsprachen genutzt werden kann. In Deutschland sind die vierte und fünfte Spielklassenebene sowie die Junioren-Bundesligen besonders stark gefährdet. Denn einerseits besteht hier ein großes Wettangebot und andererseits werden in diesen Spielklassen geringere Gehälter gezahlt und es findet weniger Medienresonanz statt.

Auch auf Vereins- und Verbandsebene werden weiterhin starke monetäre Anreize für Korruptionshandlungen gegeben sein. Denn die Einflussnahme auf Vergabe von Rechten für große Turniere oder Ämtern in führenden Positionen ist für viele Personen sehr lukrativ. Auch hier ist ein Ende der nach oben offenen Einnahmespirale im Sport, speziell im Fußball, noch nicht in Sicht.

Dagegen hat die Präventionsarbeit gegen Korruption und Manipulation im Sport trotz der langen Vorgeschichte von Betrugserscheinungen im Sport gerade erst begonnen und bedarf einer Ausweitung auf allen Ebenen. Im Kampf gegen Spielmanipulation haben die internationalen und nationalen Dachverbände inzwischen ein großes Netzwerk entwickelt, das immer mehr Auffälligkeiten auf dem Wettmarkt entdeckt und am Ende auch sanktionieren kann. Trotzdem ist im Bereich des semiprofessionellen Fußballs von einer höheren Dunkelziffer auszugehen, die es weiter zu verringern gilt. Die Implementierung von Good Governance- und Compliance-Strukturen hat beim IOC und der FIFA begonnen. Der DFB hat als erster nationaler Sportdachverband nachgezogen. Diese Entwicklung gilt es auf weiteren Ebenen fortzusetzen, um so die verlorene Glaubwürdigkeit auf Verbandsebene zurückzugewinnen und Korruption in Sportverbänden zu bekämpfen.

Diskussionsbericht

Ioanna Ginou

Der zweite und letzte Tag des Kolloquiums zur Korruption im Sport rückte nicht nur praktische und zukunftsbezogene Erwägungen in den Vordergrund, sondern brachte auch einen gewissen Aktualitätsdruck mit sich. Er zwang die Diskutanten in der abschließenden Podiumsdiskussion, die Beiträge im Rahmen des Kolloquiums Revue passieren zu lassen und sich in einem stärkeren Maß dem Problem auszusetzen, wie kriminell der Sport wirklich ist und wie dessen Zukunft aussehen wird.

Als Gesprächsleiter und kritischer Betrachter zu dem gesamten Thema führte Jörg Schmitt die Tagung zum krönenden Abschluss. Jörg Schmitt arbeitet seit über 20 Jahren als investigativer Journalist, seit 2003 für den SPIEGEL. Seine Spezialgebiete in der Wirtschaftskriminalität und der Korruption unterstreichen seine Eignung als idealen Moderator für die Diskussion.

Das Podium war weiter mit ausgewiesenen Experten und Praktikern zu dem Thema besetzt:

Professor Dr. Klaus Bernsmann ist Inhaber des Lehrstuhls für Strafrecht und Strafprozessrecht an der Ruhr-Universität Bochum und Angehöriger des Ehrenrats des Bundesligavereins FC Schalke 04.

Hans-Joachim Eckert war bis Juli 2015 Vorsitzender Richter einer Großen Wirtschaftsstrafkammer am Landgericht München I und ist seit 2012 Vorsitzender der rechtsprechenden Kammer der FIFA-Ethikkommission.

Dr. Wolfram Kessler ist Vizepräsident des Deutschen Sportwettverbandes und zeichnet sich auf diesem Gebiet als juristischer Experte für die Diskussion aus.

Professor Dr. Christian Duve ist Partner im Frankfurter Büro der Großkanzlei Freshfields Bruckhaus Deringer. Eines seiner Referenzmandate umfasst die Untersuchung der Finanzierung und Vergabe der FIFA WM 2006 für den Deutschen Fußball-Bund (DFB). In seiner weiteren Funktion als Schiedsrichter am Court of Arbitration for Sport (CAS) liegt sein Schwerpunkt in Streitigkeiten zwischen Fußballverbänden und -vereinen.

Dr. Anja Martin ist Mitglied der DFB-Ethikkommission und zugelassene Rechtsanwältin, spezialisiert auf Sportrecht und Sportmanagement. Vor ihrer Zulassung zur Rechtsanwältin war sie als Chef-Justitiarin und Leiterin der Rechtsabteilung, später als kommissarische Geschäftsführerin der Nationalen Anti Doping Agentur (NADA) im Anti-Doping-Kampf tätig.

Jörg Schmitt zog die Aufmerksamkeit des Auditoriums mit einer zu Beginn abstrakten Verbildlichung auf sich. 500000 aneinandergereihte Bibeln, 1,9 Terabyte Daten, 18,6 Millionen Dateien. Das sollte die Menge an Daten verbildlichen, die der SPIEGEL im März vergangenen Jahres durch die Enthüllungsplattform „Football Leaks" zur Verfügung gestellt bekommen hatte. Das größte Leak in der Geschichte des Sports. Dieses Material wies unter anderem Steuerstraftaten großer Fußballmilliardäre aus, Korruption, Erpressung, Betrug und Spielverschiebung.

Was entnehmen wir dem Ganzen? Beim Sport handle es sich um ein verdorbenes Geschäft, in dem alles nur um Geld und wirtschaftliche Vorteile gehe, so Schmitt.

Direkt zu Anfang wollte Schmitt von Frau Dr. Martin wissen, ob der Sport anfälliger für Korruption als andere Gesellschaftsbereiche sei. Im Moment würden im Bereich des Sports vermehrt derartige Regelverstöße geahndet, wie Martin anmerkte. Auch in anderen Gesellschaftsbereichen werde man wohl ähnliche Strukturen auffinden können, wenn man denn nach ihnen suchte. Nichtsdestotrotz könne sich der Sport besser aufstellen, um sich von vornherein zu schützen, jedoch werde das nur unzureichend getan. Das Problem im Sport sei, dass er nicht proaktiv handle. Bislang werde nur auf Verstöße reagiert. Vorausschauende und -planende Maßnahmen sollten ergriffen werden, wie der Fußball das nun gemacht habe. Er habe unter anderem ein Monitoring System mit Meldepflichten bei Auffälligkeiten aufgestellt sowie Wett- und Manipulationsverbote und ein Verbot der Herausgabe von Insiderinformationen.

Duve fügte den Ausführungen Martins hinzu, dass die momentanen behördlichen und medialen Entwicklungen im Bereich des Sports in Deutschland mit dem amerikanischen FBI und deren Ermittlungen gegen die FIFA zu begründen seien. Das FBI habe 2010/2011 sein Augenmerk auf die FIFA gelegt, Kronzeugen gewinnen können und damit einhergehend eine große öffentliche Aufmerksamkeit erzeugt. Seitdem seien insgesamt im Sport die Wachsamkeit und möglicherweise auch der Handlungsdruck gestiegen. Die Missstände bei der FIFA sollen jedoch auch schon vorher bekannt gewesen sein.

Genau diese letzte Aussage Duves bewegte Schmitt zu der naheliegenden Frage, ob die deutschen Verbände und sogar die deutsche Staatsanwaltschaft trotz scheinbarer Kenntnis der Missstände nicht in der Lage gewesen sind, gegen die FIFA zu ermitteln und ob sie dazu die „Amerikaner" brauchten. Duve machte Schmitt auf die Wertung, die seiner Frage immanent war, aufmerksam und verwies im gleichen Atemzug allein auf den Tatsachengehalt seiner eigenen Aussage.

Verdanken wir es den „Amerikanern", dass wir an der FIFA am nächsten dran sind, wollte Schmitt nun auch aus der Sicht Eckerts geklärt wissen. Eckerts Erfahrung zeige, in geschlossene Verbandssysteme eindringen sei sehr schwer. Trotzdem wies Eckert den unterschwelligen Vorwurf Schmitts an die deutsche Staatsanwaltschaft entschieden zurück. Die erfolgreich seitens deutscher Behörden aufgedeckten Missstände, wie die FIFA-Pleite 1998 und die Blatter-Affäre, seien nicht zu vernachlässigen. Der Knackpunkt des aktuellen FIFA-Falls war, dass die amerikanischen Behörden bereits viel länger ermittelt hatten, als die deutsche FIFA-Ethikkommission. Als jedoch auch der Ethikkommission mitgeteilt wurde, wer beteiligt war, ließ auch eine Reaktion auf deutscher Seite nicht lange auf sich warten. Noch am selben Nachmittag wurden 11 Funktionäre der FIFA von der Ethikkommission vorläufig gesperrt. Eckert wollte an dieser Stelle nicht unerwähnt lassen, dass gewissen Ermittlungsmaßnahmen auch der FIFA-Ethikkodex in seiner damaligen Fassung im Weg stand, sodass – auch unter der Leitung Eckerts – der Kodex neu angepasst wurde. Eingeführt wurden unter anderem die Aussagepflicht und die Pflicht zur Herausgabe aller ermittlungsrelevanten Dokumente seitens derzeitiger oder damaliger FIFA-Mitglieder.

Darüber hinaus merkte Eckert an, die Ethikkommission befinde sich in solchen Fällen immer auf der Schneide zwischen der Aufdeckung der Missstände und dem Schutz der Persönlichkeitsrechte der jeweiligen Akteure. Als Angehöriger der FIFA-Ethikkommission wisse Eckert zwar, was es heißt, dem Vorwurf der Zurückhaltung seitens der Öffentlichkeit ausgesetzt zu sein. Trotzdem stehe die Vertraulichkeit innerhalb der FIFA an erster Stelle und wer gegen sie verstoße, der verstoße gleichzeitig gegen den Ethikkodex des Verbandes.

Duve entgegnete den Ausführungen Eckerts mit einer Verdeutlichung der Wichtigkeit der Transparenz im Sport. Seine Erfahrungen aus dem CAS zeigten ihm selbst, dass Reformen in Richtung gesteigerter Transparenz von großer Bedeutung seien. Zwar stimmte er Eckert zu, dass der Schutz von Persönlichkeitsrechten ein hohes Gut darstelle, andererseits müsse Duves Ansicht nach Transparenz geschaffen werden, damit die potenziellen Betroffenen wüssten, was die ethischen Maßstäbe seien. Dies gelte vor allem unter Berücksichtigung der Fülle an unbestimmten Rechtsbegriffen, die in den vorhandenen Kodizes der Ethikkommissionen enthalten seien.

Nachdem nun geklärt war, warum die Aufklärung der Missstände auf Seiten der Verbände und Ethikkommissionen so lange hat auf sich warten lassen, so stellte sich für Schmitt die Frage, wieso auch die Gesellschaft die Korruption im Sport so lange geduldet habe.

Wenn die Gesellschaft nichts wisse, dann könne sie auch nicht handeln. Dazu komme nach Bernsmann erschwerend hinzu, dass die Strafbarkeit unklar sei. Es sei schwer, einen anwendbaren Tatbestand zu finden. Zuvor müssten die Spezifika des Fußballs herausgearbeitet werden. Und sicher werde der ein oder andere Missstand auch nicht verfolgt, weil es den „Frieden" stören würde, der zum Beispiel jedes Wochenende aufs Neue von vielen Bundesligafans genossen werde.

Die Diskussion konzentrierte sich bislang auf Ethikkommissionen verschiedener Verbände und Vereine, was nicht unwesentlich damit zusammenhängen mag, dass der Diskussion auch einige Vertreter dieser Kommissionen beiwohnten. In der Debatte konnte daher auch die Grundlagenfrage aufgeworfen werden, ob Ethikkommissionen überhaupt sinnvoll und erfolgreich sind. Martin antwortete auf diese Frage gewohnt juristisch: Es komme darauf an. Je nachdem wie sie gelebt würden. Die Ethikkommission, der Martin angehöre, bestehe erst seit zwei Monaten, sodass sie über die Erfolgsrate ihrer Kommission noch keine Aussage treffen könne. Der Verband wolle jedoch Aufklärung und das sei in ihren Augen das Wichtigste. Gleichzeitig erwähnte sie die FIFA-Ethikkommission, die jede Woche eine Verurteilung aufzuweisen habe. Diese Quote spreche für sich.

Die Frage, ob es sich in diesem Rahmen auch um rechtsstaatliche Verfahren handle, bestätigte Martin, zumindest soweit sie davon Kenntnis erlangt habe. Martin reflektierte in diesem Zusammenhang aber auch die vorhandenen Kodizes der Ethikkommissionen, die überflutet seien von unbestimmten Rechtsbegriffen und den Kommissionen weite Zuständigkeitsbereiche zuschrieben. Diese Weite und Unbestimmtheit gestalte die Bestrafung eines tatsächlichen Ethikverstoßes schwierig. Daher versuche man, sich an den äußersten Grenzen des für Funktionäre Zulässigen zu orientieren. Die Kommissionen und Vorschiften gäben jedoch eine richtige Signalwirkung in die Öffentlichkeit.

Vom juristischen Experten bezüglich Sportwetten wollte Schmitt wissen, ob Sportwetten die Korruption und die Spielmanipulation fördern. Vom Förderaspekt nahm Kessler entschieden Abstand. Die Sportwetten trügen sicherlich dazu bei, dass der gesamte Markt liquide werde, sie trügen zur Kommerzialisierung bei. Sie könnten ausgenutzt werden, aber Spielmanipulation habe es vorher auch schon gegeben. Es sei kein Phänomen, das es erst seit der Einführung von Sportwetten gebe. Selbst wenn man Sportwetten gänzlich verbieten würde, würde man dadurch nicht gleichzeitig alle Manipulationen bekämpfen können. Im Gegenteil könnten Sportwetten gerade hilfreich sein und als Indikator fungieren, um Verschiebungen aufzudecken. Die zentrale Forderung Kesslers war nur, dass Sportwetten vernünftig reguliert werden. Denn so ließen sich auch Maßnahmen veranlassen, die Spielmanipulationen sicher bekämpfen, aber diese gebe es in Deutschland noch nicht. Kessler stellt sich dabei Regulierungen im Bereich der Sportwetten vor, das Erfordernis von Konzessionen und Erlaubnissen und ein Meldewesen, um rechtliche Konsequenzen gegen Täter treffen zu können. Martin stimmte den Ausführungen Kesslers zu und betonte, dass Spielmanipulationen oft mit organisierter Kriminalität einhergingen. Organisierte Kriminalität positioniere sich immer dort, wo sie viel Geld machen könne, aber auch ein geringes Aufdeckungsrisiko bestehe. Im Sport müsse man bisher nur wenig befürchten. Die Meldungen hielten sich seitens Schiedsrichter, Spieler etc in Grenzen, weil viel Unwissenheit und viele Sorgen über mögliche Konsequenzen bestünden.

Als nächstes stieß Schmitt ein Denkbeispiel an. Angenommen, ein hypothetischer Verein habe einen Trainer, der von Spielerberatern Kick-Backs nehme. Schmitt wollte damit gezielt auf die Handhabung in der Praxis abstellen. Wie groß wäre das Interesse des Vereins, damit an die Öffentlichkeit zu gehen, in diesem Fall die Staatsanwaltschaft einzuschalten? Oder würde die Angst vor einem drohenden Imageschaden des Vereins überwiegen? Bernsmann war sich sicher, dass die Mitglieder vom FC Schalke 04 bei Kenntnis eines solchen Falls nicht an sich hielten, ohne jedoch sagen zu wollen, ob es einen solchen Fall bei FC Schalke 04 bereits gegeben habe. Für ihn mache es jedenfalls keinen Unterschied, ob die Staatsanwaltschaft oder intern zuständige Stellen eingeschaltet würden. Maßgeblich sei nur, dass Lösungen und Konsequenzen in Problemfällen gefunden würden. Die Einschaltung der Staatsanwaltschaft und die damit einhergehende Aufschreckung der Medien sei jedenfalls keine zwingende Voraussetzung.

Um die Antwort auch mit Praxiserfahrungen zu unterfüttern, ergänzte Duve, dass es nicht ungewöhnlich sei, dass zur Mandantenberatung Verbände bei dem Verdacht eines Missstands auf ihn zukämen und um Rat fragten, bevor die Medien oder die Staatsanwaltschaft eingeschaltet werden. Dabei könne für die Verbände geklärt werden, in welchen rechtlichen Bereichen sich die vermuteten oder bereits bewahrheiteten Missstände bewegen.

Schmitt fragte Eckert weiter, wie ernst die Selbstheilungskräfte der Verbände zu nehmen seien. Der Inbegriff der Selbstheilungskräfte eines jeden Verbandes sei seine eingerichtete Ethikkommission. Vor allem müsse man sich auch immer die Möglichkeiten der Ethikkommissionen vor Augen führen. Das scharfe Schwert der Ethikkommission sei die lebenslange Sperre, dh dass die gesperrte Person aus dem Fußball in Gänze herausgehalten werde, einschließlich des gesamten Verkaufssektors. Maßnahmen, die mit einem erheblichen Reputations- und Geldverlust verbunden seien und dementsprechend auch den Verband oder Verein von innen heraus heilen. Um die Ausführungen am Beispiel der FIFA-Ethikkommission zu verdeutlichen: Sie sei überwiegend mit Altverfahren beschäftigt und in den letzten zwei Jahren nicht mit neuen Verfahren betraut worden. Aus diesen Entwicklungen zieht Eckert den Schluss, dass sich etwas im Verband verändert habe. Die Ethikkommission mache es sich nämlich nicht nur zur Aufgabe, vermutete Missstände zu überprüfen, sondern auch aufzuklären. Insgesamt seien die Selbstheilungskräfte der Verbände aktiv, jedoch noch nicht allumfassend. Wobei man immer bedenken müsse, dass solche Vorrichtungen nicht von heute auf morgen alle Missstände in Institutionen bereinigen können – zu vergleichen seien sie beispielsweise mit den Compliance-Abteilungen in Unternehmen, die ebenfalls eine lange Zeit der Etablierung für sich in Anspruch genommen haben. Als Vertreter einer Ethikkommission sei er diesen gegenüber selbstverständlich positiv eingestellt, dennoch sei er gleichzeitig Realist. Die Kommissionen hätten sich noch nicht vollends etabliert, stellen jedoch einen wichtigen Gegensteuerungsmechanismus dar.

Auch für Duve stelle die Einrichtung von Ethikkommissionen einen Evolutionsprozess dar; genauso wie sich in Unternehmen allmählich Compliance-Abteilungen aufgebaut haben.

Um auf die Ernsthaftigkeit der Selbstheilungskräfte zurück zu kommen, betonte Kessler die aus seiner Sicht zusätzlich erforderlichen Regularien. Schmitt hakte daran ansetzend genauer nach. Versteht Kessler unter den geforderten Regularien das Erfordernis eines neu zu konzipierenden Sportstrafrechts? Kessler verneinte die Frage mit dem Hinweis auf die Forderung einer Anpassung der bereits bestehenden Strafnormen.

Schmitt fragte zur Ermittlungspraxis den am meisten damit in Berührung kommenden in der Runde. Duve gab zu, dass sich im Sport vieles verändert habe, was gleichzeitig auch Auswirkungen auf die Ermittlungs-praxis habe. Es seien neue Präsidenten und Generalsekretäre gewählt, ver-schiedene Ethik- und Kontrollkommissionen eingerichtet worden, aber das Problem im Sport liege darin, dass den Reformen nicht alle Beteiligten ge-folgt seien. Daher sollte man zwar meinen, dass durch die Einrichtung der Kommission auch die Ermittlungstätigkeit vereinfacht wurde. Dies sei aber weit gefehlt. Dokumente würden trotzdem in großen Mengen von Be-teiligten nicht herausgegeben. Anders als in anderen Sparten kristallisiere sich im Sport noch eine ganz andere, oft auch ermittlungshindernde Unge-wöhnlichkeit heraus. Im Sport hätten alle Beteiligten persönlich Kontakte zur Presse und sie scheuten sich meist auch nicht, diese eigeninitiativ mit Informationen zu versorgen – ganz anders als dies bei Unternehmen der Fall sei.

Als nun über Hindernisse und Probleme bei den Ermittlungen und der Tataufdeckung diskutiert wurde, regte Schmitt den Gedanken an, ob man diesen durch eine engere Zusammenarbeit zwischen Verbänden und Be-hörden entgegnen könne.

Aus Sicht von Martin gestalte sich dieser Lösungsansatz schwierig. Für die Umsetzung einer derartigen Zusammenarbeit wäre die beiderseitige Besetzung zu verändern. Erforderlich seien auf beiden Seiten zentrale An-sprechpartner, wie es sie bereits beim Doping in Form der NADA gebe. Für die Staatsanwaltschaft schlug Martin Schwerpunkt-Staatsanwaltschaf-ten vor. Bernsmann war mit diesem Vorschlag nicht konform. Die Staats-anwaltschaft habe bereits genug Probleme zu bewältigen. Außerdem sah er die Gefahr in der Entwicklung eines Spartenstrafrechts, das bereits durch die Entwicklung in anderen Bereichen vorangetrieben würde und nun nicht auch für den Bereich des Sports gelten müsse. Die Probleme des Sports könnten sowohl im Makrobereich als auch im Mikrobereich nicht mit dem Strafrecht gelöst werden, so Bernsmann.

Die Frage, ob sich Eckert im Rahmen seiner Ermittlungen zeitweise auch die Befugnisse der Oberstaatsanwaltschaft wünsche, bejahte er. Si-cherlich erleichterten sie in vielen Fällen seine Arbeit, dennoch sei er mit den vorhandenen Mitteln zufrieden. Nicht für alles brauche man Gesetze. Problematischer sieht er die Ermittlungssituation in anderen Ländern, in denen auch Rechtshilfeersuche ungeachtet blieben.

Zum Schluss fragte Schmitt, ob es je einen sauberen Sport geben könne und bat die Diskutanten um ihre Abschlussstatements.

Martin wollte sich zwar nicht als Pessimistin darstellen, bezweifelte je-doch eine künftig allumfassende Sauberkeit. Sie milderte ihre Ansicht jedoch mit der Aussage, auch in anderen Bereichen ginge es nicht ganz sauber zu. Eine ähnliche Einstellung vertrat Duve, der die bereits entwickelten Prozesse, Institutionen und Kommissionen, die die Lage des Sports verbessern, lobte und gleichzeitig an einer vollkommenen Sauberkeit seine Zweifel aussprach. Für eine allumfassende Sauberkeit müsse man nach Kessler noch viel tun. Vor allem die Medien würden einen großen Einflussfaktor in diesem Arbeitsprozess darstellen. Nach Eckert sei der öffentliche Druck noch zu gering. Nur dieser könne zu einem sauberen Sport führen. Und vor allem richtete Eckert einen Appell an alle ehrlichen Sportler. Würden sie es schaffen, sich entschieden gegen unsaubere Sportler auszusprechen und durchsetzen, sich mit ihnen nicht in einer „Spur" zu befinden, könnte dieser Druck zu mehr Sauberkeit führen. Bernsmann beendete schließlich die lebhafte Statementrunde mit der These: „Ehrliche Sportler können sich nur selbst gegen den unsauberen Sport schützen."

Dem diskussionsbeendenden Beifall folgten Danksagungen der Veranstalter Kubiciel und Hoven und die Vorankündigung des Kolloquiums „Korruption und Politik" im kommenden Jahr.

Autorenverzeichnis

Christin Armenat: Studentin an der Rechtswissenschaftlichen Fakultät der Universität zu Köln, Studentische Hilfskraft am Lehrstuhl für Strafrecht, Strafrechtstheorie und Strafrechtsvergleichung bei Herrn Professor Dr. Dr. h.c. Michael Kubiciel sowie Wissenschaftliche Mitarbeiterin der Sozietät Pauka & Link

Ioanna Ginou, Mag. iur.: Doktorandin an der Rechtswissenschaftlichen Fakultät der Universität zu Köln, Wissenschaftliche Mitarbeiterin am Lehrstuhl für Strafrecht, Strafrechtstheorie und Strafrechtsvergleichung bei Herrn Prof. Dr. Dr. h.c. Michael Kubiciel

Jun.-Professorin PD Dr. Elisa Hoven: Juniorprofessorin für Strafrecht und Strafprozessrecht an der Universität zu Köln

RiOLG Professor Dr. Matthias Jahn: Inhaber des Lehrstuhls für Strafrecht, Strafprozessrecht, Wirtschaftsstrafrecht und Rechtstheorie an der Goethe-Universität in Frankfurt am Main sowie Richter am Oberlandesgericht Frankfurt am Main

Silke Kassner: Mitglied Athletenkommission und Vertreterin der Athleten im Aufsichtsrat der Nationalen Anti-Doping Agentur

VRiOLG Dr. Rainer Koch: Erster Vizepräsident des Deutschen Fußball Bundes (DFB) sowie Vorsitzender Richter am Oberlandesgericht München

Professor Dr. Dr. h.c. Michael Kubiciel: Inhaber des Lehrstuhls für Deutsches, Europäisches und Internationales Strafrecht, Strafprozessrecht, Wirtschafts- und Medizinstrafrecht sowie Leiter der Forschungsstelle „Verbandsstrafrecht" an der Universität Augsburg

Professor Dr. Reinhard Merkel: Professor für Strafrecht und Rechtsphilosophie an der Universität Hamburg (emeritiert)

Professor Dr. Carsten Momsen: Inhaber des Lehrstuhls für Strafrecht, Strafverfahrensrecht, Wirtschafts- und Umweltstrafrecht an der Freien Universität Berlin

VRiLG Professor Dr. Jan F. Orth, LL.M: Vorsitzender Richter am Landgericht Köln; Honorarprofessor an der Universität zu Köln sowie Herausgeber und Schriftleiter der Zeitschrift für Sport und Recht (SpuRt)

Professor Dr. Dr. h.c. Mark Pieth: Ordinarius für Strafrecht und Kriminologie an der Universität Basel

Professor Dr. Thomas Rönnau: Inhaber des Lehrstuhls für Strafrecht, Wirtschaftsstrafrecht und Strafprozessrecht an der Bucerius Law School in Hamburg

Dr. Markus Rübenstahl, Mag. iur., Frankfurt a. M.: Strafverteidiger und namensgebender Partner der Kanzlei Rübenstahl Rechtsanwälte; Lehrbeauftragter der Universität Freiburg i. Br.

Professor Dr. Michael Tsambikakis: Strafverteidiger und namensgebender Partner der Sozietät Tsambikakis & Partner sowie Honorarprofessor an der Universität Passau